Junjirô Takakusu

Grundzüge buddhistischer Philosophie

Aus dem Englischen von Dr. Julian Braun

Angkor Verlag

Bibliografische Information der Deutschen Bibliothek:

Die Deutsche Bibliothek verzeichnet diese Publikation in der Deutschen Nationalbibliografie; detaillierte bibliografische Daten sind im Internet über http://dnb.ddb.de abrufbar.

Grundzüge buddhistischer Philosophie./Takakusu, Junjiro. Aus dem Englischen von Julian Braun. – Frankfurt: Angkor Verlag, 2014.

Die Texte wurden 1938–39 als Vorlesungen an der Universität von Hawaii dargeboten.

Eine englischsprachige Fassung erschien unter dem Titel „The Essentials of Buddhist Philosophy“ (Honolulu 1947–1956).

Website: www.angkor-verlag.de
Herstellung: Books on Demand GmbH, Norderstedt

ISBN Paperback: 978-3-943839-23-4
ISBN e-book: 978-3-943839-24-1

Vorwort zur deutschen Übersetzung

Das hier übersetzte Werk des bedeutenden Buddhismus-Gelehrten Junjirô Takakusu (1866–1945) ist von seiner Anlage her ähnlich aufgebaut wie das etwa 60 Jahre früher, ebenfalls auf Englisch veröffentlichte Werk von Bunyû Nanjô (1849–1927), *A short history of the twelve japanese buddhist sects*.[1] Anders als die vielen modernen westlichen Lebenshilfe-Bücher, welche mal mehr, mal weniger originäres buddhistisches Gedankengut präsentieren (und dabei die ursprüngliche Bestimmung der Lehren Buddhas als einen umfassenden Heilsweg häufig nur noch am Rande streifen), und auch anders als die einseitig aus zen-buddhistischer oder tibetischer Vajrayana-Perspektive geschriebenen Werke über den Buddhismus, präsentiert das Buch des Junjirô Takakusu eine gelehrte, japanisch-buddhistische Sichtweise aller traditionellen Schulrichtungen des japanischen Buddhismus bzw. Buddhismus in Japan, ohne die eine oder andere Schulrichtung dabei als überlegen darzustellen. Der Leser erhält dadurch eine wertvolle Ergänzung zu den oben angesprochenen, im Westen dominierenden Sichtweisen des Buddhismus (Lebenshilfe, Zen, tibetisches Vajrayana sowie Theravada); auf einem anspruchsvollen Niveau, aber ohne die zwar wichtigen, für viele Interessierte aber abschreckenden philologischen, textkritischen und historischen Details moderner universitärer Arbeiten. Beim Lesen des Textes sollte nicht vergessen werden, dass viele der von Junjirô Takakusu gewählten Begrifflichkeiten der abendländischen Philosophie – wie Realismus, Idealismus, Nihilismus, Mystizismus, *ens* und *non-ens* etc. – als Brücke zum Verständnis dienen sollen, indem an die vertraute eigene Tradition angeknüpft wird. Je weiter die Beschäftigung mit den buddhistischen Lehren aber voranschreitet, desto mehr wird auch die Unzulänglichkeit solcher Versuche deutlich, und die origenen Sanskrit-Begriffe oder sino-japanischen Zeichenausdrücke gewinnen an Bedeutung. Ebenso wie beim Werk von Bunyû Nanjô war es auch hier zuweilen nicht leicht, den Sinn des englischen Textes zu erfassen. Einige dunkle oder unklare Passagen sollten daher

[1] Deutsche Übersetzung von Dr. Julian Braun, *Eine kurze Geschichte der zwölf japanischen buddhistischen Schulen*, Angkor Verlag 2013.

nicht als Unfertigkeit der behandelten Lehre verstanden werden, sondern haben ihre Ursache meiner Ansicht nach in den Schwierigkeiten des Autors, die komplexen Inhalte so adäquat in einer völlig fremden Sprache auszudrücken, wie es ihm in seiner japanischen Muttersprache zweifellos möglich war. Für mich selbst stellen die *Essentials of buddhist philosophy* jedenfalls eine spannende Abhandlung dar, welche sich gut für weitere Nachforschungen eignen.

Dr. Julian Braun München 2013

Inhaltsverzeichnis

I. Einleitung

(1) Wie der Buddhismus dargestellt werden kann

Eine Abhandlung über buddhistische Philosophie beginnt normalerweise mit der Philosophie des indischen Buddhismus; in dieser Hinsicht ist es wichtig, die Entwicklung des buddhistischen Denkens in Indien zu verfolgen, wo es 1500 Jahre lang blühte. Es sollte jedoch auch daran erinnert werden, dass bevor der Buddhismus im Indien des 11. Jh.s seine Bedeutung wieder verlor, seine diversen Entwicklungen sich bereits weithin in andere Länder verbreitet hatten. Hinayana-Buddhismus, das „Kleine Fahrzeug“, welches die individuelle Erlösung betont, lebt in Ceylon, Burma, Siam und Kambodscha fort. Mahayana-Buddhismus, das „Große Fahrzeug“, welches die universelle Erlösung betont, wuchs in China heran, wo große Schritte buddhistischer Lehre erfolgten und die verschiedenen Lehren der Mahayana-Schulen systematisiert wurden.

In Japan jedoch ist die Gesamtheit des Buddhismus erhalten, d.h. aller Lehren sowohl der Hinayana- wie auch der Mahayana-Schulen. Obwohl Hinayana-Buddhismus in Japan nicht als eine eigenständige Schulrichtung besteht, werden seine Lehren noch immer von buddhistischen Gelehrten studiert. *Mikkyô*-Buddhismus, den wir als esoterische Lehre oder Mystizismus bezeichnen können, wird in Japan durch die Tendai-Schule (Kap. IX) und die Shingon-Schule (Kap. X) komplett vertreten. Ein Punkt, auf den der japanische Mystizismus stolz sein kann, ist der, dass er keine vulgären Elemente enthält, wie es in anderen Ländern der Fall ist, sondern dass er auf einer festen philosophischen Basis steht.

Die am weitesten entwickelten Schulen in China sind die Huayen-Schule (Kegon, Kap. VIII) und die T'ien-tai-Schule (Tendai, Kap. IX). Wenn man noch die Ch'an-Schule (Zen, Kap. XI) hinzunimmt, repräsentiert dieses Trio den Gipfelpunkt buddhistischer Entwicklungen. Diese drei Schulen blühten in China eine Zeitlang und verschwanden dann wieder; aber in Japan sind alle drei noch immer sowohl im Glauben der Menschen als auch innerhalb der akademischen Studien lebendig.

Eine ziemlich neue Form des Buddhismus ist die Amida-Frömmigkeit. Sie findet sich in gewissen Ausmaß in China, Tibet, Nepal, der Mongolei, der Mandschurei und Annam; am meisten jedoch ist sie in Japan verbreitet, wo ihr mehr als die Hälfte der Bevölkerung anhängen.

Ich bin darum der Meinung, dass die einzige Möglichkeit die gesamte buddhistische Philosophie in all ihren Schulrichtungen vorzustellen, darin besteht, einen Abriss des Buddhismus in Japan zu geben. Es ist Japan, wo die gesamte buddhistische Literatur, der Tripitaka, bewahrt und studiert wird.

Die umfangreiche Tripitaka-Literatur (大蔵経),[2] welche hauptsächlich in Chinesisch abgefasst ist, wurde von China während der Tang- (618–907) und Sung-Zeit (960–1279) nach Japan gebracht. Sie besteht aus mehr als 5.048 Werken (*Volumes*), welche alle in Japan erhalten sind, obwohl viele darunter in China verlorengegangen sind. In Japan wurde die Tripitaka-Literatur wenigstens viermal herausgegeben, wobei jedes Mal neue Werke dazukamen. Kürzlich wurde mir die Aufgabe übertragen, die neueste Version zu vervollständigen, welche sowohl die chinesischen und koreanischen Sammlungen enthält als auch neue, in Zentralasien und Japan entdeckte Texte – eine Arbeit von dreizehn Jahren, die 13.520 Stücke (巻) in 100 Bänden zu je 1.000 Seiten umfasst.[3]

Es ist nicht notwendig, die zahlreichen Klöster Japans zu beschreiben, welche Sitze des buddhistischen Lernens sind. Ich sollte aber erwähnen, dass es sechs große Universitäten mit buddhistischer Zugehörigkeit gibt, welche die buddhistische Philosophie im Mittelpunkt ihrer Studien und Lehre stehen haben. Es gibt auch viele Kollegien und Schulen mit buddhistischer Unterstützung, und an fünf staatlichen Universitäten werden buddhistische Philosophie, Sanskrit und Pali gelehrt.

In der folgenden Studie wird das Thema nicht chronologisch, sondern in inhaltlicher Reihenfolge dargestellt. Diese inhaltliche Abfolge meint nicht eine aufeinanderfolgende Entwicklung von Ideen; es handelt sich vielmehr

---

[2] [Fußnote im Original] Dieser bildet die grundlegende Literatur des Buddhismus, bestehend aus den drei Abteilungen der buddhistischen Lehre: die Lehrreden des Buddha (*Sutta*), Verhaltensregeln (*Vinaya*) und philosophische Abhandlungen (*Abhidhamma*).

[3] [Fußnote im Original] *Taishô Shinshû Daizôkyô* (大正新修大蔵経), Taishô Edition des chinesischen Tripitaka. Bearbeitet und herausgegeben von J. Takakusu, K. Watanabe und G. Ono. 100 Bände. Tokyo 1929. Im Folgenden zitiert als *Taishô*.

um eine Systematisierung der Lehren der verschiedenen Schulen mit dem Ziel, leichter Zugang zu ihnen zu bekommen.

Aufgrund meines speziellen Zugangs zu dem Thema stelle ich eine Klassifizierung buddhistischer Gedanken vor, welche sich von derjenigen von Professor Stcherbatsky unterscheidet, der eine meisterhafte Darstellung buddhistischer Ideen in seinem Werk *Buddhist Logic* dargeboten hat.[4] Er teilte die ersten 1500 Jahre buddhistischer Geschichte, beginnend bei 500 v. Chr., in drei Perioden von je 500 Jahren wie folgt:

Erste Periode: Pluralismus, *pudgala-sunyata* (Leerheit der Person)

Mittlere Periode: Monismus, *sarva-dharma-sunyata* (Leerheit aller Gegebenheiten)

Dritte Periode: Idealismus, *bahya-artha-sunyata* (Leerheit der äußeren Welt)

In seiner Übersicht führt Prof. Stcherbatsky die extremen und gemäßigten Schulen jeder Periode an.

Historisch gesehen ist Prof. Stcherbatskys Tabelle zutreffender; und ich bin mir der Tatsache bewusst, dass der Idealismus von Asanga und Vasubandhu als Reaktion auf die extreme Passivität von Nagarjunas Negativismus entstand. Jedoch ist es undenkbar, Harivarmans Negativismus hinter Nagarjuna zu platzieren, und so habe ich mir die Freiheit genommen, folgende Übersicht mit dem großen Denker und Schriftsteller Vasubandhu als Ausgangspunkt der Entwicklung buddhistischer Lehren zu erstellen:

---

[4] [Fußnote im Original] Th. Stcherbatsky: *Buddhist Logic*, 2 Bd. (*Bibilotheca Buddhica* Vol. XXVI.) Leningrad, 1932; Vol. I, S.14.

(1) Realismus	(2) Nihilismus	(3) Idealismus	(4) Negativismus
Hinayana	Hinayana	Halb-Mahayana	Mahayana
Sarvastivada „alles existiert“	*Satyasiddhi* „Wahrheit ist durch antithetische Negation erkennbar“	*Vijnaptimatra* „nur geistige Tätigkeit existiert“	*Madhyamika* „Wahrheit ist durch synthetische Negation erkennbar“
pudgala-sunyata	*sarva-dharma-sunyata*	*bahya-artha-sunyata*	*sarva-dharma-sunyata*
Sein	Nicht-Sein	sowohl Sein als auch Nicht-Sein	weder Sein noch Nicht-Sein
Mittlerer Pfad als idealer Weg im Leben; weder optimistisch noch pessimistisch	Mittlerer Pfad oder Wahrheit durch Erkennen des Nicht-Seins sowohl der Person als auch geistiger und körperlicher Phänomen (*dharma*). Alles führt zu Nirvana/Leerheit. Nihilismus als Gegensatz zu Realismus.	Mittlerer Pfad oder Wahrheit liegt weder in der Erkenntnis der Realität der äußeren Dinge, da diese nicht vorhanden ist, noch in der Erkenntnis der Nicht-Realität alles Seienden, da geistige Schöpferkraft (Ideation) existiert	Mittlerer Pfad oder Wahrheit wird erlangt durch wechselseitige Verneinung (= achtfache Leugnung bestehender Phänomene) oder wiederholte Verneinung (vierfache Leugnung der konventionellen und höheren Ansicht)
Vasubandhu (ca. 420–500)	Harivarman (ca. 250–300)	Vasubandhu (ca. 420–500)	Nagarjuna (ca. 100–200)

In meinem Schema ist, wie in der Tabelle ersichtlich, der früheste buddhistische Philosoph Nagarjuna hinter Harivarman und Vasubandhu gestellt. Damit die Entwicklung der Ideen einen Sinn ergibt, ist eine solche Diskrepanz unvermeidlich. Wenn sich in China ein Gelehrter oder Kleriker in philosophische Studien vertieft, beginnt er normalerweise nicht mit der Geschichte der Ideen, sondern beginnt direkt mit derjenigen Richtung, welche ihn interessiert. Darum ist es nicht allzu vorteilhaft, die buddhistischen Schulen streng entsprechend ihrer historischen Abfolge zu studieren.

(2) Der Buddhismus in der Geschichte Chinas

Die Geschichte des Buddhismus in China erstreckt sich über etwa 1200 Jahre (67–1271) und ist im Grunde genommen identisch mit der Geschichte der Übersetzung buddhistischer Schriften ins Chinesische. Während dieser Jahre widmeten sich 173 indische und chinesische Kleriker der aufwendigen Übersetzungsarbeit, deren Ergebnis die gewaltige Literatur des chinesischen Tripitaka bildet.

Sorgfältige Studien dieser Übersetzungen wurden weitergeführt, es entstanden viele geistige Strömungen und religiöse Gruppen. Die wichtigsten darunter – vierzehn an der Zahl – sollen für unser Anliegen aufgegriffen werden. Allerdings wollen wir uns an dieser Stelle nicht mit speziellen Details aufhalten, denn wir werden auf sie zurückkommen, wenn wir die philosophischen Lehren der verschiedenen Schulen untersuchen.

Wir müssen aber daran denken, dass die Sui- (581–618) und Tang-Zeit (618–907) diejenigen Epochen sind, in welchen die Ausbildung der verschiedenen Schulrichtungen vollendet wurde, und dass diese Schulen einige Zeit früher von denjenigen fähigen Männern gegründet oder begründet wurden, welche die relevanten Texte einführten oder übersetzten. Wir werfen nun einen Blick auf die Liste dieser auf chinesischem Boden begründeten und vollendeten Schulen. Sie zeigt zugleich die gewaltige Entwicklung und Systematisierung des Buddhismus in China. (Die fettgedruckten Schulen sind in Japan erhalten.)

Liste buddhistischer Schulrichtungen in China

1. P'i-t'an Tsung (毘曇宗): Abhidharma; Hinayana; formal (*formalistic*); Übersetzung durch Sanghadeva (383–390)
2. **Ch'êng-shih Tsung** (**成実宗**): Satyasiddhi; Hinayana; Sautranta; nihilistisch; Übersetzung durch Kumarajiva (417/418)
3. **San-lun Tsung** (**三論宗**): Madhyamika; Mahayana; negativistisch; Gründung durch Sêng-chao (Schüler von Kumarajiva); Systematisierung durch Chi-tsang (549–623)
4. **Lü tsung** (**律宗**): Vinaya; Hinayana; Ordensregel; Gründung durch Hui-kang (Schüler von Kumarajiva); Vollendung durch Tao-hsüan (596–667)
5. Nieh-p'an Tsung (涅槃宗): Nirvana-Schule; Mahayana; geistig-denkerisch (*noumenological*); Übersetzung durch Dharmaraksa (423)
6. Ti-lun Tsung (地論宗): Dasabhumi; Mahayana; idealistisch; Übersetzung durch Bodhiruci (ca. 508)
7. **Ching-t'u Tsung** (**浄土宗**): Sukhavati; Mahayana; Pietismus; Übersetzung durch Bodhiruci; Grundlegung durch T'an-luan (476–524)
8. **Ch'an Tsung** (**禅宗**): Dhyana; Mahayana; kontemplativ; Gründung durch Bodhidharma (ca. 470–534)
9. Shê-lun (攝論宗): Mahayana-samparigraha; Mahayana; idealistisch; Übersetzung durch Paramartha (ca. 563)
10. **Chü-shê Tsung** (**倶舎宗**); Abhidharmakosa; Hinayana; realistisch; ähnlich Nr.1; Übersetzung durch Paramartha (563–567); überliefert und vollendet von Hiüen-tsang und seinem Schüler Kuei
11. **T'ien-t'ai Tsung** (**天台宗**): Pundarika (Lotos-Lehre); Mahayana; phänomenologisch; vollendet durch Chih-i (531–597)
12. **Hua-yen Tsung** (**華厳宗**): Avatamsaka (Blumengirlanden-Lehre); Mahayana; totalistisch; Vollendung durch Fa-tsang (643–712)

13. **Fa-hsiang** (法相宗): Vijnaptimatrata; Quasi-Mahayana; idealistisch; übersetzt und vollendet durch Hiüen-tsang (Hsüan-tsang, 596–664) und seinem Schüler Kuei (K'uei-chi, 632–682)
14. **Chên-yen Tsung** (信言宗): Mantrayana; Mahayana; mystisch; überliefert von Subhakarasimha (637–735), Vajrabodhi (663–723) und Amoghavajra (705–774)

Von den obigen Schulrichtungen wurden zehn (2, 3, 4, 7, 8, 10, 11, 12, 13, 14) nach Japan übermittelt, und drei davon – die realistische Chü-shê (10), die nihilistische Ch'êng-shih (2) und die negativistische San-lun (3) – sind nicht als eigenständige Schulen erhalten, werden jedoch zu Übungs- und Vorbereitungszwecken innerhalb der fortgeschrittenen buddhistischen Philosophie studiert.

(3) Japan als Land des Mahayana-Buddhismus

Der Buddhismus wurde in Japan offiziell im Jahre 552 aus Paikche, einem Königreich in Korea eingeführt, aber buddhistische Statuen waren bereits 30 Jahre früher nach Japan gelangt. Im Jahre 594 erklärte der Prinzregent Shôtoku Taishi (574–622) den Buddhismus zur Staatsreligion.

Der Buddhismus dieser Zeit war noch frei von der Unterscheidung in Sekten und Schulrichtungen, wenngleich der Unterschied zwischen Hinayana und Mahayana deutlich wahrgenommen wurde. Der Prinz selbst bekannte sich klar zum Mahayana und schrieb Kommentare zu drei Mahayana-Texten. Der Ruhm dieser exzellenten Erklärungen verbreitete sich, und eine davon wurde von einem chinesischen Gelehrten zum Gegenstand eines eigenen Kommentars gemacht.

Der spezielle Typus des Mahayana, das vom Prinzen aufgegriffen wurde, kann anhand einer Betrachtung der Texte verstanden werden, die er ausgewählt hat. Der erste Text ist das *Lotos-Sutra des guten Gesetzes* (*Saddharma-pundarika Sutra*; Taishô Nr. 262); ein Text, welcher der Lehre des „Einen Fahrzeugs“ (Ekayana) gewidmet ist, wie es die Idee des „Guten Gesetzes“ zum Ausdruck bringt. Der zweite ist die *Abhandlung über die endgültige Wahrheit* (*Vimalakirti-nirdesa Sutra*; Taishô Nr. 475) von

Vimalakirti, einem Laien-Bodhisattva aus Vaisali; und der dritte ist das *Sutra von der entschlossenen Zufluchtnahme* (*Srimala-devi-simhananda Sutra*; Taishô Nr. 353) von Srimala, einer weiblichen Bodhisattva, der Königin von Ayodhya. Die zentrale Lehre dieser nicht-sektiererischen Periode war die Sichtweise des Großen Fahrzeugs, wie sie in diesen drei Texten zum Ausdruck kommt. Diese Idee ist während der gesamten Geschichte des Buddhismus in Japan vorherrschend geblieben.

(4) Die philosophische Klassifizierung des japanischen Buddhismus

Um die Gesamtheit des Buddhismus darzustellen ist es besser, ihn entsprechend seiner philosophischen Entwicklungen zu behandeln. Zum Zwecke der Klarheit gruppiere ich die Schulrichtungen unter zwei Überschriften: die „Schulen des negativen Rationalismus“, d.h. die Religion dialektischer Untersuchung, und die „Schulen des introspektiven Intuitionismus“, d.h. die Religion meditativer Erfahrung.

Es ist wohlbekannt, dass der Buddhismus die dreifache Höhere Schulung betont, d.i. Höhere Sittlichkeit (*sila*), Höhere Versenkung (*dhyana*) und Höheres Wissen (*panna*). Das heißt, ohne Höhere Sittlichkeit kann man keine Höhere Versenkung erlangen, und ohne Höhere Versenkung kein Höheres Wissen. Höhere Versenkung bzw. Höheres Denken umfasst hier die Ergebnisse sowohl analytischer Untersuchung wie auch meditativer Intuition. Der Buddhismus leitet seine Aspiranten, wenn sie geeignet sind, weiterhin auf den dreifachen Weg der Erkenntnis (*darsana-marga*), der Geistesentfaltung (*bhavana-marga*) und des Nicht-mehr-Lernens (*asaiksa-marga*). Mit anderen Worten: Ohne eine rechte Erkenntnis gibt es keine Geistesentfaltung, und ohne eine rechte Geistesentfaltung gibt es keine Verwirklichung des Ziels. Geistesentfaltung [*life-culture*] bezieht sich hier wieder auf die Ergebnisse der rechten Versenkung.

Die zweifache Hinterlassenschaft des Buddha ist das „Rechte Denken“ (*nyaya*) und die „Rechte Versenkung“ (*dhyana*). Eine Gruppe von buddhistischen Schulen, welche hauptsächlich auf der ersten Methode basieren, klassifiziere ich hier als negativen Rationalismus. Es könnte als Fehlbezeichnung verstanden werden, den Realismus unter der Gruppe des negativen Rationalismus anzuführen. Wenn wir aber erkennen, dass er die Lehren der Selbstlosigkeit, Unbeständigkeit, Leidhaftigkeit und Augenblicklichkeit des Daseins vertritt, können wir nicht viele positive Facetten entdecken. Was die übrigen Schulen angeht, ist keine weitere Erklärung notwendig.

Die andere Gruppe von Schulrichtungen kennzeichne ich als introspektiven Intuitionismus, weil sie alle in Übereinstimmung mit den Ergebnissen meditativer oder introspektiver Tätigkeiten des Geistes erklärt werden und nicht durch dialektische Argumentation oder einfache Sinneswahrnehmung. Bei den intuitiven Schulen gibt es zwei Arten: die nicht-differenzierten und die differenzierten. Meinem Verständnis nach können die buddhistischen Lehren also folgendermaßen eingeteilt werden:

I. Schulen des negativen Rationalismus

1. Realismus (Sarvastivada, Abhidharmika), Abhidharmakosa, Chü-shê bzw. Kusha-Schule [Schule des Seins/Seienden, *ens*]
2. Nihilismus (Sarvasunyavada, Sautrantika), Satyasiddhi, Ch´êng-shih bzw. Jôjitsu-Schule [Schule des Nicht-Seins/Nicht-Seienden, *non-ens*]
3. Idealismus (Vijnaptimatravada), Yogacara, Fa-hsiang bzw. Hossô-Schule [Schule des sowohl Seienden als auch Nicht-Seienden]
4. Negativismus (Sarvasunyavada), Madhyamika, San-lun bzw. Sanron-Schule [weder Sein noch nicht-Sein]

II. Schulen des Introspektiven Intuitionismus

(A) nicht-differenzierter Intuitionismus

5. Totalismus (Avatamsaka), Hua-yen, Kegon- oder Blumengirlanden-Schule
6. Phänomenologie (Sadharmapundarika, Ekayana), T´ien-t´ai, Tendai- oder Lotos-Schule
7. Mystizismus (Mantra), Chen-yen, Shingon- oder „Wahres-Wort“-Schule
8. Reiner Intuitionismus (Dhyana), Ch´an, Zen oder Meditations-Schule
   Vier Unterschulen:
   a. Rinzai-Schule, gegründet von Eisai (1141–1215)

   b. Sôtô-Schule, gegründet von Dôgen (1200–1253)
   c. Fuke-Schule, gegründet 1255 von Kakushin (1207–1298), nach 1868 verboten
   d. Ôbaku-Schule, gegründet von Ingen (1592–1673)

(B) differenzierter Intuitionismus

9. Amida-Pietismus (Sukhavati), Ching-t´u, Jôdo oder „Reines Land"-Schule [objektiv differenzierter Intuitionismus]
   Vier Unterschulen:
   a. Jôdô-Schule, gegründet von Hônen (1133–1212)
   b. Shin-Schule, gegründet von Shinran (1173–1262)
   c. Yûzûnembutsu-Schule, gegründet von Ryônin (1071–1132)
   d. Ji-Schule, gegründet von Ippen (1222–1282)
10. Lotos-Frömmigkeit, Nichiren oder „Neue Lotos-Schule" [subjektiv differenzierter Intuitionismus]
11. Ethischer Formalismus (Vinaya), die Neue bzw. Reformierte Ritsu-Schule, gegründet von Eison [subjektiv erfahrener Intuitionismus]

II. Der indische Hintergrund

(1) Das buddhistische Indien

Es mag sein, dass der Buddha der „größte Arier aller Arier", oder „der größte aller Philosophen" gewesen war, wie er von manchen bezeichnet wurde. Es ist schwierig festzumachen, wie ein Mensch wie der Buddha, der sich so sehr von den anderen philosophischen und religiösen Lehrern Indiens unterscheidet, dort erscheinen konnte, denn er lehnte die traditionellen Götter, Glaubensvorstellungen, Institutionen und Gebräuche vollständig ab.

Als die Arier Indien eroberten, drangen sie auf ihrem Siegeszug nach Süden vor, bis sie die tropische Zone erreichten. Aufgrund der starken Hitze beschlossen sie dann, ihre Heimat in den kühlen Wäldern der schwarzen Berge zu nehmen, welche den kleineren Teil der Ausläufer des großen Himalaya-Gebirges ausmachen. Nach und nach sahen sie den Wald als ihre eigentliche Heimat an, und mit der Zeit gewöhnten sie sich daran, mit dem Himalaya-Gebirge als Gegenstand ihres Denkens zu meditieren. Denn der Himalaya erschien ewig, herrlich und unbezwingbar. Morgens und abends glänzt der Schnee in wechselnden Farben, wenn das Sonnenlicht auf ihn fällt; im Winter sind die Gletscher fest gefroren, aber im Sommer treiben sie die windigen Täler entlang wie gigantische Drachen, welche nach einem Jahr Schlaf zu neuem Leben erwachen. Die Arier, welche mit ihrer Stärke Indien erobert hatten, wurden schließlich ihrerseits von den geheimnisvollen Kräften der Natur erobert.

Mit wenigen Worten war der Brahmanismus, die alte indische Religion, ein Pantheismus mit Brahman (dem ewigen, absoluten und unwandelbaren Prinzip) als erste Ursache des Universums. Die Manifestation dieses Brahman wird manchmal personifiziert und als Brahma bezeichnet (Gott, das Große Selbst). Jedes menschliche Wesen besitzt ein „kleines Selbst" (*atman*). Brahman und *atman* sind Eins und aus derselben Substanz. Brahmanismus ist also das Bemühen, das ultimative Prinzip, Brahman, durch das Erkennen des eigenen Selbst, *atman*, zu suchen.

Der Buddha erkannte die Existenz von Brahman und *atman* nicht an und stellte eine neue Lehre des Nicht-Selbst (*anatman*) auf, denn er erklärte, dass alle Dinge sich wandeln und dass es unvernünftig sei, nach einem absoluten und unwandelbaren Prinzip oder einem ewigen Selbst zu suchen.

Es ist angemessen, von der indischen Zivilisation als einer Zivilisation des Waldes zu sprechen. Religion, Philosophie und Literatur sind allesamt Produkte des Waldes. Erziehung wurde in den heiligen Tiefen des Waldes ausgeführt. Musik, Medizin und andere Zweige der Zivilisation wurden ohne Ausnahme in den Wäldern kultiviert.

Theorien, die davon ausgehen, dass städtisches Leben Kultur hervorbringt, oder dass der Ursprung der Kultur der Triumph der Menschen über die Natur ist, treffen auf Indien nicht zu. Die Menschen Indiens sind der Ansicht, dass der Kampf ums Dasein ein Hindernis für die Höherentwicklung der Kultur darstellt. Für sie bedeutet Zivilisation die Assimilation des Menschen durch die Natur; urbanes Leben ist somit nur die Keimzelle für Verbrechen.

Brahmanismus, also die indische Philosophie, und Buddhismus können beide Produkte der Selbst-Kultivierung unter der Führung der Natur genannt werden.[5] Das Ergebnis der morgendlichen und abendlichen Meditation in Ehrfurcht vor der Natur war der *yoga* (Konzentration des Geistes) im Brahmanismus und *dhyana* oder *zen* (Meditation) im Buddhismus. Es kann Schulen im Brahmanismus geben, welche keinen Yoga benötigen; aber im Buddhismus kann es keine Schule ohne *dhyana* geben. Gegenwärtig gibt es im Buddhismus Schulrichtungen, in denen nicht täglich meditiert wird. Es ist jedoch unbestritten, dass selbst diese Schulrichtungen ihren Ursprung in der Versenkung haben. Das gilt sowohl im Hinayana wie im Mahayana. Z.B. sind die „Drei Schulungsgebiete“ (*trisiksa*) Sittlichkeit, Kontemplation und Weisheit; und eine der sechs Vollkommenheiten (*paramita*) ist *samadhi* oder Versenkung. Ohne *samadhi* ist die Verwirklichung des Buddha-Wissens unmöglich. Rechtes Handeln bedeutet im Buddhismus gründliches Nachdenken.

---

[5] [Fußnote im Original] *Anatman* leugnet ein Selbst im Sinne einer dauernden Substanz oder Wesenheit. Jedoch bleibt das Selbst im Buddhismus als Kombination von Geist und Materie, die sich in ständiger Veränderung befinden, erhalten. Dieses Selbst wird durch Kultivierung geschaffen. Das ist es, was mit „Selbst-Kultivierung“ oder „Selbst-Erzeugung“ gemeint ist. Siehe auch (3) in diesem Kapitel.

(2) Der Buddha als profunder Denker

Der Buddha (566–486 v.Chr.) war mit den Ansichten seiner zeitgenössischen Denker nicht zufrieden. Diejenigen, welche dieses weltliche Dasein als freudvoll ansehen (Optimisten), erkennen nicht die Enttäuschungen und Verzweiflung, welche kommen werden. Diejenigen, welche dieses Leben als leidvoll ansehen (Pessimisten), können toleriert werden, solange sie sich nur unzufrieden mit diesem Dasein fühlen; aber wenn sie anfangen, dieses Leben als hoffnungslos aufzugeben, und versuchen, ihm durch selbstauferlegte Härten (Selbstabtötung) hin zu einem besseren Leben zu entkommen, dann müssen sie ebenso gemieden werden. Der Buddha lehrte, dass sowohl das Extrem des Hedonismus wie das der Askese vermieden werden müssen und dass der Mittlere Weg als Ideal verfolgt werden soll. Damit ist nicht gemeint, dass man einfach die beiden Extreme vermeidet und den Mittleren Weg als einzig übrigbleibende Richtung einschlägt. Man sollte die Extreme vielmehr transzendieren und nicht nur vor ihnen flüchten.

Die Lehre des Buddha basiert kurz gesagt auf der Idee, „die Wirklichkeit so zu sehen und zu erkennen, wie sie ist“. D.h. man sollte die echten Fakten hinsichtlich dieses Daseins kennen, sie ohne Ausflüchte zu machen anerkennen und sein tägliches Handeln entsprechend diesem Wissen und Standpunkt ausrichten.

Die Ansicht, dass es in der Welt nichts als Mühen gibt – dass sogar Freuden in Leid enden –, ist einer der wichtigsten Punkte im Buddhismus. Manch einer könnte nun einwenden, dass diese Auffassung vom Leben als Mühsal nichts anderes als Pessimismus sein kann. Das stimmt jedoch nicht. Die Idee ist: In diesem gegenwärtigen Dasein gibt es sowohl Freude als auch Leid. Es wäre oberflächlich, es vollständig als freudvoll zu betrachten; was man als Freuden ansieht wird Leiden verursachen, wenn es zu existieren aufhört. Insofern können wir es als Leiden ansehen, welches in der Verkleidung von Freude daherkommt. Darum muss dieses Dasein gänzlich als leidvoll angesehen werden. Darüber gilt es jedoch nicht zu lamentieren. Wenn man sich der Tatsache, dass Freuden Leiden verursachen, nicht bewusst ist, wird man enttäuscht werden, sobald sich diese Tatsache von selbst offenbart. Der Buddha lehrte, dass man Plagen als Plagen betrachten soll, man soll sie als Tatsache akzeptieren und sich ihnen entgegenstellen. Darum seine Betonung von Ausdauer, Stärke und Duldsamkeit (*ksanti*); letztere ist dabei eine der sechs Vollkommenheiten.

Kurz gesagt gibt es in diesem Leben sowohl Freuden als auch Leiden, aber man sollte sich nicht entmutigen lassen, wenn Leiden auftreten, und sich nicht im Taumel des Entzückens verlieren, wenn Freuden kommen. Beide, Freude und Leid, müssen mit Achtsamkeit erfahren werden, und man muss sie mit aller Macht attackieren. Aus diesem Grund gehört auch Tapferkeit bzw. Eifer (*virya*) zu den sechs Vollkommenheiten.

Der mittlere Weg bedeutet keine Flucht aus dem Leben, sondern ein Eindringen in das Leben, ohne dabei ein Gefangener des Lebens zu werden.

Als sich die Ansichten Buddhas im Laufe der Zeit weiterentwickelten, wurden sie zur buddhistischen Philosophie. Sie im tatsächlichen Leben der Menschen zu verwirklichen ist die religiöse Seite des Buddhismus.

Aber auch abseits des Buddhismus gibt es die Bemühungen vieler Denker, welche sich ihre je eigenen Gedanken hinsichtlich Optimismus und Pessimismus gegenüber der Welt machen. Schon vor der Zeit des Buddha gab es Schulrichtungen von beiderlei Ansicht. Die optimistische Sichtweise hat sich zu einen Naturalismus, Hedonismus, Materialismus, Mechanismus etc. weiterentwickelt. Zu Lebzeiten Buddhas existierten sogar stärker materialistisch ausgerichtete Sichtweisen als heute. Pessimismus entwickelte sich entlang derjenigen Strömungen, welche wir als eher religiöse bezeichnen würden. Sie nahmen an, dass unser Organismus (Körper und Geist) unvollkommen sind und wir ihn durch Entbehrungen überwinden sollten (Selbst-Abtötung); dann würden wir in einem kommenden Dasein eine vollkommene himmlische Existenz erlangen. Auf diese Weise entwickelten sie viele Praktiken der Selbstkasteiung und führten sie aus. Der Buddha verabscheute diese Praktiken.

Da die Ansicht des Buddha hinsichtlich Optimismus und Pessimismus sehr klar war, gab es im Buddhismus nie Strömungen, welche in einen Materialismus abglitten, und ebenso wenig kam es zu einer übertriebenen Selbst-Abtötung. Im Grunde wurden beide Extreme durch die gemäßigte Lehre des Buddhismus vermieden. Auf diese Weise ist der Buddhismus eine

Methode gegen die Auswüchse sowohl des Materialismus wie der übertriebenen Askese.

(3) Was ist das Selbst?

Der Buddha sah diese Welt als eine Welt der Mühen an und lehrte den Umgang damit. Aber was sind die Gründe, die diese Welt so mühevoll machen? Der erste Grund, wie ihn der Buddha gelehrt hat, besteht darin, *dass alle Dinge ohne Selbst oder Eigensein sind* (*anatta*), was bedeutet, dass nichts – Menschen, Tiere und unbelebte Objekte, d.h. Lebewesen wie auch Nicht-Lebewesen – etwas in der Art besitzt, was wir sein ursprüngliches Selbst oder wahres Wesen nennen könnten. Sehen wir uns die Menschen an. Ein Mensch besitzt keinen Kern oder eine Seele, welche wir als sein wahres Selbst ansehen könnten. Der Mensch existiert, aber er kann sein eigentliches Wesen nicht begreifen – er kann seinen innersten Kern nicht entdecken, weil das Dasein eines Menschen nicht mehr ist als eine „von einer Kette von Verursachungen abhängige Existenz". Alles, was existiert, besteht aufgrund von Verursachung, und es verschwindet wieder, wenn die Wirkungen der Ursachen aufhören.

Die Wellen auf der Oberfläche des Wassers existieren zwar; aber kann man sagen, dass die Welle ihr eigenes Selbst besitzt? Wellen gibt es nur, wenn Wind und Wasser vorhanden sind. Jede Welle hat ihre eigenen Charakteristika, entsprechend der Kombination von Ursachen – die Intensität des Winds und des Wassers, die Richtung etc. Aber wenn die Wirkungen der Ursachen aufhören, gibt es auch keine Wellen mehr. Ebenso kann es kein Selbst geben, welches unabhängig von seinen Ursachen existiert.

Solange der Mensch abhängig von einer Reihe von Ursachen besteht, ist es unvernünftig zu versuchen, sich auf sich selbst zu stützen und alle ihn umgebenden Phänomene von diesem selbst-zentrierten Standpunkt aus zu betrachten. Die Menschen sollten vielmehr ihr [vermeintliches] Selbst verleugnen und sich um gegenseitige Hilfe und Koexistenz bemühen; denn kein Mensch kann jemals wahrhaft unabhängig sein.

Wenn alles Seiende seine Existenz einer Reihe von Ursachen verdankt, ist sein Dasein ein abhängiges – es gibt im gesamten Universum keine Erscheinung, welche dauerhaft oder unabhängig wäre. Darum führt die Lehre des Buddha, dass alle Seiende seinem Wesen nach ohne Eigennatur ist, unvermeidlich zum zweiten Lehrsatz, nämlich *dass alles Seiende unbeständig ist* (*anitya*).

Im Allgemeinen scheinen die Menschen all ihre Energie dafür zu verwenden, ihre eigene Existenz und ihren Besitz zu sichern. In Wirklichkeit jedoch ist es unmöglich, den Kern des eigenen Daseins zu entdecken; und ebenso ist es nicht möglich, ihn dauerhaft zu erhalten. Selbst für einen Moment kann nichts unverändert bleiben. Instabilität besteht nicht nur hinsichtlich des Raumes, sondern auch hinsichtlich der Zeit. Wenn es möglich wäre, einen zeit- und raumlosen Bereich zu entdecken, wäre dies eine Sphäre völliger Freiheit, d.h. Nirvana.

Wenn, wie es die moderne Physik annimmt, der Raum gekrümmt und die Zeit relativ ist, dann ist diese Welt von Raum und Zeit unser geschlossener Aufenthaltsort, aus dem es kein Entkommen gibt – wir sind an den Kreislauf von Ursache und Wirkung gebunden.

Solange es den Menschen nicht gelingt, eine Welt zu entdecken, die nicht durch Zeit und Raum begrenzt ist, sind sie notwendigerweise leidende Kreaturen.

Die Versicherung, dass es einen solchen, von Raum und Zeit nicht begrenzten Zustand gibt, ist die Botschaft des Buddhismus.

Natürlich gibt es nicht so etwas wie einen unbegrenzten Raum oder eine unbegrenzte Zeit. Selbst die moderne Physik geht nicht von einer Unendlichkeit in Raum und Zeit aus. Der Buddha jedoch trug sein Ideal, das Nirvana (Verlöschen) vor, in der Folge seiner Lehre von der Selbstlosigkeit und der Unbeständigkeit. *Nirvana bedeutet die Auslöschung von Leben und Tod, die Auslöschung des weltlichen Begehrens und die Auslöschung von Raum und Zeit.* Das bedeutet letzten Endes eine Welt der vollkommenen Freiheit. *Selbstlosigkeit* (keine Substanz) und *Unbeständigkeit* (keine Dauer) sind der wahre Zustand unserer Existenz; *Nirvana* (negativ Auslöschung; positiv Vollkommenheit) ist unser Ideal, d.h. vollkommene Freiheit und Ruhe.

(4) Das Ideal des Buddhismus

Die vom Buddha begründete Gemeinschaft trägt den Namen *Arya-sangha* („Gemeinschaft der Edlen“) und sollte die Geburtsstätte edler Menschen sein. Da die brahmanische Tradition fest etabliert war, wurde die Kastentrennung stark empfunden. Darum betonte der Buddha oftmals, dass es in seiner eigenen Gemeinschaft keine Trennung zwischen Brahmanen und Kriegern oder zwischen Herren und Sklaven geben solle. Alle, die der Gemeinschaft beitreten, sollten dieselbe Gelegenheit für Unterricht und Praxis haben.

Entgegen der behaupteten Überlegenheit der arischen Rasse und der Bezeichnung der einheimischen Bevölkerung sowie früherer Einwanderer als Nicht-Arier (*anarya*) argumentierte der Buddha, dass der Ausdruck *arya* so viel wie „edel" bedeute; und wir sollten keine Rasse edel oder nicht-edel nennen, da es auch unter den sogenannten Edlen einige Nicht-Edle und zugleich unter den sogenannten Nicht-Edlen auch einige Edle gebe. Wenn wir von edel oder nicht-edel sprechen, sollten wir uns auf Individuen und nicht auf eine Rasse als Ganzes beziehen. Es ist eine Frage der Bildung und der Weisheit, aber nicht der Kaste oder Geburt. In diesem Sinne war es das Ziel des Buddha, eine edle Person (*arya-pudgala*) zu schaffen – im Sinne eines edlen Lebens.

Die Gemeinschaft der Edlen (*arya-sangha*) wurde genau zu diesem Zweck begründet. Die edle Wahrheit (*arya-dharma*) und die edle Ordensregel (*arya-vinaya*) wurden für die bestrebten Kandidaten eingerichtet. Der Pfad, der von den edlen Aspiranten verfolgt werden soll, ist der Edle Achtfache Pfad (*arya-astangika-marga*), und die Wahrheit, welche angenommen werden soll, ist die Edle Vierfache Wahrheit (*catvari arya-satyani*). Die von den Edlen erreichten Vollendungen sind die vier edlen Früchte (*arya-phala*), und der Wohlstand der Edlen sind die sieben edlen Besitztümer (*sapta arya-dhana*), welche allesamt geistige Eigenschaften sind. Die umsichtige Anwendung des Ausdrucks *arya* auf jeden der wichtigen Punkte seiner Lehre und Institution darf von Studenten des Buddhismus nicht übersehen werden. Der Buddha scheint sich also darum bemüht zu haben, die ursprüngliche Bedeutung von *arya* in der Persönlichkeit und im täglichen Leben seiner religiösen Gemeinschaft wiederzubeleben.

Ob der Buddha selbst ein Arier war oder nicht, können wir nicht sagen. Manche meinen, dass er ein Indo-Skythe gewesen war, während andere der

Ansicht sind, er sei ein Indo-Sumerer gewesen. Die Frage seiner Rasse ist für ihn jedoch bedeutungslos, der in seiner Lehre alle rassischen Unterschiede überschreitet.

Die von ihm verkündete Wahrheit muss rein persönlich aufgefasst werden. Als ein Mensch lehrte er die Menschen vollkommen zu werden, d.h. Menschen von vollkommener Erleuchtung.

(5) Was ist Wahrheit? Was ist der Weg?

Der Buddha gliederte diese Lehren wie folgt als vierfache Wahrheit:

1. Das Leben ist vollständig leidhaft.
2. Das Leiden ist verursacht. (diese beiden beschreiben die Realität)
3. Die Ursachen des Leidens können zum Erliegen gebracht werden.
4. Es besteht ein Weg zur Auslöschung der Ursachen des Leidens. (diese beiden drücken das Ziel aus)

Diese bilden die vier Wahrheiten, welche von den *ariya* oder denjenigen, welche dem Weg ins Nirvana folgen, angenommen werden. (Von nun werden wir in der Regel den Begriff *ariya* oder *arya* anstelle seines englischen Äquivalents „Edler" verwenden. *Ariya,* wie es im Buddhismus gebraucht wird, umfasst sowohl diejenigen, welche sich darum bemühen, Edle zu werden, als auch solche, die bereits Edle sind.)

In der Erläuterung der Vier Edlen Wahrheiten lehrte der Buddha den Achtfachen Pfad, welcher von den *ariya* verfolgt werden soll:

1. Rechte Sicht (durch die der wahre Zustand der Dinge erkannt wird)
2. Rechter Entschluss
3. Rechte Rede
4. Rechtes Handeln (2–4 sind die Faktoren des menschlichen Charakters)
5. Rechte Achtsamkeit
6. Rechtes Bemühen
7. Rechter Lebenserwerb (5-8 sind die Faktoren des menschlichen Lebens oder die dynamischen Aspekte des menschlichen Charakters)

8. Rechte Sammlung, welche die motivierende Kraft ist, alle Welten zu übersteigen – die menschliche Welt der Begierde, die Welt der himmlischen Wesen, die Himmel der formfreien Wesen und der Heiligen – um schließlich zum *Parinirvana* (Vollständiges Erlöschen) zu gelangen, der Buddhaschaft.

Der Achtfache Pfad kann als praktische Ethik des Buddhismus gelten, mit dem Zweck, den menschlichen Charakter zu bilden und zu verbessern; aber zugleich ist er auch der Weg der heiligen Religion zur Erlangung der höchsten Erleuchtung – der Buddhaschaft.

Die Welten der Lebewesen, welche in der Meditation durchlaufen werden können, sind:

V. *Dharma-dhatu-sampatti* (abstrakte Meditation über das universelle Prinzip, d.h. die Welt) Buddha

IV. *Nirodha-samapatti* (Auslöschung)
Arhat

III. *Arupa-samapatti* (formfreie Sphäre)

- Weder Wahrnehmung noch Nicht-Wahrnehmung
- Nicht Irgendetwas
- Unendlichkeit des Geistes
- Unendlichkeit des Raums

II. *Rupa-samapatti* (Sphäre der reinen Form)

- Himmel der vierten Vertiefungsstufe
- Himmel der dritten Vertiefungsstufe
- Himmel der zweiten Vertiefungsstufe
- Himmel der ersten Vertiefungsstufe

I. Welt der gewöhnlichen Lebewesen

Der Achtfache Pfad darf nicht als eine Kombination verschiedener Wege verstanden werden. Es ist ein einheitlicher Pfad – der Pfad der Einsicht (*darsana-marga*) –, um den *ariya* zur Vollkommenheit zu führen.

Die folgende Stufe des Pfades ist der Pfad der Praxis und wird anhand der sieben Erleuchtungsglieder wie folgt beschritten:[6]

1. Gründliche Untersuchung der Wahrheiten und Prinzipien [*dhamma-vicaya*]
2. Willenskraft [*viriya-vicaya*]
3. Freude [*piti-vicaya*]
4. Ruhe [*passaddhi-vicaya*]
5. Achtsamkeit [*sati-vicaya*]
6. Sammlung [*samadhi-vicaya*]
7. Gleichmut [*upekkha-vicaya*]

Auf diesem Weg erreicht der *ariya* das letzte Stadium, d.i. der Pfad des Nicht-mehr-Lernens. Dann wird sich die feste Überzeugung, dass er die vierfache Wahrheit verwirklicht hat, von selbst kundtun.

Die obigen drei Stadien gilt es beim Studium der Vier Edlen Wahrheiten zu durchlaufen. Die Wahrheit wird im ersten Stadium gehört und studiert durch die Anwendung des Achtfachen Pfads; im zweiten Stadium wird sie vollständiger untersucht und verwirklicht durch die Ausübung der Sieben Erleuchtungsglieder; und im letzten Stadium wird die Wahrheit durch den Pfad des Nicht-mehr-Lernens vollständig verwirklicht.

Wenn der *ariya* dieses letzte Stadium erreicht, wird er zu einem Arhat. In der Sichtweise des Hinayana ist dies der vollkommene Zustand der Erleuchtung, aber im Mahayana gilt ein Arhat nur als teilweise erleuchtet. Die Aufgabe des Buddhismus ist es, den Charakter eines Menschen zu vervollkommnen, ihn also Buddhaschaft auf der Grundlage vollkommener Weisheit und rechter Kultivierung erreichen zu lassen, d.h. die Vollendung der Persönlichkeit. Dies sind die Kennzeichen des Buddhismus.

---

[6] [Fußnote im Original] Der Buddha lehrte einen dreifachen Pfad: den Pfad der Einsicht, den Pfad des Übens oder der Praxis und den Pfad des Nicht-mehr-Lernens.

III. Grundlegende Prinzipien buddhistischer Philosophie

Die übliche Prozedur bestünde darin, die grundsätzlichen Prinzipien zu erläutern, welche allen buddhistischen Schulen gemeinsam sind. In diesem Kapitel will ich mich aber nicht auf diejenigen Lehren beziehen, welche die grundlegenden Prinzipien der in Japan bestehenden Schulen sind, weil wir sie noch detailliert betrachten werden, wenn wir zum Buddhismus in Japan kommen. Im Moment will ich sechs generelle Prinzipien herausheben, welche insbesondere allen Schulen des Mahayana-Buddhismus zu eigen sind:

1. Das Prinzip der Kausalität bzw. Verursachung
2. Das Prinzip der Unbestimmtheit des Unterschiedenen
3. Das Prinzip der gegenseitigen Identifikation
4. Das Prinzip der Wahren Realität
5. Das Prinzip der Totalität
6. Das Prinzip der Vollkommenen Freiheit

(1) Das Prinzip der Kausalität bzw. Verursachung (*causation*)
Der Buddhismus legt keinen Wert auf die Idee eines fundamentalen Prinzips oder einer Ersten Ursache, wie es andere philosophische Systeme oftmals tun; ebenso wenig diskutiert er Ideen einer Kosmologie. Natürlicherweise entwickelte sich innerhalb des Buddhismus auch nicht so ein Zweig der Philosophie, wie ihn die Theologie darstellt. Man sollte keine theologische Diskussion von einem buddhistischen Philosophen erwarten. Was das Problem der Schöpfung betrifft, ist der Buddhismus bereit, jedwede Theorie zu akzeptieren, welche die Wissenschaft hervorbringt, da es für den Buddhismus keinen Konflikt zwischen Religion und Wissenschaft gibt.[7]

Dem Buddhismus zufolge erschaffen sich alle menschlichen und lebenden Wesen selbst bzw. haben sich [d.h. ihren gegenwärtigen Zustand] selbst geschaffen. Das Universum ist nicht homozentrisch; es ist eine gemeinsame Erzeugung durch alle Wesen. Der Buddhismus ist nicht der Ansicht, dass

[7] [Fußnote im Original] Im Buddhismus wird Religion als die praktische Umsetzung der philosophischen Lehren verstanden, ohne dass dabei Bezug auf Ideen wie Gott, Schöpfung oder ein Letztes Gericht genommen wird.

alle Phänomene von einer einzigen Ursache herrühren, sondern nimmt an, dass alles Seiende von mehr als zwei Ursachen erzeugt ist.

Die Erzeugnisse oder Wesen aus früheren Ursachen setzen sich in zeitlichen Reihen – Vergangenheit, Gegenwart und Zukunft – fort, wie eine Kette. Diese Kette wird in zwölf Abschnitte unterteilt, und der „Zwölffache Zyklus der Verursachung und des Werdens" genannt. Da diese Abschnitte gegenseitig voneinander abhängen, werden sie „Entstehen in Abhängigkeit" oder „Kette der Verursachung" genannt. Das Schema dieser Lehre ist wie folgt: Durch die Existenz von diesem wird jenes; aufgrund dieses Geschehnisses passiert jenes. Aufgrund der Nicht-Existenz von diesem wird jenes nicht (sein); durch das Nicht-Geschehen von diesem passiert jenes nicht.

Es gibt diverse Lehren der Verursachung, welche zusammenwirken, um eine vollständige Erklärung der Dinge und Geschehnisse zu liefern:

(a) Verursachung durch Handlungs-Einwirkung[8]

In der Abfolge von Ursache und Wirkung gibt es eine feste Ordnung. Das ist die Lehre von der kausalen Abfolge.

Im zwölfteiligen Zyklus der Verursachung und des Werdens ist es unmöglich aufzuzeigen, welches die erste Ursache ist, da die zwölf einen kontinuierlichen Kreis bilden, der das „Rad des Lebens" genannt wird.

Die Erklärung der Prinzipien des zwölfteiligen Zyklus der Verursachung und des Werdens lautet wie folgt:[9]

Für gewöhnlich betrachten die Menschen die Zeit als geradlinig fortschreitend, von einer unendlichen Vergangenheit durch die Gegenwart hin zu

[8] [Fußnote im Original] Das Sanskrit-Wort für „Handlung" ist *karma*, aber der Ausdruck *karma* wird in dieser Studie vermieden, da er oftmals mit der Idee einer Seele durcheinander gebracht wird und so zu einem Missverständnis der buddhistischen Lehre führt. *Karma* bedeutet einfach Handlung, und Handlung bedeutet Einwirkung. Diese Einwirkung bestimmt das kommende Dasein.

[9] Zum *paticca-samuppada* siehe auch den Essay von Nyanatiloka in seinem *Führer durch den Abhidhamma-Pitaka* (Übersetzung aus dem Englischen von Dr. Julian Braun, Zeh-Verlag 2013).

einer unendlichen Zukunft. Der Buddhismus hingegen betrachtet die Zeit als einen Kreis ohne Anfang und Ende. Zeit ist relativ.

Der Tod eines lebenden Wesens ist nicht das Ende; sofort beginnt ein weiteres Dasein, um denselben Prozess von Geburt und Tod zu durchlaufen und so den Kreislauf des Lebens immer und immer wieder zu wiederholen. So gesehen bildet ein Lebewesen hinsichtlich der Zeit ein endloses Kontinuum. Es ist unmöglich zu bestimmen, was ein Lebewesen [als solches] ist, da es sich immer ändert und durch die Stadien des Daseins fortschreitet. Die ganze Serie von Stadien muss in ihrer Gesamtheit als Repräsentation eines individuellen Wesens angesehen werden. Ein Lebewesen bildet zudem hinsichtlich des Raums ein Konglomerat der fünf Elemente.[10] Das Rad des Lebens ist eine geschickte Darstellung der buddhistischen Konzeption eines Lebewesens mit Hinsicht sowohl auf Raum und Zeit.

Das Rad des Lebens ist ein Kreis ohne Anfang; aber für gewöhnlich beginnt seine Erklärung mit der Verblendung (unbewusster Zustand). Verblendung ist nur eine Fortsetzung des Todes. Beim Tod wird der Körper aufgegeben, aber Verblendung verbleibt als der Kristallisationspunkt der Wirkungen der während des Daseins begangenen Handlungen. Diese Verblendung wird häufig Unwissenheit genannt. Unwissenheit sollte nicht als das Gegenteil von Wissen verstanden werden. In seiner Bedeutung muss sowohl Wissen als auch Nicht-Wissen eingeschlossen sein – Verblendung oder verblendeter Geist, Unbewusstheit.

Verblendung führt zu blinder Aktivität. Die Energie oder Wirkung dieser blinden Aktivitäten bildet das nächste Stadium, Veranlassung oder der Wille zum Leben. Dieser Lebenswille ist nicht die Art von Willen, welche in dem Ausdruck „freier Wille" vorkommt; es ist eher eine blinde Veranlassung zum Dasein oder das blinde Verlangen nach Leben.

Verblendung und Wille nach Dasein werden die beiden Ursachen der Vergangenheit genannt. Sie sind Ursachen, wenn man sie subjektiv von der Gegenwart aus betrachtet; aber objektiv gesehen ist das Dasein der Vergangenheit ebenso ein vollständiges Leben wie das Dasein in der Gegenwart.

---

[10] Es ist nicht klar, ob hier die „fünf Ansammlungen" (*skandha*), die „fünf Großen" (*godai*) – d.i. Erde, Wasser, Feuer, Luft und Raum – oder eine andere Gruppe gemeint sind.

Im Dasein der Gegenwart bildet der unbewusste Geist das erste Stadium. Dies ist das erste Stadium einer individuellen Existenz, welches im gegenwärtigen Leben dem ersten Moment in der Empfängnis eines Kindes entspricht. Es gibt zu diesem Zeitpunkt noch kein Bewusstsein, nur den unbewussten Geist oder den blinden Willen zum Leben. Wenn dieser unbewusste Geist fortschreitet und eine Form annimmt, ist dies das zweite Stadium der Gegenwart, „Name und Form" (*nama-rupa*). „Name" steht für den Geist, da der Geist etwas ist, was wir zwar namentlich kennen, aber nicht greifen können. Name und Form ist das Stadium vorgeburtlichen Wachstums, wenn Geist und Körper sich erstmalig verbinden.

Im dritten Stadium wird eine komplexere Form angenommen, und die sechs Sinnesorgane sind erkennbar. Es sind dies Augen, Ohren, Nase, Zunge, Körper (Tast-Organ) und Geist.

Das vierte Stadium entspricht den ersten ein oder zwei Jahren nach der Geburt des Kindes. Die sechs Sinnesorgane erreichen den Zustand der [vollen] Aktivität, aber das Gefühl der Berührung herrscht vor. Das Lebewesen fängt an, in Kontakt mit der Außenwelt zu treten.

Nun, wo das Wesen dazu fähig ist, sein Bewusstsein kenntlich zu machen, beginnt es die Phänomene der Außenwelt bewusst wahrzunehmen. Dies ist das fünfte Stadium namens Empfindung bzw. Gefühl (*vedana*) und entspricht etwa der Altersskala eines Kindes zwischen drei und fünf Jahren. Hier wird die Individualität des Wesens definitiv erkannt; mit anderen Worten, der Zustand des aktuellen Lebens hat sich herausgebildet.

Die obigen fünf Stadien werden die „Fünf Wirkungen der Vergangenheit, die in der Gegenwart erscheinen" genannt. In diesen Stadien wird das Individuum geformt, aber das Individuum ist nicht vollständig verantwortlich für seine eigene Gestaltung, denn die Ursachen der Vergangenheit haben die Entwicklung dieser Stadien beeinflusst. Von hier ab beginnt der Einzelne, Ursachen in eigener Verantwortlichkeit zu erzeugen, oder, mit anderen Worten, er betritt die eigentliche Sphäre der Selbst-Erzeugung.

Die erste der drei Ursachen der Gegenwart ist Verlangen oder „Durst" (*tanha*). Durch Empfindung erfährt das Individuum Schmerz, Freude, Leiden, Vergnügen oder neutrales Gefühl. Wenn die Erfahrung schmerzhaft, leidvoll oder neutral ist, wird nicht viel passieren. Aber wenn es sich um Freude oder Vergnügen handelt, wird das Individuum Anstrengungen unternehmen, um es sich [den Gegenstand der Erfahrung] zu eigen zu machen. Die erste Stufe dieses Anhangens ist das nächste Stadium, Haften (*upadana*), die Bemühung, sich das Objekt der Begierde anzueignen. Das letzte Stadium des Anhangens ist die Gestaltung des Daseins oder „Werden" (*bhava*). Oft wird der Ausdruck „Existenz" für dieses Stadium verwendet, aber für ein Bindeglied zwischen der Gegenwart und der Zukunft und als vorbereitende Stufe zur Geburt halte ich den Ausdruck „Gestaltung des Daseins" für passender.

Verlangen, Durst und Daseins-Gestaltung repräsentieren die drei Stadien der Aktivität eines Erwachsenen, und zusammen bilden sie die drei Ursachen in der Gegenwart. Während das Individuum die Wirkungen der Vergangenheit erfährt, formt es die Ursachen seiner Zukunft. Während die Pflaumenfrucht am Baum reift, wird der Kern in der Frucht gebildet. Mit der Zeit ist die Frucht reif und fällt zu Boden, und auch der Kern ist bereit, aus sich heraus einen neuen Baum entstehen zu lassen, der zukünftig noch mehr Früchte trägt.

Was die Zukunft betrifft, so gibt es zwei Stadien – Geburt (*jati*) und Alter und Tod (*jara-marana*), oder kurz: Geburt und Tod. Unter dem Gesichtspunkt der drei Ursachen der Gegenwart betrachtet, können Geburt und Tod als Wirkungen bezeichnet werden. Im Licht der Kontinuität des Rads des Lebens gesehen, können wir die Zukunft als die Zeit ansehen, wenn die Ursachen der Gegenwart aufbrechen und zum Abschluss kommen. Und auch die Wirkungen der Zukunft tragen in sich die Ursachen für das weitere noch zukünftige Dasein.

Die Gegenwart ist ein gesamtes Leben, und ebenso die Zukunft. Vergangenheit, Gegenwart und Zukunft stellen alle ein eigenes, vollständiges Dasein dar. Im Rad des Lebens wird die Zukunft teilweise sehr ausführlich mit Hilfe von acht Stadien erklärt; aber in Wahrheit sind Verblendung und Daseins-Wille der Vergangenheit sowie Geburt und Tod der Zukunft gleichermaßen konstituierende Stadien wie die Gegenwart.

Weil wir menschliche Wesen es gewöhnt sind, die Gegenwart zum Ausgangspunkt unserer Überlegungen zu machen, wird die Zukunft ganz natürlich als Auswirkung der Gegenwart angesehen. Darum wird das zukünftige Dasein als Geburt und Tod beschrieben. Und weil die Vergangenheit als Ursache der Gegenwart betrachtet wird, werden in ihr als verursachende Prinzipien Verblendung und Daseins-Wille ausgemacht.

Es ist aber gut möglich, das Rad des Lebens in der folgenden Weise zu rekonstruieren, in welcher Geburt und Tod nur als eine verkürzte Beschreibung eines vollständigen Daseins angesehen und Verblendung und Lebenstrieb als eine ideologische Beschreibung einer Daseinsrunde verstanden werden. Vergangenheit, Gegenwart und Zukunft sind relative Begriffe.

Es sollte klar sein, dass die buddhistische Lehre von der Verursachung nicht dasselbe ist wie die Kausalitäts-Lehre der klassischen Physik, welche eine statische Theorie ist. Im Buddhismus ist jedes Stadium vom Standpunkt der Wirkung aus betrachtet eine Ursache und vom Standpunkt der vorangehenden Ursache aus gesehen eine Wirkung. Man kann auch sagen, dass sich eine Ursache in der Wirkung findet und eine Wirkung in der Ursache. Es gibt nichts Statisches in dieser Lehre.

Die Verblendung, welche nach dem Tod eines Lebewesens zurückbleibt, ist der Kristallisationspunkt der Handlungen (*karma*), welche das Wesen während seines Daseins begangen hat; dies ist die „Energie“ oder Auswirkung der Handlungen, welche zurückbleibt. Das Handeln ist die dynamische Manifestation mentaler und physischer Energie. Handlungs-Auswirkungen bleiben bestehen, auch wenn die Handlung endet; das ist, was das Rad des Lebens antreibt. Solange Energie vorhanden ist, ist sie auch wirksam, und die Kreisläufe von Verursachung und Werden setzen sich unvermeidlich – unbewusst oder blind – endlos fort.

Mit anderen Worten, ein Lebewesen bestimmt seine eigene Natur und Existenz durch seine eigenen Handlungen. Insofern können wir sagen, dass das Lebewesen selbst-gezeugt ist. Der Akt der Selbsterzeugung hat sich in der Vergangenheit über tausende und Millionen von Leben fortgesetzt, und das

Lebewesen ist immer und immer wieder im zwölfteiligen Kreislauf der Verursachung und des Werdens umhergewandert.

Entsprechend der Natur der vorherigen Handlungen kann die nächste Daseinsrunde von höherer oder niedrigerer Ordnung sein. D.h., ein Lebewesen kann jede Lebensform annehmen – menschlich oder tierisch, oder sogar die Form eines himmlischen Wesens (*deva*), entsprechend der Art seiner Taten, die sein Werden verursacht haben. Die Wiederholung des Wechsels von einer Form zu einer anderen Lebensform wird *samsara* (Wellenbewegung des Lebens) genannt.

Samsara („konstanter Fluss") wird häufig als „Seelenwanderung" übersetzt, was jedoch eine sehr irreführende Wiedergabe ist, da die Idee nicht die ist, dass eine Seele nach dem Tod des Körpers weiterlebt und in einen anderen Körper eintritt. *Samsara* meint die Schaffung eines neuen Daseins durch die Auswirkungen der Handlungen des vorangehenden Lebewesens. Der Buddhismus lehnt die Vorstellung einer Seele grundsätzlich ab. Leben ist wie die Wellen des Wassers; die Vibration eines Teilchens bewirkt die Vibration des nächsten Teilchens, und so setzen sich die Wellen über eine lange Strecke fort. Ein Leben entspricht einer Welle, und die Serie der Leben ist *samsara*. Im Buddhismus geht die Serie der Existenzen nicht unbegrenzt in einer geraden Linie weiter. Sie drehen sich, um einen Kreis zu bilden, und durchlaufen diesen Kreis wieder und immer wieder. Das Rad des Lebens ist der kleine Kreislauf eines Lebens, während der große Kreis (die Serie der Lebensräder) *samsara* darstellt.

Da die Selbsterzeugung durch die Handlungen der Individuen reguliert wird, hängt sie nicht von der Autorität eines anderen ab – z.B. Gott. Ebenso gibt es keine Verwirrung zwischen den Handlungs-Auswirkungen einzelner Individuen. „Selbst-getan, selbst-belohnt", „für jede heilsame Ursache eine heilsame Wirkung, für jede unheilsame Ursache eine unheilsame Wirkung" – das sind die Regeln.

Manchmal werden zwei Arten von Handlungen unterschieden, „ziehende Handlungen" (*drawing action*) und „erfüllende Handlungen" (*fulfilling action*). Ziehende Handlung bewirkt, dass ein Wesen als Mensch, als Gott (*deva*) oder als Dämon (*asura*) geboren wird; keine andere Kraft vermag ein

Lebewesen in eine bestimmte Daseinsform zu ziehen. Nachdem die Art des Daseins bestimmt worden ist, vollendet die erfüllende Handlung die formale Qualität des Lebewesens, so dass es ein vollständiges Exemplar seiner Art wird.

Es gibt zwei Arten von Handlungs-Einfluss: individuellen Handlungs-Einfluss und gemeinsamen Handlungs-Einfluss. Individueller Handlungs-Einfluss schafft das individuelle Wesen. Gemeinsamer Handlungs-Einfluss schafft das Universum selbst. Das ist die Bedeutung der Ausdrücke „individuelle Wirkung“ und „gemeinsame Wirkung“, wie sie im Buddhismus verwendet werden.

Von einem anderen Standpunkt aus betrachtet kann Handlung in drei Gruppen unterteilt werden: heilsame Handlungen, unheilsame Handlungen und neutrale Handlungen. Weiterhin, mit Hinsicht auf die Art der zu erwartenden Vergeltung, kann Handlung vierfach unterteilt werden: Handlungen, deren Vergeltung unmittelbar erfahren wird; Handlungen, deren Vergeltung im gegenwärtigen Dasein erfahren wird; Handlungen, deren Vergeltung im nächsten Leben erfahren wird; und Handlungen, deren Vergeltung in einem der auf das nächste Dasein folgenden Leben erfahren wird.

Es gibt zwei Möglichkeiten, den Prozess des Werdens zu betrachten. Die Reihenfolge von Ursache und Wirkung wird normalerweise als in Beziehung zur Zeit aufkommend angesehen. Wenn jedoch alle Faktoren des zwölfteiligen Kreislaufs des Werdens als zu einem einzigen Wesen gehörig betrachtet werden, erkennen wir, dass es alle zur gleichen Zeit besitzt. (Man gibt die sechs Sinnesorgane nicht auf, um in Kontakt mit den Phänomenen zu treten.) Darum können wir alle Faktoren als gegenseitig voneinander abhängig ansehen, wie in einem Ring; sie entwickeln sich simultan, und keiner ist ausschließlich eine Ursache oder nur eine Wirkung.

Der Buddhismus betrachtet alle Phänomene des Universums als „in Abhängigkeit von einer Reihe von Ursachen existierend“. Nur wenn es Verursachungen gibt, gibt es auch Existierendes. Ohne Ursachen kann es keine Existenz geben. Nichts Existierendes ist dauerhaft oder endgültig. Im Buddhismus wird diese Form der Existenz als „bedingtes Dasein“ bezeichnet. So eine Art und Weise, die Dinge zu betrachten, heißt „die Realität als solche wahrnehmen und erkennen". Es ist eine charakteristische Lehre des Buddhismus, alle Phänomene des Universums als in dynamischer Entwicklung stehend zu begreifen.

Von den zwölf Stadien der Verursachung werden Verblendung, Begierde und Anhaften als Täuschungen bezeichnet, während Daseins-Trieb und Gestaltungen Wirkungen-erzeugende Handlungen genannt werden. Der Rest des Kreislaufs – die fünf Wirkungen in der Gegenwart und die beiden in der Zukunft – heißen Leiden oder Wirkungen [der Handlungen], welche in Leiden münden.

Täuschung ist die Krankheit des Geistes, während Wirkung-erzeugende Handlungen seine physischen Manifestationen sind, und das Ergebnis ist Leiden. Zum Beispiel kann man ärgerlich im Geist sein und dementsprechend handeln, z.B. durch Schlagen oder Töten, und erleidet später Vergeltung. Durch das Erleiden der Vergeltung [der begangenen Taten] gerät man noch weiter in Täuschung, dazugehöriges Handeln und Leiden, und wiederholt so dieselbe Reise wieder und wieder. Diese ist die Kette der Verursachung durch Handlungs-Auswirkungen. Wer oder was ist verantwortlich für den Fortgang der Kette der Verursachung durch Handlungs-Auswirkungen? Um diese Frage klären zu können, fahren wir mit einer Diskussion über die Verursachung durch den Ideen-Erzeugungs-Speicher (*ideation store*) fort.

(b) Verursachung durch den Ideen-Erzeugungs-Speicher (*alaya-vijnana*)[11]

Handlungen werden in drei Gruppen unterteilt, nämlich in körperliche, sprachliche und willensmäßige [geistige]. Wenn man seinen Geist aufrafft, um etwas zu unternehmen, ist man verantwortlich dafür und unterliegt der Vergeltung [d.h. dem „karmischen Gesetz"], denn Wille bzw. Wollen ist eine geistige Handlung, sogar dann, wenn er nicht in Worten oder körperlichen Handlungen ausgedrückt wird. Aber mit dem Geist als inneren Sitz

[11] Der Sanskrit-Terminus *alaya-vijnana* (im englischen Text mit *ideation store* wiedergegeben) ist ein zentrales Konzept in der Yogacara- bzw. Vijnanavada-Lehre (siehe Kap. VI). Eine Ausführliche Abhandlung bietet: Waldron, William S., *The Buddhist Unconscious. The alaya-vijnana in the context of Indian Buddhist thought*; Routledge Curzon: London and New York 2003.

aller Handlungen sollte die Verursachung dem Geist-Speicher oder Ideen-Erzeugungs-Speicher zugeschrieben werden.

Die buddhistische Ideations-Theorie teilt den Geist in acht Fähigkeiten ein: der Augen-Sinn, der Ohren-Sinn, der Nasen-Sinn, der Zungen-Sinn, der Körper-Sinn, das Sinnes-Zentrum (*mano-vijnana*), das individualisierende Gedankenzentrum des Egoismus (*manas-vijnana*) und das Speicher-Zentrum der Erzeugung (*alaya-vijnana*), der Ideen-Erzeugungs-Speicher.

Von diesen acht Fähigkeiten erfordern die siebte und die achte eine Erklärung. Die siebte, das individualisierende Zentrum des Egoismus, ist die Mitte, aus der alle selbstsüchtigen Ideen, egoistische Anschauungen, Arroganz, Selbstliebe, Täuschungen und Verblendungen entstehen. Die achte Fähigkeit, das Speicher-Zentrum der Erzeugung, ist der Ort, an dem die „Samen“ aller Erscheinungen aufbewahrt und von wo aus sie in späteren Manifestationen ausgedrückt werden. Der Buddhismus vertritt die Ansicht, dass der Ursprung aller Erscheinungen und Ereignisse in der Auswirkung von geistigen Erzeugnissen (*ideation*) liegt. Wir werden später darauf zurückkommen, wenn wir uns mit der Theorie der Wahrnehmung in der idealistischen [Yogacara-]Schule beschäftigen. Wir wollen uns an dieser Stelle damit begnügen zu sagen, dass das Speicher-Zentrum der Erzeugungen das Saatbeet von allem Existierenden darstellt. Jeder Same liegt im Speicher-Zentrum, und wenn er in die Welt der Objekte zu treiben beginnt, erscheint ein neuer Same [im Speicherbewusstsein] als Reflexion. Das heißt der Geist greift aus in die äußere Welt und setzt, durch die Wahrnehmung von Objekten, neue Ideen in den Geist-Speicher. Und wieder treiben diese neuen Keime aus, um durch Reflexion erneut Samen zu bilden. So sammeln sich die Samen an und werden alle zusammen aufbewahrt. Solange sie latent sind, nennen wir sie Samen, aber wenn sie aktiv sind, heißen sie Erscheinungen. Die alten Samen, die daraus entwickelten Erscheinungen und die neuen Samen hängen gegenseitig voneinander ab und bilden einen Kreislauf, welcher denselben Prozess ständig wiederholt. Dies wird die Kette der Verursachung durch Ideen-Erzeugung genannt.

Dasjenige, was die Samen oder unbewussten Gedanken zum Sprießen und hin zu tatsächlichen Erscheinungen bringt, d.h. die treibende Kraft, welche das Rad der Verursachung in Bewegung versetzt, ist nichts anderes als Ideation [geistige Erzeugung]. Es ist anhand dieser Theorie der Verursachung aufgrund von Ideation leicht zu erkennen, dass Täuschung, Handeln und Leiden von derselben geistigen Tätigkeit, der Ideation, stammen.

Das Speicher-Zentrum der Ideation geht ins nächste Dasein über und bestimmt, um was für eine Form von Leben es sich dabei handelt. Dieses Speicherzentrum kann man als etwas Ähnliches wie die Seele in anderen Religionen ansehen. Gemäß der Lehre Buddhas allerdings wird keine Seele wiedergeboren, sondern was wiedergeboren wird, ist das Ergebnis der im vorhergehenden Dasein vollzogenen Taten. Im Buddhismus wird die Existenz einer Seele nicht anerkannt.

Man könnte fragen, woher dieses Speicher-Zentrum stammt. Um auf diese Frage einzugehen, müssen wir die dritte Konzeption der Verursachung untersuchen.

(c) Verursachung durch Soheit (*tathata*)

„Soheit" (*thusness*), oder „So-Sein" (*suchness*), ist der einzige Ausdruck der gebraucht werden kann, um die ultimative, undefinierbare, nicht benennbare Realität auszudrücken. Sie wird auch als die „Matrix des So-Gekommenen" bezeichnet. Soheit ist die im gewöhnlichen Menschen verborgene Buddha-Natur. „So-Gekommen" ist eine vom Buddha selbst verwendete Bezeichnung anstelle von „Ich" oder „Wir", aber mit einer besonderen Bedeutung. Nachdem er die Erleuchtung erlangt hatte, traf er mit den fünf Asketen zusammen, mit denen er früher ein Leben im Wald geteilt hatte. Diese fünf Asketen begrüßten ihn mit den Worten „Freund, Gotama". Der Buddha rügte sie, dass sie den „So-Gekommenen" (als Erleuchteter, der ich zu euch gekommen bin) nicht als Freund oder Ihresgleichen begrüßen sollten, denn er ist nun der Erleuchtete Eine, der Siegreiche, All-Wissende. Da er in der gegenwärtigen Lage so zu ihnen gekommen war, als Lehrer aller Menschen und selbst der Götter, sollten sie ihn als den Gesegneten Einen und nicht als einen alten Freund begrüßen.

Als der Buddha nach Kapilavastu zurückkehrte, seiner früheren Heimat, ging er nicht zum Palast seines Vaters, sondern lebte im Banyan-Hain außerhalb der Stadt und verließ diesen nur für seinen täglichen Bettelgang.

Suddhodana, sein königlicher Vater, konnte die Vorstellung, dass sein Sohn, der Prinz, in den Straßen von Kapilavastu bettelte, nicht ertragen. Umgehend besuchte der König den Buddha in seinem Hain und flehte ihn an, in den Palast zurückzukehren. Der Buddha antwortete ihm mit den folgenden Worten: „Wäre ich noch dein Erbe und Thronfolger, würde ich zum Palast kommen und die Annehmlichkeiten mit dir teilen; aber meine Herkunft hat sich geändert. Ich bin nun ein Nachfolger der Buddhas der Vergangenheit, von denen alle ‚So-Gegangen' sind, wie ich es nun tue, in den Wäldern lebend und bettelnd. Eure Majestät müssen mich daher entschuldigen." Der König verstand diese Worte vollkommen und wurde sofort ein Schüler des Buddha.

So-Gekommen und So-Gegangen haben praktisch dieselbe Bedeutung. Der Buddha verwendete sie beide, und häufig in ihren Plural-Formen. Manchmal wurden die Begriffe für ein Wesen verwendet, welches so kommt, d.h. in gewöhnlicher Weise. So-Gekommen und So-Gegangen können daher in zweierlei Bedeutung gebraucht werden: „Der Eine, der erleuchtet ist, aber auf gewöhnliche Weise kommt", oder „Derjenige, der einfach gewöhnlich daher kommt." Der Ausdruck „Menschensohn" im Christentum hat eine ähnliche Bedeutung.

Also: Soheit, oder die „Matrix des So-Gegangenen oder So-Gekommenen", meint den wahren Zustand aller Phänomene des gesamten Universums; die Quelle eines Erleuchteten, die *Grundlage der Erleuchtung*. Ihr statischer Aspekt ist Erleuchtung selbst (ohne Bezug zu Raum und Zeit); aber ihr dynamischer Aspekt zeigt sich in menschlicher Gestalt, die einen gewöhnlichen Weg und Lebensstil annimmt. Soheit und die Matrix des So-Gegangen-Seins sind praktisch ein und dasselbe – die absolute Wahrheit. Im Mahayana wird diese absolute Wahrheit Soheit oder So-Sein genannt (s.u.).

Wir sind nun in der Lage, die Theorie der Verursachung durch Soheit zu erklären. Soheit im statischen Sinne ist unbegrenzt, zeitlos, überall gleich, ohne Anfang und Ende, formlos und farblos, denn eine Sache selbst kann ohne ihre Manifestation weder erfahren noch beschrieben werden. Soheit in ihrem dynamischen Aspekt kann jede Form annehmen; wenn sie von befleckten Ursachen geleitet wird, nimmt sie eine verderbte Gestalt an. Soheit hat demnach zwei Modi: der eine ist die Soheit selbst; den anderen bilden ihre Manifestationen, der Modus des Lebens und Sterbens.

Es gilt daher drei Reihen der Verursachung zu bedenken: (a) Verursachung durch Handlungs-Auswirkung, wie sie im Rad des Lebens dargestellt ist; (b) Verursachung durch den Ideations-Speicher, um den Ursprung des Handelns zu erklären; (c) Verursachung durch Soheit, um den Ursprung des Ideations-Speichers zu erklären. Der Ideations-Speicher eines menschlichen Wesens wird durch seine Natur als Mensch bestimmt, und diese Natur ist eine spezielle, dynamische Form der Soheit. Man kann jedoch nicht [sinnvoll] fragen, woher die Soheit oder die Matrix des So-Gekommen-Seins stammt, da sie das Noumenon [im Original] ist; die ultimative, unbeschreibliche Soheit.

Als nächstes müssen wir die Verursachung des Universums als Ganzes betrachten, welches die dynamische Manifestation der Soheit ist.

(d) Verursachung durch das universelle Prinzip (*dharma-dhatu*)

Wir haben nun die Tiefen der Ursachen der Entstehung durchdrungen. Aber es ist immer noch notwendig, die gegenseitige Beziehung des Werdens aller Dinge zu betrachten; und so kommen wir zur Vorstellung der universellen Verursachung.

Das Universum (d.h. die Gesamtheit der Phänomene) ist die dynamische Manifestation oder der dynamische Ausdruck des statischen Prinzips [der Soheit]. Alle Dinge hängen wechselseitig voneinander ab und durchdringen einander gegenseitig, ohne sich zu behindern.

Dharma-dhatu bedeutet „die Faktoren des Prinzipiellen bzw. Grundsätzlichen“, und hat die beiden Aspekte von (1) der Stand der Soheit oder das Noumenon, und (2) die Welt der phänomenalen Erscheinungen. In dieser Verursachungs-Lehre wird *dharma-dhatu* normalerweise im letzteren Sinn gebraucht, aber wenn von der idealen Welt in ihrer Verwirklichung die Rede ist, wird der Begriff im ersten Sinne angewandt.

Der Buddhismus lehrt, dass nichts alleine oder individuell erzeugt worden ist/erzeugt wird. Alles im Universum Existierende – Geist und Materie –

entsteht simultan; alle Dinge im Universum hängen gegenseitig voneinander ab, ihre Einflüsse durchdringen sich wechselseitig und bilden so eine universelle Symphonie harmonischer Totalität. Wenn eins von ihnen fehlen würde, wäre das Universum nicht vollständig; ohne den ganzen Rest kann ein einzelnes Teil nicht bestehen. Wenn der ganze Kosmos in einen Zustand der Harmonie oder Vollendung gerät, wird er „das wahre und einzige Universum" oder der „Lotos-Speicher" genannt. In diesem idealen Universum befinden sich alle Lebewesen in perfekter Harmonie, und keines von ihnen findet irgendeinen Wiederstand in der Existenz oder Aktivität eines anderen.

Obwohl die Vorstellung von der gegenseitigen Abhängigkeit und gleichzeitigen Entstehung der Dinge die Theorie der universellen Verursachung genannt wird, ist es – hinsichtlich der universellen Natur des Entstehens – eher eine Philosophie der Totalität alles Seienden als eine Philosophie der Verursachung.

Entsprechend dieser Theorie gilt es vier Zustände des Universums zu unterscheiden:[12] (1) den realen Zustand oder die Welt des tatsächlichen Lebens – die Welt der Erscheinungen; (2) den idealen Zustand oder die Welt der Gesetzmäßigkeiten und des Prinzipiellen; (3) den verwirklichten idealen Zustand oder die Welt, in der das Grundsätzliche im tatsächlichen Leben zur Anwendung kommt oder in der die Erscheinungen und das Prinzipielle sich in Harmonie befinden; (4) der harmonische Zustand der Realität oder die Welt, in der die Gegebenheiten aus sich selbst heraus Harmonie erlangen. Der erste, zweite und dritte Zustand [*ji*, *ri*, *ji-ri muge*] sind leicht zu verstehen, da dies Zustände sind, welche oft von denkenden Menschen diskutiert werden. Aber der vierte Zustand [*ji-ji muge*] kann etwas schwer zu verstehen sein; denn in diesen modernen, individualistischen Zeiten wird normalerweise angenommen, dass ein Individuum unvermeidlich einem anderen gegenüber steht, dass gesellschaftliche Klassen sich einander gegenüber stehen, dass ein Unternehmen sich in Konkurrenz mit einem anderen befindet.

[12] Es folgen die „vier Sphären der Wirklichkeit" (*shi-hokkai*) der Huayen- bzw. Kegon-Schule (siehe Kap. VIII).

Demgegenüber demonstriert die Idee des Universellen Prinzips, dass alle Dinge der realen Welt sich in Harmonie miteinander befinden sollten, und sie führt dafür folgende Gründe an:[13] (1) Aufgrund der gleichzeitigen Entstehung aller Dinge; (2) aufgrund der wechselseitigen Durchdringung des Einflusses aller Dinge; (3) aufgrund der Notwendigkeit gegenseitiger Identifikation zwischen allen Dingen (wechselseitige Selbst-Negation, um mit dem anderen übereinzustimmen) für die Verwirklichung der Harmonie; (4) aufgrund der Notwendigkeit von Einheit oder Harmonie zwischen den Führern und den Folgenden, um eine Aufgabe durchführen zu können; (5) weil alle Phänomene ihren Ursprung in der Ideation haben – darum sollte von allen ein ähnliches Ideal zu erwarten sein; (6) weil alle Phänomene Ergebnisse von Verursachungen sind und daher gegenseitig voneinander abhängen; (7) weil alle Phänomene ihrem Wesen nach nicht-determiniert bzw. undefiniert sind, aber einander gegenseitig ergänzen – darum haben sie die Möglichkeit, ungehindert und in Harmonie mit allen anderen Phänomenen zu bestehen; (8) aufgrund der Tatsache, dass alle Wesen die Buddha-Natur in sich verborgen besitzen; (9) aufgrund der Tatsache, dass alle Wesen, vom höchsten bis zum niedersten, Teile ein und desselben Bereichs (Mandala) sind; (10) aufgrund der gegenseitigen Wiederspiegelung aller Aktivitäten – wie in einem von Spiegeln umgebenen Raum, in dem die Bewegung eines Bildes die Bewegung von zehntausend Reflexionen bewirkt.[14] Buddhistische Schriftsteller führen 20 Begründungen an, aber für unseren Zweck mögen die obigen zehn ausreichen.

(2) Das Prinzip der Nicht-Bestimmung und Nicht-Bestimmtheit

Bestimmung/Determinismus bezeichnet die Theorie, der zufolge das Dasein durch Schicksal, Natur, Gott o.ä. festgelegt ist. Der Physikalismus/Materialismus nimmt für gewöhnlich eine ähnliche Haltung hinsichtlich der Frage des freien Willens des Menschen ein. Einige moderne Physiker haben die Theorie der Nicht-Bestimmung vorgeschlagen, da es experimentell unmög-

[13] Siehe hierzu Chang, Garma C.C., *Die buddhistische Lehre von der Ganzheit des Seins*; S.58 ff.

[14] Vgl. Nikolaus Cusanus, „Von Gottes Sehen“.

lich sei, die Bedingungen für den Determinismus zu bestimmen; die verallgemeinerte Theorie gilt als diejenige der „unsicheren Beziehung“. Nach dieser Anschauung kann die Natur von Phänomenen oder Dingen auf keine Weise durch Vernunftgründe, Experimente oder mittels der Wissenschaft festgelegt werden. Diese Theorie kann „Nicht-Bestimmtheit“ genannt werden, welche der alten Lehre, dass alles durch Versuche bestimmt werden kann, entgegengesetzt ist. Grundsätzlich hat der Buddhismus weder mit Bestimmung noch mit Nicht-Bestimmung etwas zu tun, da er die Lehre der Selbst-Erzeugung vertritt: er geht vom (nicht absoluten) freien Willen innerhalb der Sphäre menschlicher Wesen aus.

Buddhismus hat daher nichts mit Fatalismus zu tun, da er die Existenz von so etwas wie Schicksal oder eine angeordnete Fügung nicht anerkennt. Dem Buddhismus zufolge haben alle Wesen ihr aktuelles Leben infolge ihrer Selbst-Erzeugung erlangt und sind – sogar noch während der Gegenwart – mitten dabei, sich weiterhin selbst zu erzeugen. Mit anderen Worten: Jedes Dasein ist ein Stadium dynamischen Werdens. Obwohl Rang und Gestalt des Lebens sich mit jeder Geburt ändern, sollte man nicht in der strikten Trennung von Zeit in Vergangenheit oder Zukunft denken. In Wahrheit gibt es nur Gegenwart. Das heißt, wir stellen eine lange, kontinuierliche Existenz dar, innerhalb derer Leben und Tod nichts weiter als das Ansteigen und Abschwellen von Wellen im Ozean des Lebens bilden. Geburt und Tod sind nicht das vorherbestimmte Schicksal eines Lebewesens, sondern eine „Folge des Handelns (*karma*)“, wie es manchmal genannt wird. Wer handelt, muss früher oder später die Wirkungen seines Handelns erfahren; während man die Auswirkungen erfährt, sät man erneut Samen und verursacht so die nächste Welle des Daseins höher oder niedriger zu sein, entsprechend der Qualität der vorangegangenen Taten.

Lassen Sie uns nun im Gegensatz hierzu andere östliche Denksysteme betrachten. Der Konfuzianismus ist insoweit deterministisch, als er behauptet, dass der Entschluss des Himmels das grundlegende Prinzip des menschlichen Lebens bildet. Dasselbe gilt für den Daoismus, insofern er das Dao als Quelle alles Seienden ansieht. Im Brahmanismus Indiens gilt ebenfalls Brahman als schöpferisches Prinzip oder personifizierter Gott. Ähnliche

Ideen eines Determinismus können in vielen westlichen Denksystemen gefunden werden.

Der Buddhismus hat diesen Ansichten gegenüber einen ganz anderen Ansatz. Während praktisch alle Denksysteme mit einem statischen ersten Prinzip beginnen, setzt der Buddhismus bei der tatsächlichen, dynamischen Welt an, und das Individuum strebt durch Selbst-Kultivierung danach, am Ende das Ideal zu verwirklichen. *Samsara* (das Auf und Ab des Lebens) ist kein vorwärts gerichteter Fluss, sondern ein wellenförmiger Kreis, wobei jede Welle ein Leben darstellt, welche auf dem großen Orbit des *Samsara* erscheint. Es hat keinen Anfang und kein Ende, so wie man auch nicht den Anfangspunkt eines Kreises bestimmen kann.

Es gibt daher keinen Platz für die Idee einer Ersten Ursache oder Schöpfung, welche das Dasein bestimmen könnte. Im *Dhamma-pada* („Pfad der Lehre“) heißt es: „Alles, was wir sind, ist die Folge von dem, was wir gedacht haben; es ist auf unsere Gedanken gegründet, es ist aus unseren Gedanken gemacht.“ Wir müssen uns jedoch daran erinnern, dass wenngleich der Wille in der menschlichen Sphäre frei oder nicht-festgelegt ist, er als abstrakter energetischer Trieb oder tierisches Verlangen erscheinen kann, welcher unter Tieren oder niederen Lebensformen, welche die niedrigeren Wellen im Kontinuum der Selbst-Erzeugung darstellen, nicht frei ist. Das Individuum erzeugt sich selbst und ist frei in erster Linie deshalb, weil es keine festgelegte Natur bzw. kein festgelegtes Wesen besitzt.

Die Bewegungen der geistigen Handlungen, welche die Form eines individuellen Daseins bestimmen, sind wie die Bewegungen eines Teilchen in der physikalischen Welt. Alles Existierende, Geist und Materie, besitzt kein Substrat, keine Seele, keine andauernde Selbst-Wirklichkeit, nichts dergleichen wie ein absolutes Selbst oder Ego. Was als wirklich erscheint ist eine temporäre Existenz, ein Augenblick in einer kausalen Sequenz, ein Kräuseln in der langen Reihe von Wellen, die kombinierte Wirkung von zwei oder mehr Ursachen.

Wenn man nicht auf der Existenz eines zentralen Prinzips oder eines absoluten Ego beharrt, kann man sich in jeder beliebigen Weise definieren. Vereinfacht gesprochen ist es durchaus korrekt, zu sagen, dass man existiert, und sich selbst zu beschreiben. Aber in genau definierter und exakter Ausdrucksweise ist es unmöglich, sein eigenes Selbst zu bestimmen oder sich selbst zu beschreiben. Jedoch besteht nicht die Gefahr, sich selbst zu verlieren; denn niemand kann die Auswirkungen seiner Taten bzw. deren latente Energie auslöschen. Eine spezielle Manifestation dieser Energie in menschlicher Form ist man selbst und das Ganze des eigenen Daseins – für den Augenblick.

Materie kann zu Energie werden, und Energie zu Materie; aber man sollte nicht meinen, dass die Energie immer in ein und derselben Materie erhalten wird. Durch die Qualität der eigenen Handlungen bestimmt man sein nächstes Dasein und so weiter, alle Leben entlang. Ohne ein permanentes Zentrum zu besitzen wandelt sich jedes Lebewesen im Laufe der Zeit; manchmal zum Besseren, manchmal zum Schlechteren. Unser Selbst existiert nicht außerhalb von den wechselnden Manifestationen, aber die Kreisläufe der wechselnden Manifestationen als Ganzes machen uns als solches aus. Darum gibt es keine Möglichkeit, seine Identität zum Verschwinden zu bringen.

Die Idee der Nicht-Bestimmtheit, welche als Grundlage der Idee der Nicht-Bestimmung erkannt ist, wird durch viele Ausdrücke vermittelt: „keine spezielle Natur besitzend“, „keine definite Natur besitzend“, „alle Phänomene sind leer“, „keinen speziellen Stand besitzend“, „alles ist nur von temporärer Existenz“, „alles Existierende ist die Kombination von Ursachen“. „Keine Substanz, keine Dauer“ ist ein Grundgedanke des Buddhismus.

(3) Das Prinzip der gegenseitigen Identifikation

Der Hinayana-Buddhismus begnügt sich für gewöhnlich mit Analyse und neigt nur selten zur Synthese. Demgegenüber neigt der Mahayana-Buddhismus in der Regel zur gegenseitigen Identifikation zweier widerstreitender Anschauungen. Wenn die eine Seite ihrer eigenen Auffassung anhängt und die andere Seite auf ihrer Ansicht besteht, wird eine Trennung die natürliche Folge sein. Das ist es, was im Hinayana der Fall ist. Das Mahayana lehrt, dass man seine eigenen Ansichten für einen Moment beiseitelegen und seine eigene Position mit derjenigen der anderen Seite vertauschen sollte, um so die einander gegenüberstehenden Positionen zu einer Synthese zusammenzuführen. Dann werden sich beide Seiten vollständig vereint finden. Dies ist tatsächlich ein Prozess der Selbst-Negation, welcher detailliert in der dialektischen Methode der „Schule der Negierung bzw. des Negativismus“ (*sunyata*, Leerheit) unterrichtet wird.

Der Begriff für „gegenseitige Identifikation“ bedeutet wörtlicher „wechselseitig“ und „betrachten“; d.h. „wechselseitig vom Standpunkt des anderen aus betrachten“ oder „wechselseitige Identifikation“, was so viel meint wie ein „Austausch der Sichtweisen“. Es ist unerlässlich, eine Versöhnung einander widerstreitender Ansichten herbeizuführen oder einen Synkretismus zwischen gegensätzlichen spekulativen Systemen zu erzielen. Dieser Trend beim Denken hat in der Tat einen großen Anteil an der Bewahrung der ursprünglichen Idee der Toleranz, welche in der Lehre des Buddha enthüllt wurde, aber in den zahlreichen Schulen des Hinayana, welche sich aus widersprechenden Meinungen entwickelten, fast vollständig verloren gegangen ist.

Zu den Argumenten, welche eine solche Identifikation gegensätzlicher Ansichten rechtfertigen, gehören: (1) Identität wird dadurch bewirkt, dass zwei verschiedene Faktoren in einem neuen vereint werden, so wie Kupfer und Zink miteinander vermischt werden um eine Legierung, Bronze, zu ergeben. Diese „Identität in der Form“ ist eine allen buddhistischen Schulen gemeinsame Erklärung. (2) Identität wird erkannt, weil Vorder- und Rückseite als verschieden angesehen werden können, in Wahrheit aber eine Einheit bilden. Es gibt unterschiedliche Sichtweisen, so wie es die Vorder- und Rückseite eines Hauses gibt. Auf dieselbe Weise sieht man von einer getäuschten Sichtweise aus *samsara*, aber von einem erleuchteten Standpunkt aus gesehen handelt es sich um *nirvana*. Beide Sichtweisen beziehen sich auf dieselbe Sache. Manche Mahayana-Schulen vertreten diese Lehre von der „Identität in der Substanz“. (3) Identität wird anerkannt, weil das gesamte Dasein vollständig Eins ist; wie im Fall von Wasser und Wellen, in dem sich das Ganze des Wassers als Welle manifestiert.

Diese drei Aspekte oder Assoziationen der Identität können wie folgt zusammengefasst werden: (1) Identität in der Form, d.h. als zwei verschiedene

Elemente, die sich verbinden um eine neue Einheit zu bilden. (2) Identität in der Substanz, auch wenn es verschieden Blickwinkel geben mag. (3) Identität in Form und Substanz, so wie im Fall von Wasser und Wellen (phänomenologisch).

Gegenseitige Identifikation durch wechselseitige Selbst-Negation hat, wenn sie verwirklicht wird, einen großen praktischen Wert bei der Zusammenführung streitender Gruppen, oder um Verständnis füreinander zu erzeugen. Durch eine oder mehrere dieser Methoden können Unterschiede zu einer Einigung gebracht werden, und illusorische Existenz wird mit erleuchteten Leben zu einer Synthese geführt. Ideen wie die, das Noumenon im Phänomenalen zu sehen, Ruhe als Bewegung oder Bewegung als Ruhe zu betrachten, Handeln und Nicht-Handeln, Reinheit und Unreinheit, Vollkommenheit und Unvollkommenheit, Eines und Vieles, das Allgemeine und das Besondere, Dauer und Unbeständigkeit miteinander gleichzusetzen, sind alle durchführbar anhand dieser Lehre. Es ist eine der wichtigsten Lehren des Mahayana und unerlässlich für ein klares Verständnis der buddhistischen Lehre, wie sie im Mahayana dargelegt ist.

Die wichtigste Anwendung dieser Lehre betrifft die Gleichsetzung von Leben [*samsara*] und Nirvana. Das Leben selbst ist Nirvana, so wie das Wasser und die Wellen identisch sind. Das Leben ist das eine, und Nirvana ist etwas anderes, lebloses. Wenn jemand Nirvana noch während des Lebens erlangt, wird das Leben identisch mit Nirvana; aber nur im Sinne eines geistigen Zustands, da der Körper noch existiert. Aber vollkommenes oder vollständiges Nirvana wird erst mit dem Tod erlangt. Die Auslöschung des Körpers ist die *conditio sine qua non* des vollkommenen Nirvana, so wie das Ende der Wellen in der vollkommenen Ruhe des Wasser resultiert.

(4) Das Prinzip der Wahren Wirklichkeit (So-Sein)

Viele der Probleme betreffend Soheit, So-Gekommen-Sein, So-Gegangen-Sein oder So-Sein wurden in Zusammenhang mit der Lehre von der Verursachung behandelt. Soheit ist die ultimative Grundlage des buddhistischen Denkens, was den realen Status von allem Existierenden angeht.

Es ist natürlich, dass die Menschen zuerst nach der innersten Essenz unter der äußeren Erscheinung aller Dinge suchen, oder nach einem unwandelbaren Faktum unter all den sich verändernden Phänomenen. Wenn ihnen dies nicht gelingt, versuchen die Menschen das Erkennbare vom nicht Erkennbaren zu trennen, das Wirkliche vom Schein, oder die Sache an sich von der Sache für uns. Aber auch dieses Bemühen muss scheitern; denn was sie als das Wahre oder die Sache an und für sich erachten, liegt schlichtweg außerhalb des menschlichen Wissens. Solche Anstrengungen kann man als die Suche nach dem Weltprinzip oder dem Lebensprinzip bezeichnen. Die Methoden des Suchens und die daraus hervorgehenden Theorien sind vielfältig. Manche sind monistisch oder pantheistisch, während andere dualistisch oder pluralistisch sind.

Entgegen all diesen Sichtweisen steht der Buddhismus für sich allein. Der Buddhismus ist atheistisch – daran besteht kein Zweifel. Wenn nach der ersten Ursache oder dem ersten Prinzip gefragt, verharrte der Buddha immer in Schweigen. Was das Lebensprinzip angeht, so verneinte er die Existenz eines Selbst, einer Seele oder irgendeiner Sache, welche man das wahre Selbst in einem Sinn nennen könnte, wie wir ihn im Vorangehenden besprochen haben. Die wahre Natur oder den wahren Zustand aller Dinge zu erkennen bedeutet nicht, Eines in Vielen zu sehen oder Eines vor Vielen; noch meint es, Einheit von Vielfalt zu unterscheiden oder das Statische vom Dynamischen. *Der wahre Zustand ist der Zustand ohne irgendeine besondere Bedingung* [Kursiv im Original]. Er ist tatsächlich die „wahre Wirklichkeit ohne irgendeine Wirklichkeit“, d.h. ohne irgendein spezifisches Charakteristikum oder Wesen. Es ist für den menschlichen Geist sehr schwer, diese Idee der Realität, in der es überhaupt keine Substanz gibt, zu verstehen.

Die Idee einer dauerhaften Substanz mit wechselnden Qualitäten ist sehr tief in unseren Denkgewohnheiten verwurzelt. Buddhistische Schulrichtungen, ganz gleich welcher Art – Hinayana und Mahayana, realistisch oder idealistisch – sind gänzlich frei von solch einer Angewohnheit und vertreten alle die Lehre des bloßen Wandels ohne zugrundeliegende Substanz. Wenn irgendein Buddhist vom wahren Zustand der Wirklichkeit spricht, meint er den Zustand ohne eine spezifische Beschaffenheit. Entsprechend der allgemeinen Sichtweise des Hinayana ist der Zustand ohne spezielle Charakteristika [gleichbedeutend mit] Nirvana, denn Nirvana ist die vollkommene

Freiheit von allen [bedingenden] Fesseln. Die dem Hinayana zugehörige realistische Schule (Sarvastivada) geht noch einen Schritt weiter und behauptet, dass Selbstlosigkeit, Unbeständigkeit und Nirvana (Begierdelosigkeit) die wahre Natur aller Dinge sind. Die nihilistische Schule (Satyasiddhi) vertritt die Ansicht, dass alle Dinge, Geistiges und Körperliches, leer und unwirklich sind, und dass nichts existiert, nicht einmal in Nirvana.

Das Mahayana lehrt einerseits, dass die Wahrheit nur durch eine negierende Sichtweise des Daseins entdeckt werden kann (Madhyamika, Negativismus), und andererseits, dass wahre Vollkommenheit durch Negation verwirklicht werden kann, indem man den illusorischen und kausalen Charakter des Daseins leugnet (Vijnaptimatra, Idealismus). Die „Girlanden-Schule" (Huayen, Totalismus) des Mahayana ist der Ansicht, dass die ideale Welt, oder die Eine Welt der Wahrheit, kein unabhängiges Individuum beinhaltet. Die Lotos-Schule (Tendai, Phänomenologie) setzt den manifestierten Zustand [der Welt], so wie er ist, und die wahre, immanente Natur [der Dinge] miteinander gleich.

Auf das Ganze bezogen bedeutet, nur die Tatsache zu sehen, dass eine Blume verwelken wird, eine einseitige, der Lehre der Vergänglichkeit anhängende Sichtweise. Wir sollten erkennen, dass der Tatsache des Welkens der Blume auch die Tatsache des Erblühens der Blume innewohnt, so wie in ihrem Blühen die Tatsache ihres Verwelkens enthalten ist. Dadurch wird der Gegensatz von Erblühen (Werden) und Verwelken (Vergehen) aufgehoben und wir nehmen die Sichtweise einer gegenseitigen Identifikation an, welches eine ungeteilte Sicht des Mittleren Wegs ist.

Dies kommt der Aussage gleich, Nicht-Handeln im Handeln und Handeln im Nicht-Handeln zu sehen, Bewegung in der Ruhe und Ruhe in der Bewegung, Stille in der Welle und die Welle in der Stille. Wir gelangen so zum wahren Zustand aller Dinge, d.h. zum Mittleren Weg. Und das ist es auch, was mit Soheit oder So-Sein gemeint ist.

Wenn diese Sichtweise negativ ausgedrückt wird, verweist sie auf das wahre Nicht-Sein oder die Leerheit, da jeder spezifische Zustand eines Phänomens zurückgewiesen wird. Dies gilt als die höchste Lehre der buddhistischen Philosophie. Wenn das letzte Prinzip von einem universellen Standpunkt aus betrachtet wird, heißt es *dharma-dhatu* (die Sphäre des Grundsätzlichen); aber von einem persönlichen Standpunkt aus gesehen spricht man vom *tathagata-garbha* (die Matrix des So-Gekommen-Seins oder So-Gegangen-Seins). Andere Mittel, dieselbe Idee auszudrücken, sind: *buddhata* oder *buddha-svabhava* (die Buddha-Natur) und *dharma-kaya* (der Wahrheits-Körper). Diese Begriffe sind praktisch Synonyme.[15] Ohne das Prinzip der Soheit oder Leerheit im höchsten Sinne des Wortes zu verstehen, gibt es keine Chance, die Mahayana-Lehren zu erfassen. Der Ausdruck „Leerheit" meint im höchsten Sinne nicht „Nichts", sondern bedeutet „frei von spezifischen Bedingungen", „unbedingt".

(5) Das Prinzip der Totalität (*dharma-dhatu*)

Was das Prinzip der Totalität betrifft, so wurde dazu schon einiges im Zusammenhang mit der Diskussion des Prinzips der Universellen Verursachung gesagt. Wir haben gesehen, dass es vier Arten von Universen gibt, welche berücksichtigt werden müssen, nämlich: (1) die Welt des tatsächlichen Lebens [*ji*], (2) die Welt der idealen Prinzipien [*ri*], (3) die Welt der realisierten idealen Prinzipien [*ji-ri muge*], und (4) die Welt des harmonisierten tatsächlichen Daseins [*ji-ji muge*]. Die erste, zweite und dritte Sphäre sind leicht zu verstehen; aber die vierte ist eine ziemlich ungewöhnliche Vorstellung. In der tatsächlichen Welt besteht die Neigung, dass der Individualismus dominiert; Wettbewerb, Konflikte, Streit und Kampf stören nur allzu oft die Harmonie. Der übliche Weg der Philosophie besteht darin, Konflikt als etwas Natürliches anzusehen. Der Buddhismus jedoch entwirft das Bild einer Welt, in welcher das tatsächliche Leben sich in idealer Harmonie befindet.

Die Gründe, welche für die Möglichkeit einer solchen Welt angeführt werden, sind bereits gezeigt worden (III.1.d). Entsprechend dieses Prinzips existiert kein Wesen aus sich selbst heraus und für sich selbst, sondern die ganze Welt bewegt sich und handelt als Einheit, so als ob sie sich unter

[15] [Fußnote im Original] Einige davon werden in den späteren detaillierten Studien einzelner Schulen eingehender behandelt.

einer gemeinsamen Führung befände. So eine ideale Welt wird „die Eine Wahre Welt“ genannt, oder der „Lotos-Speicher“.

Das Prinzip hierfür basiert auf der universellen Verursachung des *dharma-dhatu* (Sphäre des Grundsätzlichen), welches wir als Eigen-Erzeugung des Universums selbst ansehen können. Man sollte nicht vergessen, dass dies nichts anderes ist als eine Verursachung durch die normalen Handlungs-Auswirkungen aller Wesen, und dass das Prinzip auch auf der Lehre des Nicht-Selbst basiert. In buddhistischer Terminologie wird das Prinzip der Totalität *Avatamsaka* („Girlande“) genannt; es wird in Kapitel VIII. diskutiert.

(6) Das Prinzip von Nirvana oder vollkommener Freiheit

Um den Buddhismus richtig zu verstehen, müssen wir am Ende von Buddhas Leben ansetzen. Um das Jahr 486 v.u.Z. war das Ende der Aktivität von Buddha als Lehrer in Indien gekommen. Der Tod Buddhas wird, wie es wohlbekannt ist, Nirvana genannt: „der Zustand des erloschenen Feuers“. Wenn ein Feuer ausgeblasen wird, bleibt nichts übrig, was man davon sehen könnte. Ebenso nahm man an, dass der Buddha in einen unsichtbaren Zustand übergegangen sei, der in keiner Weise mit Worten beschrieben oder in sonst einer Form dargestellt werden kann.

Kurz vor seinem Eintritt in Nirvana sprach der Buddha im Sala-Hain von Kusinagara zu seinen Schülern folgendermaßen: „Klagt nicht ‚Unser Lehrer ist verschieden, und wir haben niemanden, dem wir folgen könnten‘. Was ich euch gelehrt habe, *dharma* und *vinaya* (die Sittenregeln) sollen eure Lehrer nach meinem Dahinscheiden sein. Wenn Ihr euch danach richtet und sie ununterbrochen übt, ist es dann nicht dasselbe, wie wenn mein Lehr-Körper (*dharma-kaya*)[16] für immer bei euch ist?“

Trotz dieser umsichtigen Anweisungen waren einige Schüler noch vor seinem Ableben einer anderen Meinung. Es schien den klugen Älteren daher nur normal, daran zu denken, ein Konzil der Ältesten einzuberufen, mit der Absicht, die orthodoxe Lehre Buddhas zu bewahren. Sie konsultierten

[16] [Fußnote im Original] Mit *dharma*-Körper meinte der Buddha, dass sein physischer Körper verfallen, aber seine Lehre als sein eigentlicher Körper zurückbleiben werde. Dies ist die Deutung des Hinayana.

König Ajatastru, der umgehend die achtzehn Klöster im Umland beauftragte, sich für die Aufnahme der Teilnehmer des bevorstehenden Konzils von Rajagriha vorzubereiten.

Als die Zeit gekommen war, trafen sich fünfhundert ausgewählte Ältere. Ananda trug die Lehren (*dharma*) vor, während Upali die Entstehung der disziplinarischen Regeln (*vinaya*) erläuterte. Es bestand keine Notwendigkeit, die disziplinarischen Regeln selbst wiederzugeben, da sie [erst] zu Lebzeiten Buddhas für die wöchentlichen Versammlungen mit Bekenntnis [der Verfehlungen] zusammengestellt wurden. Auf dem Konzil wurde eine erlesene Sammlung des *dharma* und des *vinaya* erreicht, die Anzahl der Lehrreden (*sutra*) wurde festgelegt und die Geschichte der disziplinarischen Regeln erstellt.

Das Ergebnis dieser Aktion der Älteren wurde von denjenigen als autoritativ anerkannt, welche eine formelle und realistische Neigung hatten. Es gab jedoch schon früh einige Anhänger, die mit ihren Ansichten davon abwichen – Purana, zum Beispiel, der geschickt im Predigen war. Purana befand sich in einem Bambushain in der Nähe von Rajagriha, als das Konzil tagte, und [auf seine Abwesenheit] von einem Laienanhänger befragt, soll er gesagt haben: „Das Konzil wird eine erlesene Sammlung schaffen. Aber ich werde mich weiterhin daran halten, was ich von meinem Lehrer selbst gehört habe.“ Wir können also annehmen, dass es auch einige Anhänger gab, die eine idealistische und freidenkerische Neigung hatten.

(a) Die nicht-geschriebenen heiligen Texte

Die gesamte Sammlung der durch das Konzil autorisierten heiligen Texte wurde für eine Zeitspanne von etwa vierhundert Jahren nicht auf Papier oder Palmblättern niedergeschrieben. Es ist wohlbekannt, dass im Brahmanismus die eigenen vedischen Texte bis zum heutigen Tag nicht niedergeschrieben worden sind – besonders diejenigen offenbarten Schriften, welche *sruti* („Gehörtes“) genannt werden. Wir können annehmen, dass der Buddhismus einfach dem Vorbild der älteren Religion folgte. Aber es gab auch noch andere Gründe: Erstens wagte man es nicht, die wohlklingende Stimme und freundlichen Worte des Gesegneten Einen zu entweihen, indem man sie in der profanen Schrift von fremdem Ursprung niederschrieb. Der Buddha hatte einmal die Übersetzung seiner Worte in das vedische Sanskrit verboten. Um wie viel weniger würde es ihm gefallen, seine Worte in dem fremden akkadischen (*accadian*) Alphabet niederzuschreiben, welches nur für geschäftliche und alltägliche Angelegenheiten verwendet wurde? Zweitens war die während des Konzils gesprochene Sprache aller Wahrscheinlichkeit nach eine Mischsprache in der Art wie die Pali-Sprache, d.h. die Sprache von Pataliputra. Es schien nicht ratsam, die heiligen Worte und Texte der Öffentlichkeit zugänglich zu machen, besonders wenn es einige abweichende Ältere mit freidenkerischen Tendenzen gab. Drittens schien die Verschriftlichung der heiligen Worte Buddhas ein Sakrileg, ebenso wie die Darstellung seines heiligen Aussehens in Bildern oder Skulpturen, wovon ich gleich noch sprechen werde. Auf jeden Fall wurde die gesamte Literatur im Gedächtnis aufbewahrt, und für vierhundert Jahre war es nicht geduldet, sie niederzuschreiben.

Die buddhistische Gemeinschaft war, ganz im Unterschied zu derjenigen der Brahmanen, eine Mischung aller vier Kasten aus allen Teilen des Landes und nicht für eine ernsthafte Rezitation der heiligen Worte bereit. Das Ergebnis war eine unvollkommene Überlieferung. Aus Angst vor Verlust und Verzerrung der Lehren gab König Vattagamani von Ceylon um 80 v.u.Z. den Auftrag, die gesamte Lehre in singhalesischer Schrift niederzuschreiben.

(b) Das nicht-dargestellte heilige Bildnis

Alle frühen Skulpturen von Sanchi und Barhut zeigen den Buddha nicht in menschlicher Gestalt. Es ist erstaunlich, dass alle grundlegenden Ereignisse im Leben Buddhas ohne die Figur des eigentlichen Helden vollständig in Skulpturen dargestellt worden sind. Wie war das möglich? Der Buddha bei seiner Geburt wird durch einen in voller Blüte stehenden Lotos repräsentiert; der Buddha als Erleuchteter durch einen Bodhi-Baum mit einer Umrahmung; der Buddha bei seiner ersten Predigt durch ein Rad, manchmal mit einem dreifachen Juwel (*tri-ratna*) darüber; der Buddha auf seinem Almosengang oder Bettelgang durch eine Schale, und so weiter. Wenn Suggestion ein Mittel echter Kunst ist, dann verstanden es die frühen buddhistischen Künstler hervorragend und verwendeten diese Idee geschickt für praktische Anliegen.

All dies bedeutet jedoch nicht, dass die Ältesten den Buddha während seines Lebens überhaupt nicht dargestellt hätten; denn es gibt die Erzählung, wie sie ein Bildnis von ihm angefertigt haben sollen, um ihm während seiner Abwesenheit ihre Verehrung erweisen zu können. Wie schon erwähnt waren sie formalistisch und realistisch eingestellt; und wenn der Buddha also nicht tatsächlich vor ihnen stand, hatten sie das Recht, ihn in Gemälden oder durch Skulpturen abzubilden. Nachdem er nun aber ins Nirvana eingegangen war, wäre es nicht mehr angemessen gewesen, ihn, der ihn Wirklichkeit [im gewöhnlichen Sinn] nicht mehr existierte, noch darzustellen. Es war erst nach einer beträchtlichen Entwicklung der Gandhara-Künste, dass die südliche Schule des Buddhismus damit begann, Bildnisse des Buddha herzustellen. Ich vermute, dies dürfte etwa zur gleichen Zeit stattgefunden haben, als man sich entschloss, seine Lehren niederzuschreiben, d.h. um das Jahr 80 v.u.Z.[17]

Die Älteren mit idealistischen und freidenkerischen Neigungen, welche wir als Vorläufer des Mahayana ansehen können, sollten überhaupt keine Konzile abhalten, um die Lehren des Buddha gesammelt anzuhören; und sie sollten auch nicht ihre Vinaya-Regeln über das hinaus erweitern, was vom Buddha selbst dargelegt wurde. Sie würden diejenigen heiligen Worte ihrem Gedächtnis anvertrauen oder niederschreiben, welche ihnen zusagten. Sie zögerten nicht, ihre Talente zu benutzen, um in Gemälden oder Plastiken das Bild des Buddha entsprechend ihrem eigenen Ideal von Schönheit und Vollkommenheit wiederzugeben, so wie sie es in den Gandhara-Kunstwerken taten.

Diese freidenkerische Geisteshaltung findet sich auch in den metaphysischen Schriften der Vaibhasika (Optionalisten), in denen zahlreiche Ansichten über die Lehre (*dharma*) und die Höhere Lehre (*abhidharma*) zusammengetragen sind und einige davon als Optionen ausgewählt und zum Studium empfohlen werden. Obgleich die Vaibhasika-Schule dem Hinayana

---

[17] Siehe hierzu: Kinnard, Jacob N.; *Imaging Wisdom – Seeing and Knowing in the Art of Indian Buddhism.*

zugehört, belegt sie bereits eine Tendenz in Richtung der freidenkerischen Schulen. Solche Freidenker waren kühn in ihren Exegesen, Erläuterungen und Kommentaren oder in der Bildung und Ausdrucksweise ihrer Ansichten. Das bedeutet jedoch nicht, dass sie sich von den originalen Lehren des Buddha entfernt hätten.

Mit Hinsicht auf Nirvana nahm sich die freidenkerische Gruppe unter den frühen Buddhisten die größten Freiheiten bei der Interpretation heraus, denn der Buddha selbst sagte zu seinen Lebzeiten nicht viel darüber, wenn es auch manchmal in poetischen Versen wie dem *Dhammapada* angesprochen oder gepriesen wird. Immer wenn er gefragt wurde, ob er nach dem Tod weiterleben oder in was für eine Art von Dasein er eingehen würde, hüllte er sich in Schweigen. Wenn der Buddha bei einer Frage, die mit „Ja" oder „Nein" zu beantworten war, schwieg, bedeutete sein Schweigen normalerweise Zustimmung. Aber sein Schweigen auf die Fragen, die Nirvana betrafen, rührte daher, dass seine Hörer nicht in der Lage waren, die damit verbundene tiefgründige Philosophie zu verstehen.

Eines Tages sagte ein Mann zum Buddha, dass er sich der Gruppe seiner Schüler anschließen würde, wenn er ihm klare Antworten auf diese Fragen geben würde: Würde der Buddha jemals sterben, und falls ja, was geschähe dann nach dem Tod mit ihm? Was ist die erste Ursache des Universums, und wie wird das Universum in der Zukunft beschaffen sein? Warum leben die Menschen, und was passiert mit ihnen nach dem Tod? Die Antwort des Buddha war derart: Stell dir vor, du seist von einem giftigen Pfeil getroffen und es käme ein Arzt, um dir den Pfeil aus der Wunde zu ziehen. Würdest du ihn erst fragen, aus was für einem Material der Pfeil hergestellt ist, was für eine Beschaffenheit das Gift hat, wer den Pfeil abgeschossen hat und was passiert wenn der Arzt die Wunde nicht versorgt, und dergleichen hübsche Fragen; und würdest du die Behandlung verweigern, bis der Arzt all diese Fragen zu deiner Zufriedenheit beantwortet hätte? Du wärst tot, bevor du die Antworten erhalten hättest.[18]

In dieser Parabel rät der Buddha dem Fragenden, sein Schüler zu werden, anstatt seine Zeit mit Problemen zu verschwenden, die zu tiefgründig

---

[18] *Majihima-Nikaya* Nr. 63.

sind, um von gewöhnlichen Menschen verstanden zu werden – nach einer langen Zeit der Kultivierung als ein Schüler des Buddha könnte er zum Verstehen gelangen.

Nach dem Dahinscheiden des Buddha kreisten die meisten metaphysischen Diskussionen und Spekulationen um das Thema „Nirvana". Das *Mahaparinirvana-Sutra*, dessen Sanskrit-Fragmente kürzlich entdeckt worden sind – eins in Zentralasien und eines auf dem Kôya-San – zeigt eine lebhafte Diskussion bezüglich der Fragen, was „Buddha-Natur", „Dharma-Natur", „Soheit", „Sphäre des Grundsätzlichen", „Dharma-Körper" bedeuten und was die Unterschiede zwischen Hinayana- und Mahayana-Ideen betrifft. Alle diese Themen sind mit dem Problem des Nirvana verbunden und zeigen die enorme Menge an Spekulationen, welche hinsichtlich dieser wichtigsten Fragen angestellt wurden.

Das Hauptproblem des Buddhismus, sowohl formalistischer als auch idealistischer Schulrichtungen, betraf die Auslöschung der menschlichen Leidenschaften; denn dieser [normale] deformierte Geisteszustand galt als die Quelle aller Übel des menschlichen Lebens. Menschliche Leidenschaften können sogar während einer Lebensspanne ausgelöscht werden. Darum ist die Befreiung von dieser Verwirrung des Geistes das Hauptanliegen der buddhistischen Kultivierung. Die Auslöschung der Leidenschaften (Nirvana), von Verlangen, Sinnlichkeit, des Geistes und sogar des individuellen Bewusstseins werden oft behandelt.

Für den buddhistischen Geist beinhaltete Nirvana keinerlei Idee von einer Vergöttlichung des Buddha. Es bedeutet schlicht und einfach die ewige Fortdauer seiner Personalität im höchsten Sinne des Wortes. Es meint die Rückkehr zu seinem ursprünglichen Zustand der Buddha-Natur, welche sein Dharma-Körper ist, aber nicht sein Schrift-Körper, wie es die Formalisten annehmen.[19] *Dharma* meint das Ideal selbst, welches der Buddha in seiner vollkommenen Erleuchtung erkannt hat. Die Idealisten sind der Auffassung,

[19] [Fußnote im Original] Im Mahayana bezieht sich Dharma-Körper auf das reine Ideal des Buddha, welches in der Erleuchtung erkannt wird – und nicht nur auf seine Lehre, also das Ideal des Buddha, wie es in Worten ausgedrückt wird. „Schrift-Körper" meint im Hinayana, dass der Buddha in seinen Schriften und seiner Lehre weiterlebt.

dass der Buddha einen *Dharma*-Körper hat – einen mit diesem Ideal identischen Körper. Das Ideal wurde in den Lehren des Buddha ausgedrückt, aber diese Lehren waren immer begrenzt durch die Sprache, den Anlass und die Zuhörer. Der ideale Körper ohne alle begrenzenden Bedingungen ist Nirvana.

Die Formalisten hingegen sind der Ansicht, dass die Schriften die perfekte Verkörperung des Ideals des Buddha darstellen. Daher ihre Meinung, dass der Buddha für immer im Schrift-Körper fortlebt und Nirvana demgegenüber seine vollständige Auslöschung und Annihilierung darstellt.

Lassen Sie mich nun das Prinzip von Nirvana weiterhin mit Hinsicht auf Raum und Zeit erläutern: Es war eine Illusion der Philosophen, besonders einiger indischer Philosophen, zu glauben, dass Raum und Zeit unendlich seien. Der Buddhismus jedoch hat Raum und Zeit nie als unendlich angesehen, da er sie als physische Aspekte auffasst. Raum gilt als eines der fünf Elemente – Erde, Wasser, Feuer, Luft und Raum – und wird manchmal durch eine kreisförmige Gestalt repräsentiert.

Zeit wird in manchen Schulrichtungen als real [existierend] angesehen, während sie in anderen als nicht real gilt. Aber es muss vor allem betont werden, dass Zeit niemals als unabhängig vom Raum existierend gedacht wurde. Das heißt, jedes Ding oder Wesen hat seine eigene Zeit. Raum und Zeit sind immer miteinander verbunden. Menschen haben eine durchschnittliche Lebensdauer, oder Wellenlänge, von fünfzig Jahren. Aber von einem Kranich heißt es, dass er tausend Jahre lebt, und von einer Schildkröte sogar zehntausend. Und bei den himmlischen Wesen ist eine Nacht und ein Tag so lang wie die ganzen fünfzig Jahre der Menschen. Eine Eintagsfliege und manche Windengewächse (*convolvulaceae*) haben hingegen eine kurze Wellenlänge von nur einem Tag.

Die Theorie der modernen Physiker, dass der Raum gekrümmt ist, hat die Erläuterung der Lehre des Nirvana erheblich erleichtert. Das Universum oder die „Sphäre der Wirklichkeit" (*dharma-dhatu*), wie sie formal genannt wird, ist der Bereich, in welchem Raum und Zeit herrschen und in dem diese die Wellenlänge alles Existierenden bestimmen. Somit ist die räumlich-zeitliche Welt tatsächlich ein Ozean mit den Wellen von Leben und Tod.

Sie ist der Bereich von *samsara* (fließende Lebenszyklen), die Welt des Gezeugt-Seins, der Energie, des Handelns, von Verursachung und Ideation, der Selbst-Erzeugung und des dynamischen Werdens. Sie ist die Sphäre der Begierde, der Form (Materie) und des Geistes.

Lassen Sie uns im Gegensatz zu so einer Welt einmal annehmen, dass es eine Sphäre geben muss, die raum- und zeitlos ist, ohne Erzeugung, ohne Verursachungen und nicht aufgewühlt durch die Wellen von Leben und Tod. Dies wird keine *dharma-dhatu* im dynamischen Sinne des Wortes sein, d.h. im Sinne einer sich manifestierenden Welt. Aber es wird eine *dharma-dhatu* im statischen Sinne sein, d.h. so wie sie in sich selbst ist – nämlich Soheit oder So-Sein, der ultimative Zustand von Nirvana, das *Mahaparinirvana*, oder vollkommen erleuchtete Buddhaschaft (*samyak-sambuddha*).

Dharma-dhatu im Sinne der phänomenalen Welt ist eine eingegrenzte und beschränkte Welt. Aber neben der *dharma-dhatu* in diesem Sinne kann die unbegrenzte Welt folgendermaßen beschrieben werden:

raumlos & zeitlos
Nirvana ohne Lebens-Bedingungen
ohne Leben, ohne Tod
keine Erzeugung, keine Verursachung, kein Werden
vollkommene Erleuchtung, vollkommene Freiheit
Soheit, So-Sein, der Stand des So-Gegangen und So-Gekommen-Seins

Unter den buddhistischen Texten die uns überliefert sind, finden wir keine Passagen, welche diese Punkte direkt zum Ausdruck bringen. Wir haben jedoch einen Text – auch wenn sein indisches Original bislang nicht gefunden wurde –, welcher die Ideen, wie ich sie hier zum Ausdruck gebracht habe, größtenteils enthält. Darin heißt es: „In der Sphäre der Wirklichkeit (*dharma-dhatu*) gibt es die drei Bereiche der Begierde, der Form und des Geistes. Alle gezeugten Dinge und Wesen, erhabene wie niedrige, sowohl Ursache wie Wirkung, befinden sich innerhalb dieser Sphäre der Wirklichkeit.“

Die Mahayana-Version des *Mahaparinirvana-Sutra*, die sich nicht mit all den negativen Erläuterungen [über das Wesen des Nirvana] zufrieden geben wollte, erklärt Nirvana mit positiven Begrifflichkeiten als Beständigkeit (gegenüber der weltlichen Vergänglichkeit), als Segen (gegenüber dem weltlichen Leiden), als Selbst (gegenüber der weltlichen Selbstlosigkeit alles Seienden) und als Reinheit (gegenüber der Beflecktheit menschlichen Daseins). Da diese Begriffe jedoch alle transzendentale Qualitäten des Buddha sind, dürfen diese Ausdrücke nicht im gewöhnlichen Sinne des Wortes verstanden werden. Zum Beispiel soll man sich nicht einen bestimmten Ort, eine Welt des Nirvana ausmalen, an dem der Buddha in Frieden und Seligkeit lebt, denn das Nirvana des Buddha ist das „Nirvana des Nicht-Verweilens".

Ein gewöhnlicher Arhat (ein teilweise Erleuchteter) hat alle durch Leidenschaften und Verlangen verursachten Hindernisse abgeworfen und erreicht damit sein Ziel der Auslöschung. Er findet Befriedigung in der Zerstörung seiner intellektuellen Tätigkeiten, weil er der Ansicht ist, dass die Quelle der Unterscheidung, Gegensätzlichkeit oder Trennung des Seienden in seinem Geist liegt. Er denkt, dass der Zustand der Auslöschung das ideale Nirvana ist. In Wirklichkeit jedoch ist er mit dem Weggang von den Hemmungen seines Intellekts zu seiner ursprünglichen Verblendung (*avidya*) zurückgekehrt. Er selbst kann der Auffassung sein, dass er die Verblendung beseitigt hat. Aber Verblendung ist das grundlegende Prinzip des Daseins, welches nicht einfach abgeschnitten werden kann, so wie Dunkelheit nicht ohne ein Licht beseitigt werden kann. Der einzige Weg die Dunkelheit zu beseitigen ist, ein Licht in den dunklen Raum zu bringen. Durch die Tugendkraft der Erleuchtung wird die Dunkelheit, welche den Intellekt bindet, aufgehoben.

Als Fachbegriff spricht man bei der Auslöschung der menschlichen Leidenschaften vom „Nirvana mit der noch vorhandenen Bedingung für Dasein", oder wörtlicher vom „Nirvana mit Resten von *upadhi*", wobei *upadhi* die materiellen und geistigen Bedingungen des Daseins bezeichnet. Damit ist also einfach gemeint, eine Person zu werden, die frei von Leidenschaften, aber noch am Leben ist.

Die nächste Frage lautet also: Was ist das Nirvana ohne verbleibende Daseinssubstrate? Es ist die vollständige Auslöschung der Bedingungen des Daseins sowie der Leidenschaften. Man kann es die Aufhebung des Daseins nennen. Es ist Nirvana oder „vollkommene Freiheit“, der Tod von Sakyamuni, dem Buddha.

Die dogmatische (*formalistic*) Ansicht des Buddhismus kommt hier mit der Aufhebung des Daseins zu einem Ende. Aber die spekulativen Anschauungen des idealistischen Standpunkts haben einen Neustart mit dem Übergang des sichtbaren Buddha in den unsichtbaren Zustand. Sogar zu seinen Lebzeiten besaß der Buddha vollkommene Freiheit hinsichtlich seiner intellektuellen Tätigkeiten; und während er noch eine [gewöhnliche] Person war, war er schon über-persönlich erleuchtet. Um wie viel freier musste er erst sein, nachdem er in den vollständig unbedingten Zustand des Nirvana übergewechselt war? Er ist damit zu seinem idealen Körper zurückgekehrt. Dieser wird der Körper seiner eigenen Natur, „Selbst-Wesen Körper“ genannt, im Gegensatz zu dem „zum Wohl aller Wesen manifestierten Körper“. All die in den späteren Jahren aufgekommenen Inkarnationstheorien haben ihre Ursprünge in dieser Deutung des Nirvana.

Der ins Nirvana eingegangene Buddha besitzt die vollkommene Freiheit, überall zu residieren, wo es ihm gefällt; er kann auf jede nur erdenkliche Weise handeln und hat dabei doch keinen dauerhaften Ort; sein Nirvana wird das „Nirvana des Nicht-Verweilens“ genannt. Der Gesegnete Eine kann wieder in der Welt erscheinen, wenn er die Notwendigkeit empfindet, den Wesen beizustehen – so wie es der historische Sakyamuni tat. Darum gehört der Buddha nach der idealistischen Sichtweise nicht der Welt von Leben und Tod an, da er nicht durch Verursachung eingeschränkt ist. Zugleich jedoch verweilt er nicht müßig im Nirvana, weil er der unter dem Leiden anderer Leidende ist.

IV. Die Kusha-Schule (Abhidharma-kosa Schule)

Realismus, Schule des Seienden, Hinayana [Vaibhasika, Sarvastivada]

(1) Einleitung

Die japanische Bezeichnung der Schule, Kusha, ist eine Abkürzung von *Abhidharma-kosa*[20] (*kosa* = kusha), welches der Titel von Vasubandhus Werk zum [buddhistischen] Realismus ist und übersetzt werden kann als „Die Geschichte der höheren, besonderen Lehre". Zu diesem Text kommen wir bald zurück.

Zuerst lassen Sie uns erwägen, was der Begriff *dharma* im Buddhismus bedeutet. Er ist abgeleitet vom Verb *dhri* (halten, tragen), und seine Nominalform, *dharma*, würde „das, an was sich gehalten wird", oder „das Ideal" bedeuten, wenn wir seine Bedeutung auf geistige Angelegenheiten beschränken. Dieses Ideal wird sich in seinem Umfang unterscheiden, insoweit es von unterschiedlichen Individuen erfasst wird. Im Falle des Buddha wird es die Vollkommene Erleuchtung oder Vollkommene Weisheit sein (*bodhi*). Zweitens wird das Ideal, ausgedrückt in Worten, aus seinen Predigten, Dialogen, Unterweisungen und Lehren bestehen. Drittens ist das Ideal, wie es für seine Schüler dargelegt ist, die Regeln, Disziplin, Vorschriften, Moral. Viertens, das Ideal welches verwirklicht werden soll, ist das Prinzipielle, die Theorie, die Wahrheit, das Vernünftige, Natürliche, Gesetz, Bedingung. Fünftens meint das in einem allgemeinen Sinn verwirklichte Ideal Realität, Tatsachen, Ding, Element (Geschaffenes und nicht-Geschaffenes), Geist-und-Materie, Geistiges und Phänomenales. In der realistischen Schule der Abhidharma-Lehrer wird der Ausdruck *dharma* meistens in der fünften und letzten Bedeutung gebraucht.

Nun sind wir imstande zu verstehen, was *Abhidharma* bedeutet. Die Vorsilbe *abhi-* hat die Bedeutung von sowohl „weiter" als auch „über". Daher bedeutet *Abhidharma* „Die höhere" oder „spezielle Lehre", oder die „Abhandlung über den/die Dharma". Beides ist für unsere Zwecke passend.

---

[20] [Fußnote im Original] Taishô, Nr. 1558. Französische Übersetzung von L. de la Vallée Poussin, *L'abhidharmakosa de Vasubandhu*, 6. Bände; Paris 1923–1931. [Die Übersetzung ins Englische durch Gelong Lodrö Sangpo ist seit 2012 erhältlich.]

Während der Dharma die allgemeine Lehre des Buddha bezeichnet, ist der *Abhidharma* ein spezieller, von bestimmten Älteren vorgetragener metaphysischer Diskurs.

Die meisten Abhidharma-Schulen entstanden wahrscheinlich nach dem Konzil von Asoka (ca. 240 v.u.Z.), denn die Abhidharma-Literatur, sieben Texte insgesamt, wurde bei diesem Konzil erstmals als einer der drei Körbe bzw. eine der drei Sammlungen des Tipitaka anerkannt.[21] Zur Zeit des ersten und zweiten Konzils gab es nur zwei Pitaka, Sutra (Lehrreden des Buddha) und Vinaya (vom Buddha verkündete Regeln zur Disziplin). Bei diesem Konzil des Asoka wurde der Abhidharma ergänzt und dadurch der Tipitaka gebildet.

Während die Schule der orthodoxen Älteren (Theravada) im Süden blühte, insbesondere auf Ceylon, entwickelte eine sich deutlicher zum Realismus bekennende Schule ihre Hochburg im Norden, vorwiegend in Kasmira und Gandhara.

Die Existenz dieser Sarvastivada-Schule lässt sich in der indischen Geschichte seit der Zeit des buddhistischen Konzils während der Herrschaft von König Asoka (ca. 240 v.u.Z.) bis zur Zeit von I-Tsings Reisen in Indien (671–695 u.Z.) beobachten.[22] In den zur Zeit von König Asoka kompilierten *Streitpunkten des Kathavattu* scheinen die Sarvastivada eine starke Position unter den diskutierenden Parteien zu besitzen.[23] Der Hauptsitz dieser Schule befand sich in Kasmira, wo ihre Lehre in Reinform unterrichtet und schließlich zu einem ausgefeilten System weiterentwickelt wurde, welches als *Vaibhasika* bekannt ist.

Mit der Zeit bildete sich ein weiterer Zweig der Vaibhasikas in Gandhara heraus, und dieser scheint sich in seinen Anschauungen bis zu einem gewis-

---

[21] [Fußnote im Original] Siehe meine Arbeit „On the Abdhidharma Literature of the Sarvastivadins“, *Journal of the Pali Text Society*, 1905.

[22] [Fußnote im Original] Siehe meine Übersetzung von *A Record of the Buddhist Religion as Practiced in India and the Malay Archipelago* (A.D. 671–695) von I-Tsing, Oxford 1896.

[23] [Fußnote im Original] Siehe die Übersetzung von C.A.F. Rhys Davids und S.Z. Aung, *Points of Controversy*, Pali Text Society Translation Series, Vol. V, Einleitende Bemerkungen.

sen Grad von der Schule in Kasmira unterschieden zu haben, da beide häufig nebeneinander in bestimmten Texten zitiert wurden.

Die geographische Verbreitung dieser Schule war sehr viel größer als die aller anderen Schulen, da sie in ganz Indien, seinem nördlichen Grenzgebiet, Persien, Zentralasien und ebenso im Süden in Sumatra, Java, Cochin-China [südliches Vietnam und östliches Kambodscha] und ganz China anzutreffen war.

Die Sarvastivada-Schule stand in enger Beziehung zur orthodoxen Theravada-Schule, von der sie sich wahrscheinlich zur Zeit vor dem Ersten Konzil des Asoka abspaltete. Die Anschauung, dass alle Dinge existieren, könnte sogar auf die Zeit von Buddha selbst zurückgehen, da sich der Ausdruck *sabban atthi* („alles existiert") bereits im *Samyutta-Nikaya* findet.[24]

Der grundlegende Abhidharma-Text dieser Schule war das vermutlich um 200 v.u.Z. kompilierte *Jnana-prasthana* („Quelle des Wissens") von Katyayaniputra, auch *Asta-grantha* („Acht Bücher") genannt. Die darauf folgenden Arbeiten der Schule scheinen eine spezielle Auslegung der darin enthaltenen Themen und Gegenstände zu sein. Es sind uns mindestens drei sogenannte *padas* („Beine") überliefert.

Dann, vermutlich im zweiten Jahrhundert u.Z. – ob vor oder nach dem buddhistischen Konzil während der Herrschaft von König Kaniska können wir nicht sagen – wurde ein umfangreicher und minutiöser Kommentar mit den Namen *Vibhasa Sastra* zu Katyayaniputras Werk erstellt. Der Begriff *vibhasa* bedeutet eine ausführliche Kommentierung oder zahlreiche Meinungen, und der Titel weist darauf hin, dass viele Ansichten der damaligen Zeit gesammelt und detailliert kritisiert wurden und dass allerlei Anschauungen ausgewählt und überliefert worden sind. Das Hauptanliegen des *Vibhasa*-Kommentars war es, die korrekte Erläuterung der Abhidharma-Schule weiterzugeben, welche seitdem die Vaibhasika-Schule genannt wird.

Dann erschien ein Kompendium der Abhidharma-Lehren mit dem Namen *Abhidharma-hridaya* („Herz der Höheren Lehre") von Dharmottara,

[24] [Fußnote im Original] Englische Übersetzung von C.A.F. Rhys Davids and F.L. Woodward: *The Book of Kindred Sayings*, Pali Text Society Translation Series, Vols. VII, X, XIII, XV, XVI, 1918–30. Siehe Rhys Davids Index zum *Samyutta*, S.107.

der zum Gandhara-Zweig [der Sarvastivada-Schule] gehörte. Ein Kommentar dazu mit dem Namen *Samyukta-abhidharma-hridaya* stammt von Dharmatrata, einem Schüler von Dharmottara. Dieses Werk wurde der grundlegende Text des Gandhara-Zweigs und in der Folge auch der chinesischen Abhidharma-Schule.

Die Abhidharma-Literatur:

I.

Jnana-prasthana („Quelle des Wissens") alias *Astha-grantha* („Acht Bücher") von Katyayaniputra

Sechs *Pada* („Beine") zu obigen:

1. *Prakarana-pada* („Kategorien-Bein"; 品類足論) von Vasumitra
2. *Vijnana-kaya* („Bewusstseins-Körper"; 識身足論) von Devasarman
3. *Dharma-skandha* („Elemente-Gruppen"; 法蘊足論) von Sariputra
4. *Prajnapti* („Weltsystem"; 施設足論) von Maudgalyayana
5. *Dhatu-kaya* („Geist-Element-Körper"; 界身足論) von Purna
6. *Sangiti-paryaya* („Probe-Lesung"; 集異門足論) von Mahakausthila

Mahavibhasa („Großer Kommentar") von Parsva
200 Vol. auf Chinesisch (*chüan* oder Teile)
Vibhasa („Kurzer Kommentar"), 14 Vol. auf Chinesisch

Auf Chinesisch gibt es somit zwei Überlieferungen des *Vibhasa*, eine große (200 Vol.) und eine kleine (14 Vol.). Ob die eine die Verkürzung der anderen ist, lässt sich nicht mit Gewissheit sagen. Aber von unterschiedlichen Standpunkten aus können wir annehmen, dass die längere Version zur Kasmira-Schule gehört und die kürzere zur Gandhara-Schule.

II.

Kompendium der Abhidharma-Schule
Abhidharma-hridaya von Dharmottara (Übersetzung 391)

Samyukta-abhidharma-hridaya von Dharmatrata (Übersetzung 426). Von diesem Text hat die chinesische Abhidharma-Schule, P'i-t'an (毘曇), ihren Namen.

Abhidharma-kosa von Vasubandhu

Chinesische Übersetzung von Paramartha zwischen 563 und 567. Auf diesen Text gründet die chinesische Kosa-Schule, Chü-she.

Chinesische Übersetzung von Hiuen-tsang (Hsüan-tsang, 596-664) zwischen 651 und 654.

Nach dieser Übersetzung wurde die Kosa-Schule als philosophisches System vollendet durch Ki (K'uei-chi, 632-682), Schüler von Hiuen-tsang.

Japanische Kosa-Schule
Die Realismus-Schule
Sarvastivadin

Gandhara-Abhidharmaka Kasmira-Abhidharmaka

Jnana-prasthana von Katyayaniputra

Sechs *Pada*

Vaibhasika

Mahavibhasa von Parsva

Neo-Vaibhasika

Vasubandhu (c. 420-500) (Eklektische Texte)	Samghabhadra (Orthodoxe Texte)
Abhidharma-kosa-karika (Verse) und *Abhidharma-kosa Sastra* (Kommentar)	*Nyayanusara* und *Samaya-pradipika*

(2) Geschichte

Der große Philosoph Vasubandhu wurde in Purusapura (Peshwar) in Gandhara geboren und empfing seine Ordination in die Sarvastivada-Schule. Er ging inkognito nach Kasmira, um die Abhidharma-Philosophie zu studieren. Auf seiner Rückreise verfasste er den *Abhidharma-kosa*, der in der chinesischen Übersetzung in 60 Bänden (*chüan*) erhalten ist. Der Sanskrit-Text ist verloren, aber glücklicherweise besitzen wir einen von Yasomitra geschriebenen Kommentar namens *Abhidharma-kosa-vyakhya*, der die von dem kürzlich verstorbenen Professor L. de la Vallée Poussin aus Belgien begonnene und von Rahula Sankrityayana aus Ceylon vollendete Restauration des verlorengegangenen Textes erleichtert hat.

Folgendes sind die Inhalte des *Abhidharma-kosa* entsprechend des veröffentlichten Textes und der chinesischen Version:

1. Über die Elemente (*dhatu*)
2. Über die Fähigkeiten (*indriya*)
3. Über die Welten (*loka*)
4. Über die Handlungen (*karma*)
5. Über Leidenschaften (*anusaya*)
6. Über die Person und den Pfad (*marga-pudgala*)
7. Über das Wissen (*jnana*)
8. Über Versenkung (*samapatti*)

Der chinesische Text hat ein neuntes Kapitel betreffs der Widerlegung der Idee eines Selbst.

Mit der Abfassung des *Abhidharma-kosa* scheint Vasubandhu dem Werk namens *Samyukta-Abhidharma-hridaya* seines Vorgängers Dharmatrata zu folgen, welches seinerseits ein Kommentar zu Dharmottaras *Abhidharma-hridaya* ist. Ein sorgfältiger Vergleich der drei Arbeiten zeigt, dass Vasubandhu die Arbeiten seiner Vorgänger kannte, oder aber dass solche Fragen, wie sie in diesen Texten diskutiert werden, zu den üblichen Themen dieser Schule gehört haben müssen. Die ersten acht Kapitel des Werks erklären besondere Eigenschaften oder Teile von Körperlichem und Geistigem; während das neunte und letzte Kapitel das grundsätzliche Prinzip der

Selbstlosigkeit erhellt, dem alle buddhistischen Schulen folgen. Insbesondere das neunte Kapitel scheint auf Vasubandhus eigenen Ideen zu basieren, da sich keine Spur dieses Themas in den anderen beiden Werken findet.

Als Vasubandhus *Abhidharma-kosa* in Gandhara bekannt wurde, traf er auf heftigen Wiederstand innerhalb und außerhalb seiner Schule. Jedoch scheint der finale Sieg auf seiner Seite zu liegen, da sein Werk in Indien Zuspruch fand; es wurde weitverbreitet unterrichtet, und zahlreiche Kommentare entstanden in Nalanda, Valabhi und an anderen Orten. Es wurde von Jinamatra ins Tibetische übersetzt und das erste Mal ins Chinesische von Paramartha aus Valabhi während der Jahre 563–567, und später noch einmal von Hiuen-tsang, der an der Nalanda-Universität in den Jahre 651–654 studierte. In China fanden besonders eingehende Studien des Werks statt, und es wurden wenigsten sieben ausführliche Kommentare geschrieben, von denen jeder einen Umfang zwischen 20 und 30 Bänden besitzt.

Vor der Übersetzung des *Abhidharma-kosa* gab es in China eine Schule namens P'i-t'an Tsung, die erste in der Liste der weiter vorne angeführten Schulen des chinesischen Buddhismus (Kap. I); wobei P'i-t'an die chinesische Abkürzung für *Abhidharma* ist. Diese chinesische Schule repräsentiert den Gandhara-Zweig der Sarvastivadin. Der grundlegende Text dieser Schule wurde zusammen mit dem *Vibhasa*-Kommentar bereits in den Jahren 383–434 ins Chinesische übersetzt. Der größere, der Kasmira-Schule zugerechnete *Vibhasa*-Kommentar wurde zwar auch übersetzt, aber es findet sich keine chinesische Schule oder Sekte, die ihn repräsentieren würde. Als der *Kosa*-Text des Vasubandhu von Paramartha während der Jahre 563–567 und dann noch einmal von Hiuen-tsang während der Jahre 651–654 übersetzt wurde, entstand die Kosa-Schule oder Chü-she Tsung, wurde eingehend studiert und avancierte zu einer unverzichtbaren Grundlage für alle buddhistischen Studien. Die P'i-t'an-Schule wurde dabei vollständig durch die neue Kosa-Schule ersetzt.

Man nimmt an, dass die Kosa- bzw. Kusha-Schule, wie sie in Japan genannt wird, von Chitsû und Chitatsu im Jahr 658 nach Japan gebracht wurde, von zwei buddhistischen Priestern, die einige Zeit bei dem berühmten Hiuen-tsang studierten. Sie wurde ein weiteres Mal eingeführt von Gembô im Jahr 735, einem Schüler von Chih-chou, der dritten Schüler-Generation von Ki, einem direkten Schüler von Hiuen-tsang.

In einem offiziellen Dokument von 793 ist die Kusha-Schule des Realismus als eine der idealistischen Hossô-Schule zugehörige Sekte verzeichnet, der keine eigenständige Stellung zuerkannt wird, da sie keine ausschließlich ihr zugehörigen Anhänger hatte.

(3) Philosophie

Die (dualistische) Sankhya-Philosophie, eine der ältesten indischen Philosophien, die viele Lehren mit dem Buddhismus gemeinsam hat, ist der Ansicht, dass alle Dinge ewig bestehen, wenngleich sie sich in konstantem Wandel befinden; nichts [grundsätzlich] Neues erscheint oder verschwindet.[25]

Der Buddhismus hält jedoch daran fest, dass alles nur augenblicksweise existiert; es gibt keine irgendwie geartete, dauerhafte Substanz. Sowohl der Buddhismus als auch die Sankhya-Philosophie lehnen die Theorie der Inhärenz [einer Selbstnatur oder Substanz] ab.[26] Darum kann man sagen, dass der Buddhismus die Lehre von der Augenblicklichkeit oder Momenthaftigkeit des Seins vertritt. Die gesamte Wirklichkeit kann in verschiedene Faktoren aufgeteilt werden, welche alle momenthaft sind. Diese Form des Pluralismus steht in direktem Gegensatz zum Monismus, insbesondere der Upanischaden.

Die Sankhya-Schule vertritt weiterhin eine Atom-Theorie und behauptet die Existenz von drei Arten von Atomen: 1. die feinsten Atome (*paramaanu*); 2. die Form-Atome (*anu*); 3. die feinen Staub-Atome (*rajas*). Das feinste Atom ist das feinste unterscheidbare Atom von allen und kann nicht weiter analysiert/zerlegt werden. Es wird nur in der Meditation erkannt.

---

[25] Zur Philosophie und Lehre des Sankhya/Samkhya siehe z.B.: Frauwallner, *Geschichte der indischen Philosophie*; Garbe, *Die Samkhya-Philosophie – Eine Darstellung des indischen Rationalismus*; Radhakrishnan, *Indische Philosophie Bd. 2 – Die Systeme des Brahmanismus*.

[26] [Fußnote im Original] Th. Stcherbatsky, *Buddhist Logic*, Vol. I, S. 109. Substanz ist substantielle, fortbestehende Essenz.

Sieben dieser feinsten Atome bilden ein Form-Atom, welches die feinste Substanz ist. Sie ist von kubischer Form. Sieben dieser Form-Atome bilden ein feines Staub-Atom, welches von den Augen eines Bodhisattva, eines zukünftigen Buddha, wahrgenommen werden kann. Weiterhin heißt es, dass die kleinste Zeiteinheit dem Übergang von einem Atom in ein anderes entspricht, d.h. Raum und Zeit entsprechen immer einander. Obwohl die Atom-Theorie sehr minutiös von der Kusha-Schule und auch von der nihilistischen Jôjitsu-Schule (s. Kap. V.) weitergeführt wurde, werde ich nicht weiter darauf eingehen, da ich denke, dass diese Theorie nicht wesentlich für diese Schulen ist, welche eine Lehre von der Momenthaftigkeit des Daseins vertreten.

Alle Faktoren oder *dharma*, welche die augenblicklichen Sinnes- und Geist-Daten ausmachen, wurden von der Realismus-Schule aufgezählt, vielleicht das erste Mal in der Geschichte der indischen Philosophie. Die Anschauung, dass kein Phänomen eine zugrundliegende Substanz besitzt, geht einher mit der Lehre des Wandels und der Unbeständigkeit – nichts ist von Dauer. Dieser Theorie zufolge existiert nur die Gegenwart. Die Vergangenheit existiert nicht, weil sie vorbei ist; und die Zukunft ist nicht real, weil sie noch nicht ins Dasein getreten ist.

Diese Theorie ist getreulich von anderen buddhistischen Schulen wie den Mahasanghika, den Mahisasaka und den Sautrantika vertreten worden. Die Sarvastivada-Schule jedoch, die ihren Ursprung in der orthodoxen Theravada-Schule (上座部) hat, erhebt einen rigorosen Widerspruch und sagt, dass die Vergangenheit und die Zukunft ebenfalls wirklich sind, denn die Gegenwart hat ihre Wurzeln in der Vergangenheit und ihre Konsequenzen in der Zukunft. Überdies behauptet sie, dass die drei Zeit-Perioden als eigenständig existierend gedacht werden sollten, weil die Gedanken von Vergangenheit und Zukunft nicht in uns aufkommen würden, wenn sie keine verschiedenen Realitäten wären.

Den in der *Mahavibhasa*-Literatur aufgezeichneten Diskussionen nach zu urteilen schien großer Wert auf die Verschiedenheit der drei Zeitperioden und ihre jeweilige Realität gelegt worden zu sein. Die Realität der drei Zeitperioden bedeutet jedoch nicht, dass die drei Zeiten selbst unabhängig und dauerhaft bestehen; noch bedeutet es, dass die Zeit eine reale Substanz ist. Es bedeutet, dass alle Phänomene oder Faktoren in der Vergangenheit und Zukunft ebenso wirklich sind wie in der Gegenwart – aber ohne von einer Periode zur nächsten fortzudauern.

Im Zusammenhang mit dieser Theorie führt Vasubandhu vier Argumente aus der exegetischen Literatur an:

(1) Dharmatratas Argument vom Unterschied der Art oder des Ergebnisses – so wie ein Goldstück in drei verschiedene Teile geteilt werden kann, aber doch jedes die wahre Natur des Goldes beibehält.
(2) Ghosas Argument vom Unterschied des Zeichens oder Faktors; so wie dieselbe Dienstleistung von drei unterschiedlichen Angestellten erhalten werden kann.
(3) Vasumitras Argument vom Unterschied der Funktion oder Position; wie beim Zählen, wo dieselbe Zahl verwendet werden kann, um drei unterschiedliche Werte auszudrücken (zum Beispiel kann die Ziffer Eins für 1 oder als Index für 10 oder 100 stehen).
(4) Buddhadevas Argument vom Unterschied der Sichtweise oder Beziehung; so wie eine Frau zugleich Tochter, Ehefrau und Mutter sein kann, entsprechend der Beziehung hinsichtlich ihrer Mutter, ihrem Ehemann oder ihrem Kind.

Vasubandhu bevorzugt Vasumitras Ansicht als bestes der vier Argumente, auch wenn er nicht vollständig zufrieden damit ist. Entsprechend diesem Argument ist es möglich, jeder der drei Zeitperioden unterschiedlichen Wert beizulegen – die Zukunft ist das Stadium, welches noch nicht zur Wirkung gelangt ist; die Gegenwart ist das aktuell wirksame Stadium; und die Vergangenheit ist das Stadium, in dem Wirkung zu einem Ende gekommen ist. Infolge der Unterschiedlichkeit der Stadien sind die drei Perioden deutlich voneinander getrennt und alle Phänomene oder Faktoren in ihnen sind wirkliche Entitäten. Daher die Formulierung: „Die drei Zeitperioden sind wirklich, und ebenso das Dasein aller Phänomene in jedem Augenblick (三世実有法体恒有).“ Die Lehre: „Freisein von einem dauerhaften Selbst, aber Wirklichkeit der Phänomene (*dharma*)" weist darauf hin, dass Selbstlosigkeit immer noch das grundlegende Prinzip der Sarvastivada-Schule ist.

Nichtsdestotrotz findet sich die Theorie der Sarvastivada nach Vasubandhu nicht in den genuinen Diskursen des Buddha, sondern ist eine Neuerung der *Vibhasa*-Literatur (Exegese) der Abhidharma-Schule. Die Auffassung der Abhidharmikas steht gegen diejenige der Sautrantika (Kap. V.), welche ausschließlich die Diskurse (*Sutra*) des Buddha anerkennen und behaupten, dass nur die Gegenwart existiert.[27] Dementsprechend greift Vasubandhu in seinem *Abhidharma-kosa* die Ansicht der Sautrantika-Schule auf, wenngleich er angeblich im Allgemeinen den Grundsätzen der Kasmira-Abhidharmikas folgt.

Obwohl eine starke realistische Tendenz eine Abweichung von der ursprünglichen Lehre der Momenthaftigkeit oder Augenblicklichkeit des Daseins darstellt, ist sie dennoch nicht so verdächtig, wie sie auf den ersten Blick erscheinen mag, solange die abweichende Partei nicht den grundlegenden Lehrsatz aufgibt: „Keine Substanz (*anatma*), keine Dauer (*anitya*) und kein Wohlergehen (*dukha*) außer Nirvana." Konsequenterweise würde das wirkliche Sein der Sarvastivada-Schule eine momentane Existenz bedeuten, oder die Kontinuität getrennter, momentaner Existenzen.

Im Buddhismus gibt es keine Handelnden außerhalb der Handlung, keinen Wahrnehmer außerhalb der Wahrnehmung, und somit auch kein bewusstes Subjekt hinter dem Bewusstsein. „Geist" ist nur ein transitorischer Zustand des Bewusstseins von einem Objekt. Es gibt kein permanentes bewusstes Subjekt, da kein körperliches Gefüge für zwei aufeinanderfolgende Momente dasselbe ist, wie die modernen Physiker sagen. Der Buddhismus verficht die Auffassung, dass dasselbe auch für den Geist gilt.

(a) 75 Faktoren des Daseins

Alle Phänomene des Daseins werden von Vasubandhu in seinem *Abhidharma-kosa* exakt erklärt. Der charakteristische Name der Schule, *Sarva-asti-vada* („Lehre, dass alles existiert") bejaht alle Existenz, sowohl körperliche als auch geistige, ebenso wie solche, die weder körperlich noch

[27] [Fußnote im Original] Th. Stcherbatsky, *Buddhist Logic*, Vol. I, S.111.

geistig ist. Das bedeutet jedoch nicht, die Existenz eines Selbst (*atman*), eines individuellen Ego oder einer Seele, eines universellen Prinzips oder einer ersten Ursache zuzugeben. Ob er die Gefahr, dass er der Anerkennung eines Selbst zugerechnet wird, voraussah oder nicht – dass gesamte neunte Kapitel seines *Abhidharma-kosa* hat Vasubandhu der Widerlegung der *Atman*-Theorie gewidmet.

Die Liste der Daseins-Faktoren (*dharma*) des *Abhidharma-kosa* kann gut mit ähnlichen Listen wie in dem von Anuruddha im 8.Jh. in Pali abgefassten *Abhidhamma-sangaha* („Kompendium der Höheren Lehre"), dem *Abhidharma-hridaya* („Herz der Höheren Lehre") von Dharmottara (Übersetzung 391 u.Z.) und Dharmatrata (Übersetzung 426 u.Z.) sowie eventuell dem *Satyasiddhi* („Vollendung der Wahrheit") von Harivarman (ca. 250–350) verglichen werden.

Im *Abhidhamma-sangaha* werden alle Faktoren in sechs Klassen bzw. *dharma* unterteilt, während sie im *Abhidharma-hridaya* nach fünf Graden bzw. *dharma* klassifiziert werden. Im *Abhidharma-kosa* sind sie wohlgeordnet und in fünf Kategorien bzw. *dharma* systematisiert. Das *Satyasiddhi*, welches der nihilistischen Sautrantika-Schule zugehört, führt 84 *dharma* an.

Allen diesen Schulen ist gemeinsam, dass sie die Daseinsfaktoren in zwei Gruppen einteilen, erzeugte/entstandene und nicht-erzeugte/nicht-entstandene. Die entstandenen bzw. bedingten Faktoren sind ihrerseits in vier Gruppen unterteilt:

I. Form (11 Faktoren), bestehend aus den fünf Sinnes-Organen, den fünf Sinnes-Objekten und nicht-manifestierter Form
II. Geist (1 Faktor), manchmal fünffach unterteilt entsprechend den fünf Sinnesorganen
III. geistige Begleitfaktoren (46 Faktoren), sechsfach unterteilt in Allgemeine, Heilsame, grundsätzliche Befleckungen, Unheilsame, geringere Befleckungen, Unbestimmte
IV. vom Geist unabhängig (14 Faktoren): weder Form noch Geist

Diese vier Gruppen umfassen alle entstandenen Phänomene (72 an der Zahl); und zusammen mit den nicht-entstandenen Phänomenen (3 an der

Zahl) bilden sie die fünf Kategorien und 75 Daseinsfaktoren. Darunter befinden sich diejenigen, denen sich alle Schulen mit größter Sorgfalt widmen, den „geistigen Begleitfaktoren“ [*caitta, cetasika*]. Von diesen gibt es 52 Stück in drei Klassen im *Abhidhamma-sangaha*, 58 Stück in sieben Klassen im *Abhidharma-hridaya* und 46 Stück in sechs Klassen im *Abhidharma-kosa*.

Grob miteinander verglichen scheinen sie mehr als nur „Geistiges“ miteinander gemeinsam zu haben; aber das *Abhidharma-hridaya* und der *Abhidharma-kosa* stehen in deutlich engerer Beziehung zueinander als der Rest, da ersterer eine systematisierte Version von letzterem ist.

Die Daseinsfaktoren umfassen die ganze Welt körperlicher und geistiger Phänomene – positive und negative Entwicklungen, direkte und indirekte (*presentative and representative*) psychologische Faktoren bzw. Sinnesdaten und gedankliche Inhalte. Vasubandhus Aufzählung bestand aus Faktoren. Die letzten vier Faktoren der unbestimmten Funktionen – Habsucht, Hass, Stolz und Zweifel – werden von ihm gesondert behandelt und nicht ausdrücklich als unbestimmte Funktionen. Die Hinzufügung von diesen schien endgültig von chinesischen Autoren wie P´u-kuang etabliert worden zu sein.

Die Daseinsfaktoren werden für gewöhnlich in einer Tabelle arrangiert:

(b) Die 75 Daseinsfaktoren der Kusha-Schule (七十五法)

A. Gezeugte Elemente (*samskrta-dharma*, 有為法)

I. Form

1. Auge (*caksus*, 眼)
2. Ohr (*srota*, 耳)
3. Nase (*ghana*, 鼻)
4. Zunge (*jihva*, 舌)
5. Körper (*kaya*, 身)
6. Form (*rupa*, 色)
7. Ton (*sabda*, 声)

8. Geruch (*gandha*, 香)
9. Geschmack (*rasa*, 味)
10. Berührung (*sparsa*, 触)
11. nicht-manifestierte Form (*avijnapti-rupa*, 無表色)

II. Geist (*citta*, 心法)

12. Geist (心)

III. begleitende Geistfaktoren (*caitasika* oder *citta-samprayukta-sanskara*, 心所有法)

a. Allgemeine Funktionen (*mahabhumika*, 遍大地法)

13. Empfindung (*vedana*, 受)
14. Idee (*samjna*, 想)
15. Wille (*cetana*, 思)
16. Berührung (*sparsa*, 触)
17. Wollen (*chanda*, 慾)
18. Weisheit (*mati*, 慧)
19. Erinnerung (*smrti*, 念)
20. Aufmerken (*manasikara*, 作意)
21. Entschluss (*adhimokha*, 勝解)
22. Sammlung (*samadhi*, 定)

b. Allgemeine heilsame Funktionen (*kusala-mahabhumika*, 大善地法)

23. Vertrauen (*saddha*, 信)
24. Energie (*viriya*, 勤)
25. Gleichmut (*upekkha*, 捨)
26. Scham (*hijiri*, 慚)
27. Schüchternheit (*apatrapya*, 愧)
28. Gierlosigkeit (*alobha*, 無貪)

29. Zornlosigkeit (*advesa*, 無嗔)
30. Nicht-Schädigen (*ahimsa*, 不害)
31. Zuversicht (*prasrabdhi*, 軽安)
32. Anspannung (*apramada*, 不放逸)

c. Allgemeine Befleckungen (*klesa-mahabhumika*, 大煩悩地法)

33. Unwissenheit (*moha*, 無明)
34. Nachlässigkeit (*pramada*, 放逸)
35. Trägheit (*kausidya*, 懈怠)
36. Misstrauen (*asraddha*, 不信)
37. Dumpfheit (*styana*, … 沈)
38. Erregtheit (*auddhatya*, 掉擧)

d. Allgemeine unheilsame Funktionen (*akusala-mahabhumika*, 大不善地法)

39. Schamlosigkeit (*ahrikya*, 無慚)
40. Laszivität (*anaptrapya*, 無愧)

e. Kleinere unheilsame Befleckungen (*upaklesa-bhumika*, 小煩悩地法)

41. Ärger (*krodha*, 忿)
42. Verhehlen (*mraksa*, 覆)
43. Geiz (*matsarya*, 慳)
44. Neid (*irsya*, 嫉)
45. Kummer (*pradasa*, 悩)
46. Verletzen (*vihimsa*, 害)
47. Feindseligkeit (*upanaha*, 恨)
48. Täuschung (*maya*, 幻)
49. Betrügerei (*saihya*, 誑)
50. Arroganz (*mada*, …)

f. Unbestimmte Funktionen (*aniyata-bhumika*, 不定地法)

51. Reue (*kauktrya*, 悪作)

52. Schläfrigkeit (*middha*, 随眠)
53. Gedankenfassen (*vitarka*, 尋)
54. Untersuchung (*vicara*, 伺)
55. Begierde (*raga*, 貪)
56. Hass (*pratigha*, 瞋)
57. Stolz (*mana*, 慢)
58. Zweifel (*vicikitsa*, 疑)

IV. Weder Form noch Geist seiende Faktoren (*citta-viprayukta-samskara*, 心不相応行法)

59. Erwerb (*prapti*, 得)
60. Nicht-Erwerb (*aprapti*, 非得)
61. Gemeinsamkeit (*sabhagata*, 同分)
62. Verwirklichung in der gedankenfreien Sphäre (*asamjnika*, 無想果)
63. formlose Versenkung (*asamjnika-samapatti*, 無想定)
64. Auslöschungs-Versenkung (*nirodha-samapatti*, 滅尽定)
65. Leben (*jivita*, 命根)
66. Geburt (*jati*, 生)
67. Dauer (*sthiti*, 住)
68. Verfall (*jara*, 異)
69. Unbeständigkeit (*anityata*, 滅)
70. Name (*nama-kaya*, 名身)
71. Satz (*pada-kaya*, 句身)
72. Buchstabe (*vyanjana-kaya*, 文身)

B. Nicht-gezeugte Elemente (*asamskrta-dharma*, 無為法)

1. Raum (*akasa*, 虚空)
2. Auslöschung durch geistige Tätigkeit (*pratisamkhya-nirodha*, 択滅)
3. Auslöschung durch Fehlen produktiver Ursachen (*apratisamkhya-nirodha*, 非択滅)

(c) Einige Erklärungen zur Tabelle

Die Tabelle führt alle Faktoren dessen an, was man die objektive Wirklichkeit nennen könnte. Tatsächlich sind diejenigen Faktoren des Daseins, mit denen sich die realistische Kusha-Schule des Buddhismus beschäftigt, nur Objekte. Sie anerkennt kein irgendwie geartetes Subjekt im gewöhnlichen Sinne des Wortes. Sogar der Geist selbst ist kein Subjekt, da es keinen Handelnden außerhalb der Handlung gibt und kein bewusstes Subjekt außerhalb des Bewusstseins. Es gibt lediglich transitorische Zustände des Geistes. Von der gesamten Wirklichkeit wird ausgesagt, dass sie nur momentane Existenz besitzt.

Entsprechend dem grundlegenden Prinzip des Buddhismus werden alle körperlichen und geistigen Phänomene als getrennte, momenthafte Faktoren von gleichem Wert angesehen. Die Anordnung all dieser Elemente in einem koordinierten System, welches das Material in subjektive [geistige] und objektive Gruppen oder Faktoren aufteilt, sowie die Annahme eines Unterschieds zwischen den zentralen Elementen reinen Bewusstseins und den sekundären Elementen geistiger Funktionen oder moralischer Kräfte kann, wie Prof. Stcherbatsky es sagt, als eine erhebliche Abweichung dieser Schule von der ursprünglichen Lehre verstanden werden (die Lehre von der Nicht-Substantialität). Solange wir jedoch nicht die Augenblicklichkeit des Seins aus dem Blick verlieren, sollten wir es nicht als eine vollständige Abweichung ansehen.

Die bedingten Faktoren (*sarva-sanskara* oder *sanskrita-dharma*) machen die erste große Abteilung unserer Tabelle aus. Ihr spezifischer Charakter ist Unbeständigkeit.

Samskrita-dharma:

(I) Form (*rupa*, 11 Faktoren). Diese Gruppe umfasst im Wesentlichen alles, was wir als „Stoff/Materie“ bezeichnen. Von den elf Faktoren sind die ersten fünf die Sinnesorgane und die zweiten fünf die Sinnesobjekte. Die vier groben Elemente – Erde, Wasser, Feuer, Luft – werden von den Sinnesobjekten repräsentiert. Diese zehn Faktoren werden durch einen besonderen elften ergänzt, dem nach außen hin „nicht-manifestierten Form-Faktor“ (*avijnapti-rupa*). Wenn wir etwas zu tun beabsichtigen, wird diese mentale

Funktion an sich „Wille" (*cetana*) genannt. Im Buddhismus heißt sie „Willens-Handlung". Sie drückt sich körperlich oder sprachlich aus und wird körperliche bzw. sprachliche Handlung genannt. Diesen beiden äußerlich manifestierten Handlungen, seien sie heilsam oder unheilsam, entspricht eine analoge Tätigkeit im Geist, und sie hinterlassen einen bleibenden Eindruck oder ein bleibendes Bild. Diese werden dann „nicht-manifestierte Handlungen" genannt (*avijnapti-karma*). Sieht man diese Handlungen als Form-Faktoren an, versteht man sie als Sinnesobjekte, obwohl sie nicht manifest sind.

(II) Bewusstsein oder Geist (*citta*, 1 Faktor). Dieser Faktor bezeichnet das Bewusstsein selbst. Obwohl einfach, funktioniert es doch auf fünffache Weise, entsprechend den fünf Sinnesorganen.

(III) Geistige Begleitfaktoren (*citta-samprayukta-sanskara* oder *caitasika*, 46 Faktoren). Diese Kategorie geistiger Faktoren ist die Abteilung, der von der Kusha-Schule die meiste Aufmerksamkeit gewidmet wird; darum scheint es nur vernünftig, diese Schule als eine psychologische Schule des Buddhismus zu bezeichnen. Die geistigen Begleitfaktoren werden insgesamt in sechs Gruppen eingeteilt: (1) „Allgemeine Funktionen" oder „universelle Funktionen" (*mahabhumika*, 10 Faktoren). *Mahabhumika* bedeutet „universeller Boden", wobei „Boden" den Geist meint. Wann immer der Geist tätig ist, wird er begleitet von den universellen Geistesfaktoren wie Wahrnehmung (*vedana*), Konzept (*samjna*), Wille (*cetana*) etc. (*sarva-dharma-sadharana*). (2) „Heilsame allgemeine Funktionen" oder „weitere universelle Funktionen" (*kusala-mahabhumika*, 10 Faktoren), welche alle heilsamen geistigen Zustände begleiten. (3) „Grundsätzliche Befleckungen" (*klesa-mahabhumika*, 6 Faktoren) sind solche Begleitfaktoren, die durch weltliche Begierde oder Leidenschaft befleckt sind. (4) „Grundsätzliche unheilsame Funktionen" (*akusala-mahabhumika*, 2 Faktoren), die mit allen unheilsamen Gedanken einhergehen. (5) „Geringere geistige Befleckungen" (*upaklesa-bhumika*, 10 Faktoren) sind die Faktoren von gewöhnlicher leidenschaftlicher Art. Sie begleiten stets unheilsame Geisteszustände sowie den „neutralen Geist, der den Edlen Pfad hemmt" (*nivrita-avyakrita*). Sie werden schrittweise aufgegeben durch den Weg der Gemütsruhe (*bhavana-*

marga), und nicht plötzlich durch den Weg der Einsicht (*darsana-marga*). (6) „Unbestimmte Faktoren" (*aniyata-bhumika*, 8 Faktoren) sind solche Faktoren, welche nicht einer der anderen fünf Gruppen geistiger Begleitfaktoren zugeordnet werden können.

(IV) Unter den gezeugten bzw. bedingten Faktoren befinden sich auch solche, welche keine Beziehung zu Form oder Geist haben (*citta-viprayukta-sanskara*, 14 Faktoren). Sie sind weder körperlich noch geistig. (1) „Bezug" (*prapti*) ist diejenige Kraft, welche ein angeeignetes Objekt mit dem Erwerber verbindet. (2) „Nicht-Bezug" (*aprapti*) ist die Kraft, welche ein Objekt von seinem Besitzer trennt. (3) „Gemeinschaft bzw. Ähnlichkeit" (*sabhaga*) ist die Kraft, welche eine Spezies oder Art dazu veranlasst, ähnliche Lebensformen auszubilden. (4–6) sind gedankenfreie und unbedingte, durch Meditation erreichte Wirkungen. (7) „Leben" bzw. „Vitalität" (*jivit-indriya*) ist die Kraft, welche Langlebigkeit gewährt. (8–11) umfassen Leben und Tod der Wesen, d.h. das Auf und Ab des Daseins. Die letzten drei Faktoren (12–14) sind die Sphären (*kaya*) von Wörtern, Sätzen und Texten, allesamt verbunden mit Sprache (*vak*).

Nun kommen wir zu der zweiten der beiden Hauptabteilungen, d.i. den nicht-gezeugten oder nicht-bedingten Elementen (*asanskrita-dharma*, 3 Faktoren). (1) Raum (*akasa*) ist das, was keinen Widerstand bietet, aber seinerseits jedes Hindernis frei durchdringt und keinen Wandel aufweist. (2) Der zweite Faktor ist eine durch geistige Kraft gewonnene Auslöschung (*pratisankhya-nirodha*) wie z.B. Nirvana. (3) ist eine Auslöschung, welche durch die Abwesenheit von produktiven Ursachen zustande kommt (*apratisankhya-nirodha*).

So viel zur Erklärung der Faktoren des Daseins, wie sie in den 75 *dharma* angeführt sind.

(d) Einige besondere Lehren der Kusha-Schule

Es gilt von mehreren spezifischen Lehren der Sarvastivada-Schule Notiz zu nehmen, welche durch Vasubandhu ihre endgültige Gestalt erhalten haben.

Zunächst müssen Unterscheidungen wie gezeugt (*samskrita*) und nicht-gezeugt (*asamskrita*), manifestiert (*vijnapti*) und nicht-manifestiert (*avijnapti*), bestimmt (*niyata*) und nicht-bestimmt (*aniyata*) sowie von-Geist-begleitet (*citta-samprayukta*) und nicht-von-Geist-begleitet (*citta-viprayukta*) sorgfältig studiert werden.

Obwohl diese 75 Faktoren voneinander getrennt sind, kommen sie in der tatsächlichen Welt miteinander kombiniert vor. Dieses Phänomen wird durch die Lehre der ursächlichen Beziehungen oder Verbindungen erklärt, welche manchmal auch die „Lehre von den zehn Ursachen" genannt wird, in der sechs Hauptursachen (*hetu*) und vier Nebenursachen (*pratyaya*) zusammengefasst sind.

Die sechs Hauptursachen (六因) sind:
(1) Die Aktive Ursache (*karana-hetu*, 能作因); der führende Faktor in der Erzeugung einer Wirkung. (2) Die Koexistente Ursache (*sahabhu-hetu*, 俱有因); es wirken immer mehr als zwei Faktoren zusammen. (3) Die Ähnlichkeits-Ursache (*sabhaga-hetu*, 同類因); eine Ursache, die anderen, ähnlichen Ursachen hilft. (4) Die Begleitende Ursache (*samprayukta-hetu*, 相應因); zu jeder Zeit, aufgrund irgendeines Motivs, mit Hinsicht auf irgendeinen Sachverhalt, zu jeder Gelegenheit und in jeder Umgebung. (5) Die Universelle Vorherrschende Ursache (*sarvatraga-hetu*, 遍行因); eine Ursache, die immer mit falschen Ansichten, Zweifel oder Unwissenheit verknüpft ist, welche alle Irrungen der Menschen bewirken. (6) Die in-einem-andern-Leben-reifende Ursache (*vipaka-hetu*, 異熟因); eine Ursache, welche ihre Wirkungen in einem späteren Leben zeitigt, so wie wenn man Vergeltung (von Taten) in einem Leben nach dem Tod erhält.

Die vier Nebenursachen (四縁) sind:
(1) Die Ursache-Nebenursache, welche als Hauptursache wirkt (*hetu-pratyaya*, 因縁), wo es keine Unterscheidung zwischen der Hauptursache und der Nebenursache gibt. (2) Die Unmittelbare Nebenursache (*samanantara-pratyaya*, 次第縁), die der Reihe nach, eine nach der anderen auftreten – Konsequenzen, die unmittelbar und gleich nach dem Vorange-

henden auftreten, wie Wellen aufeinander folgen. (3) Die Objekt-Nebenursache (*alambana-pratyaya*, 所縁縁), die ein Objekt oder einen Umweltfaktor als mitwirkende Ursache hat; z.B. sind Wellen abhängig von einem Becken, Teich, Fluss, See oder Boot. (4) Die Emporhebende Nebenursache (*adhipati-pratyaya*, 増上縁), welche die machtvollste darin ist, alle vorhandenen Ursachen zu ihrem Höhepunkt zu führen; d.h. die letzte Welle, welche ein Boot in einem Sturm zum Kentern bringt.

Von den obigen Nebenursachen sind die Ursache-Nebenursache und die Emporhebende Ursache die wichtigsten, und um diese zwei zu erklären, wurden die sechs Hauptursachen gelehrt. Die Aktive Ursache ist ihrerseits die Emporhebende Ursache, während die anderen fünf Hauptursachen mit der Ursache-Nebenursache identisch sind. Wir müssen daher verstehen, dass die Ausdrücke Ursache und Nebenursache nicht strikt definiert sind. Sie wirken als Erst- oder Zweitursache zusammen, je nachdem wie es die Situation erfordert.

Diese vier Ursachen entsprechen in etwa den Aristotelischen vier Ursachen: (1) die Ursache-Nebenursache entspricht der „Wirk-Ursache“ [*causa efficiens*]; (2) die Unmittelbare Nebenursache der „Material-Ursache“ [*causa materialis*]; (3) die Objekt-Ursache der „Form-Ursache“ [*causa formalis*]; und die Emporhebende Ursache der „Zweck-Ursache“ [*causa finalis*]. Ein Unterschied zwischen den beiden Gruppen von Ursachen besteht darin, dass die Nebenursachen in der Kusha-Schule sich nur auf geistige Aktivitäten beziehen, bei denen eine ähnliche Funktion sofort auftritt, nachdem eine andere Wirkung vorüber ist.

(4) Résumé

Der Buddhismus kennt keine Substanz, kein dauerhaftes individuelles Selbst, keine Seele, keinen Schöpfer und keine erste Ursache des Universums. Aber das bedeutet keineswegs, dass alle Wesen und Dinge nicht existieren würden. Sie existieren nicht mit einem Substrat oder einer dauerhaften Essenz in ihnen, wie die Menschen oftmals meinen, sondern sie existieren als kausale Beziehungen oder Verknüpfungen. Alles Seiende, egal ob individuell oder universell, entsteht auf der Grundlage der (abhängigen)

Verursachung und besteht als kausale Verknüpfung. Der Mittelpunkt der Verursachung ist das eigene Handeln, und dieses Handeln hinterlässt seine latente Energie, welche das darauffolgende Existierende bestimmt. In diesem Sinne formt die Vergangenheit unsere Gegenwart, und die Gegenwart formt die Zukunft. Das ist die Lehre von der Selbst-Schöpfung [der Schöpfung durch einen Selbst].

Wir befinden uns demnach in einem ständigen Prozess der Erschaffung und der Veränderung. Die Menschen treiben für immer auf den Wellen des dynamischen Werdens namens *samsara* dahin, dem Strom des Daseins. Wir fahren fort, indem wir uns selbst insgesamt erzeugen und wandeln. Es sollte keine Angst vor dem Verlust der Identität geben, denn unser gegenwärtiges Selbst als Ganzes ist eine Wirkung von Ursachen, die wir unser vergangenes Selbst nennen können; auf die gleiche Weise ist es auch zukünftig unmöglich, dass unser Selbst verloren geht, da wir notgedrungen (uns) selbsterzeugende Wesen sind. Es ist unvernünftig, in einem sich ständig wandelnden Wesen eine dauerhafte Essenz zu suchen.

Es werden vier Basis-Element-Samen (四大種) – Erde (Festigkeit), Wasser (Feuchtigkeit), Feuer (Wärme) und Luft (Bewegung) – angenommen, und alle Materie und alle Formen sind die eine oder andere Kombination dieser vier Elemente.

Die Bildung einer Persönlichkeit und des Universums sind insofern gleich, als beide aus Geist und Materie bestehen; der Unterschied liegt darin, dass in einer Persönlichkeit der Geist vorherrschend ist, während im Universum die Materie dominiert. Persönlichkeit besteht aus fünf Gruppen (*skandha*) – Form/Körper (色), Empfindung/Gefühl (受), Wahrnehmung/Vorstellung (想), Wille/Gestaltung (行) und Bewusstsein/Geist (識). Die Form bzw. der Körper besteht seinerseits aus Erde, Wasser, Feuer und Luft. Der Mensch wird demnach als jemand angesehen, der Form besitzt und fühlt, wahrnimmt, agiert und denkt. Diese sind seine Handlungen (*karma*), welche alle zusammen seine persönliche Existenz ausmachen, die keine andere Wirklichkeit besitzt. Der Mensch ist eine temporäre Entität und lebt nur in der Aufeinanderfolge von Momenten. Um seine Persönlichkeit zum Besseren hin zu verändern, ist die Kultivierung seines Wissens und seiner

Weisheit nötig, denn die Vollkommenheit der Weisheit ist die Vollkommenheit der Person – d.i. Erleuchtung.

Obwohl die Kusha-Schule die Auffassung vertritt, dass alle Phänomene existieren, unterscheidet sie sich dennoch wesentlich von einem naiven Realismus, da ihrer Lehre zufolge alles Existierende *dharmas* sind, was sowohl geistige wie körperliche Phänomene auf gleicher Basis miteinschließt. Sie vertritt die Realität aller *dharmas* und bejaht dennoch die Lehre der Nicht-Substantialität, Nicht-Dauer und Nicht-Seligkeit, abgesehen von Nirvana.

V. Die Jôjitsu-Schule (Satyasiddhi-Schule)

Sarvasunyavada, Sautrantika
Nihilismus: Nicht-Sein-Schule; Hinayana

(1) Einleitung

Die Jôjitsu-Schule ist der Kusha-Schule insofern entgegengesetzt, als sie die Ansicht vertritt, dass überhaupt nichts (weder Materie noch Geist) existiert. Es handelt sich um einen Hinayana-Negativismus oder Nihilismus mit der japanischen Bezeichnung *jôjitsu* (Satyasiddhi – Vollendung der Wahrheit); nach dem Titel eines Werks von Harivarman, der ungefähr ein Jahrhundert vor Vasubandhu in Indien lebte (ca. 250–350 u.Z.). Der Autor sagt in seiner einleitenden Bemerkung, dass er die wahre Aufgabe der heiligen Literatur erhellen möchte. Daraus können wir schließen, dass der Titel „Vollendung der Wahrheit“ sich auf die vollständige Etablierung der Wahrheit bezieht, wie sie in den Diskursen des Buddha vorliegt.

Unter den 18 Schulen des indischen Buddhismus wird die Jôjitsu-Schule den Sautrantika zugerechnet, welche sich auf die ursprünglichen kanonischen Schriften [Vinaya und Sutra] beruft, im Unterschied zum Realismus der Sarvastivada-Schule, von denen einige Lehren von Vasubandhu als Neuerungen der Vaibhasikas oder denen, die sich auf die Abhidharma-Lehren berufen, angesehen werden. Wenn man die realistische Auffassung als eine Abweichung vom ursprünglichen Buddhismus ansieht, kann die nihilistische Lehre als Rückkehr zu ihr verstanden werden. Die Jôjitsu-Schule kann daher in gewisser Weise als eine orthodoxe Schule des Buddhismus betrachtet werden, v.a. weil sie den originalen Lehren des Buddha viel näher steht als die realistische Schule: „Keine Substanz (*anatma*), keine Dauer (*anicca*) und keine Freude (*dukkha*), abgesehen von Nirvana.“

(2) Geschichte

Wir wissen wenig bis gar nichts über die Geschichte dieser Schule auf der indischen Seite. Vielleicht gab es niemals eine separate Schule mit dem Namen Satyasiddhi in Indien. Wenn es eine Mutterschule gab, zu der die Satyasiddhi-Schule gehörte, muss es eine gewesen sein, welche sich auf die ursprünglichen Lehren der Sutras berief. Die Sutravadin oder Sautrantikavadin-Schule wird als der späteste Abzweiger unter den 18 Schulen des indischen Buddhismus angesehen.[28] Obwohl über eine Verbindung von Harivarman zu dieser Schule nichts bekannt ist, können mehrere der von ihm weitergeführten Lehren auf diese Schule zurückgeführt werden. Sie scheint eine einflussreiche Position in Indien gehabt zu haben, da sich Vasubandhu direkt oder indirekt darauf bezieht und er tatsächlich die Lehre dieser Schule in einigen strittigen Punkten übernahm, z.B. das Problem der Zeit.

Der Text, das *Satyasiddhi* (Taishô Nr. 1464), wurde bereits in den Jahren 411–412 von Kumarajiva ins Chinesische übersetzt, der einige seine Schüler beauftragte, darüber zu dozieren. Einer von ihnen mit dem Namen Seng-jui entdeckte, während er über den Text nachdachte, dass der Autor Harivarman die Lehren der Abhidharma-Schule an mehreren Stellen zurückgewiesen hat, mehr als sieben Mal. Daher können wir vermuten, dass die beiden Schulen (die realistische und die nihilistische) zu Lebzeiten des Verfassers oder davor bereits daran gewöhnt waren, gegensätzliche Positionen einzunehmen.

Unter den Schülern von Kumarajiva gab es im Zeitraum zwischen 411 und 498 zwei oder drei Übertragungslinien dieser Schule, und es wurden mehrere – insgesamt zwölf – wichtige Kommentare verfasst. Viele hundert Lesungen über den Text wurden in ganz China abgehalten, und jede davon wurde zwanzig, dreißig, vierzig oder sogar neunzig Mal am selben Ort wiederholt.

Zunächst waren einige Autoritäten der Ansicht, dass der Text dem Mahayana zuzurechnen sei; so ist es von drei bekannten Gelehrten der Liang-Dynastie (502–557) bekannt, nämlich Fa-yun (476–529), Chih-tsang (458–522) und Seng-min. Andere Autoritäten wie Chih-i (531–597), Chi-tsang (549–623) und Ching-ying hielten ihn für einen Hinayana-Text. Es war Tao-hsüan (596–667), ein berühmter Schüler von Hiuen-tsang, der die Frage endgültig beantwortete, indem er verkündete, dass der Text dem Hinaya-

[28] [Fußnote im Original] Rhys Davids, *Katha-vatthu*, S.3 & 5. Wassilief, *History of Buddhism, Second Supplement*, S.222.

na und der Sautrantika-Schule zugehörig sei, da die Jôjitsu-Schule nicht über den Stand und Einfluss der Vaibhasika-Schule hinausgelangt ist. Er erkannte jedoch an, dass der Text eine gewisse Tendenz in Richtung der Mahayana-Lehren aufweist.

Die Jôjitsu-Schule wurde von Ekwan in Japan eingeführt, einen gelehrten Priester aus Kaoli, einem Staat in Korea, der 625 beim Hôryûji-Tempel eintraf und der erste buddhistische Prälat wurde. Seitdem wurde diese Schulrichtung in allen buddhistischen Kollegien und Lehranstalten studiert; aber sie wurde dennoch nie als eine eigenständige Schulrichtung in Japan anerkannt, sondern immer als eine Abzweigung der Sanron-Schule angesehen, welche in Kapitel VII. behandelt wird.

(3) Philosophie

Die Lehre der Satyasiddhi- bzw. Jôjitsu-Schule kann ganz allgemein als Leerheit des Selbst (*pudgala-sunyata*) und aller Phänomene (*sarva-dharma-sunyata*) bezeichnet werden (我法皆空). Es handelt sich dabei also um die zweifache Leere (二空), im Unterschied zur Doktrin der realistischen Kusha-Schule, welche eine Leerheit des Selbst, aber eine Realität der Phänomene (*dharma-ta*) annimmt. Die aus den fünf Gruppen – Form, Empfindung, Wahrnehmung, Gestaltung und Bewusstsein – gebildete Persönlichkeit hat kein Substrat oder individuelles Selbst, so wie ein leerer Krug kein Wasser enthält und keine innere Essenz hat. Das Universum umfasst 84 Faktoren, von denen jedoch keiner eine bleibende Wirklichkeit darstellt, so wie der Krug selbst keine dauernde Realität ist. Keine der fünf Gruppen oder vier großen Elemente (Erde, Wasser, Feuer, Luft), aus denen das Universum aufgebaut ist, besitzt eine unvergängliche und unveränderliche Essenz. Es sind nur temporäre Bezeichnungen.

Harivarman zufolge sollen alle Lebewesen letztendlich zur Wahrheit der Auslöschung (*nirodha-satya*), d.i. Nirvana, gelangen, welches das endgültige Verlöschen darstellt. Somit ist einzig die Leerheit die ultimative Wahrheit. Das bedeutet aber nicht, dass diese Schule die phänomenale temporäre Existenz aller Erscheinungen bestreitet; denn sie erkennt die fünf Kategorien der Existenz an, welche in 84 *dharma* unterteilt sind – im Unterschied zu den 75 *dharma* der Kusha-Schule. Anhand der folgenden Tabelle können wir erkennen, dass sich die Inhalte nicht sehr von denen der realistischen Kusha-Schule unterscheiden:

Die 84 *dharma* der Jôjitsu-Schule[29]

A. Gezeugte *dharma*

Form (14): 1-10 (k), 11 Erde, 12 Wasser, 13 Feuer , 14 Luft.
Geist (1).
Geistige Faktoren (49): Allgemeine 1-10 (k), Heilsame 1-10 (k), Unheilsame 1-6 (k), Schädliche 1-2 (k), schwach Unheilsame 1-10 (k), Unbestimmte 1-8 (k), 9 Ärger, 10 Vergnügen, 11 Schlaf.
Weder Form noch Geist (17): 1-2 (k), 3 (k 3, 7) Leben, 4-6 (k), 7 (k 8) Geburt, 8 Alter, 9-11 (k), 12 Tod, 13-15 (k12-14), 16 Mittelmäßigkeit, 17 Dinge ohne Manifestation (k1, 11).

B. Nicht gezeugte *dharma* (3): 1-3 (k)

Die Satyasiddhi-Liste der Daseinsfaktoren entstand mit Sicherheit nach dem Modell der realistischen Kusha-Schule. Sie wird nur in Verbindung mit der gewöhnlichen, weltlichen oder konventionellen Wahrheit gelehrt; denn mit Hinsicht auf die höchste oder absolute Wahrheit (俗諦真諦) gibt es überhaupt keine *dharma*. Unter den Daseinsfaktoren gelten die fünf Sinnes-Objekte (Form, Klang, Geruch, Geschmack, Berührung) als relativ [?], während die vier großen Elemente (Erde, Wasser, Feuer, Luft) und die fünf Sinnes-Organe als vergänglicher betrachtet werden.

In der Analyse dieser fünf Sinnesobjekte reduzieren sie die beiden Schulen auf Moleküle und noch weiter zu feinen Atomen; indem dieser Prozess wiederholt wird, erhält die Schule schließlich das feinste Element, welches eine gänzlich andere Natur besitzt als die Ausgangsobjekte. Noch einen

[29] [Fußnote im Original] Der Buchstabe ‚k' zeigt an, dass dieselben Faktoren sich in der Dharma-Liste der realistischen Sarvastivadin-Schule finden, wie sie im vorherigen Kapitel angeführt wurde.

Schritt weiter und die Schule gelangt zur Leerheit. In diesem Sinne ist der Nihilismus der Jôjitsu-Schule eine durch „Zerstörung“ [der Ansicht fester Bestandteile] oder Abstraktion erlangte Leerheit. Mit anderen Worten, die in dieser Schule behauptete Nicht-Wesenheit ist nur eine antithetische Leerheit (偏空) im Unterschied zum Sein. Und dabei handelt es sich nicht um die synthetische oder transzendentale Leerheit (不但空), wie sie von der Sanron-Schule erreicht wird (vgl. Kap. VII.). Wir können sie die „Lehre des Nicht-Seins“ oder *non-ens* nennen, da sie die Existenz eines individuellen Selbst sowie aller Elemente, geistiger wie körperlicher, abstreitet. Direkter gesagt ist der Geist (*citta*) nicht verweilend und die geistigen Funktionen (*caitasika*) sind nicht unabhängig; diejenigen Daseinsfaktoren, welche weder Geistiges noch Körperliches sind (*citta-viprayukta*), sind alle temporär, und die nicht-gezeugten Faktoren (*asamskrita*) sind ebenso nicht wirklich. Die Lehre von der Leerheit ist hier umfassend und kann als vollständiger Nihilismus, *sarva-sunyata* (一切空), verstanden werden, wenn wir der höchsten Wahrheit folgen. Die Existenz der Dinge wird nur vom Standpunkt der weltlichen Wahrheit aus eingeräumt.

Die Doktrin der Leerheit stellt die Lehre von der Kette der Verursachung (*paticca-samuppada*) nicht in Abrede, da unsere weltliche Existenz aufgrund kausaler Kombinationen besteht; noch weist sie das Prinzip des Daseins-Stroms (*samsara*) zurück, da es notwendig ist, die Beschaffenheit dynamischen Werdens zu erklären.

Wir haben bereits gesagt, dass die realistische Kusha-Schule annimmt, dass alle drei zeitlichen Bereiche wirklich sind, und ebenso alle Daseinsfaktoren in jedem Augenblick. Gegenüber dieser Behauptung vertritt die nihilistische Jôjitsu-Schule die Auffassung, dass nur die Gegenwart wirklich ist, während die Vergangenheit und die Zukunft kein echtes Sein besitzen. Die Schule vertritt wie alle Mahayana-Schulen die Ansicht von der Leerheit der Gegebenheiten (*sarva-dharma-sunyata*, 法空) ebenso wie die der Leerheit der Person (*pudgala-sunyata*, 人空). Zusätzlich erkennt sie die zweifache Wahrheit an (二諦), d.i. die konventionelle und die endgültige Wahrheit. Das sind die Gründe, warum diese Schule in China lange Zeit als eine Mahayana-Schule behandelt wurde.

Um zur vollständigen Leerheit zu gelangen, muss man die drei Anhaftungen aufgeben – die Anhaftung an temporäre Bezeichnungen (仮名心), die Anhaftung an die Daseinsfaktoren (法心) und die Anhaftung an die Leerheit selbst (空心). Alle Wesen und Dinge haben, seit sie infolge der Kombination von Ursachen bestehen, Benennungen, da es keine andere Möglichkeit gibt, ihre wandelbare Existenz zu bezeichnen, außer mit Namen. Man muss erkennen, dass es nutzlos ist, an einem Selbst zu hängen, welches in Wirklichkeit nur eine Bezeichnung ist. Man muss zuerst von dem Anhaften an seinen eigenen temporären Namen freiwerden. Die Daseinsfaktoren sind die Grundlage, auf der die temporären Namen stehen. Von der Anhaftung an die Daseinsfaktoren frei zu sein bedeutet, ihre Leerheit zu erkennen. Wenn wie oben die zweifache Leerheit des Selbst und der Daseinsfaktoren erkannt wurde, kann es scheinen, als ob wir die vollständige Leerheit erlangt hätten. Aber in Wirklichkeit besteht noch das Bewusstsein der Leerheit, und wir sind empfänglich dafür, so an der Idee der Leerheit zu haften, als ob sie etwas tatsächlich Existierendes sei. Dieses Bewusstsein der Leerheit kann aufgehoben werden, wenn man in die Versenkung der Auslöschung (*nirodha-samapatti*, 滅盡定) oder ins vollständige Nirvana eintritt. Ersteres ist wie beim Arhat ein Zustand, indem alle Leidenschaften versiegt sind; und letzteres (insbesondere im Mahayana) ist, wie im Fall des Buddha, der Zustand, in dem alle Bedingungen des Lebens, Geist und Materie, durch die Tugendkraft der Erleuchtung erloschen sind, wie Dunkelheit vom Licht ausgelöscht wird. Denn der Buddha hat den Zustand des vollkommenen Nirvana erreicht, der seinerseits frei ist von allen unterscheidenden Eigenschaften, und er hat die „vier Argumentationen“ [Sein, Nicht-Sein, sowohl Sein wie Nicht-Sein, weder Sein noch Nicht-Sein] überschritten.

In Indien ist man der Ansicht, dass es nur vier Argumente für jedes Problem gibt – „Ja“, „Nein“, „Sowohl Ja als auch Nein entsprechend den Umständen“ und „Weder Ja noch Nein, Bedeutung außerhalb der Frage“. Der Zustand, von dem es heißt, dass der Buddha die vier Argumente überschritten hätte, wird der wahre Buddha-Körper (真身) genannt. Der Körper, mit dem der Buddha in dieser Welt erschienen ist, heißt der Verwandlungskörper (化身). Dieser Verwandlungskörper besitzt alle Anzeichen und das Aussehen eines Menschen und verhält sich auf jede Weise menschlich, doch verfügt er über vollkommene Weisheit und vollkommenes Wissen. In der Erklärung dieser Lehre stützt sich die Jôjitsu-Schule auf Mahayana-Sutras wie das *Prajna-paramita-Sutra*, das *Saddharma-pundarika-Sutra* oder das *Parinirvana-Sutra*. Das war ein anderer Grund, warum man von dieser Schule lange Zeit dachte, dass sie zum Mahayana gehört.

Der Weg, auf dem man diesen ultimativen Zustand erreicht, beinhaltet wie gehabt die drei Bereiche des Lernens – Sittlichkeit bzw. *sila* (戒), Meditation bzw. *dhyana* (定) und Weisheit oder *prajna* (慧). Insbesondere von den beiden letzten heißt es, dass sie eindringlich befolgt werden sollen.

VI. Die Hossô-Schule (Fa-hsiang)

Vijnaptimatrata, Yogacara
Idealismus: sowohl Seiendes als auch Nicht-Seiendes-Schule; Quasi-Mahayana

(1) Einleitung
Hossô (*dharma-laksana*) bedeutet „Kennzeichen der Daseinsphänomene"; wobei *dharma* hier auf substantielle und mentale (körperliche und geistige) Phänomene verweist, denn das Hauptthema der Schule besteht darin, das Wesen und die Eigenschaften alles Existierenden zu untersuchen. Der erste Begründer der Schule war Asanga – ein älterer Bruder von Vasubandhu –, der Autor des Textes *Yogacara-bhumi* (Taishô Nr. 1579). In Indien wurde die Schule vormals Yogacara genannt, was „Praxis des Yoga" bedeutet.

Vasubandhu, der, nachdem er von seinem Bruder zum Mahayana bekehrt worden war, damit fortfuhr, die philosophischen Ansichten der Yogacara-Schule zu systematisieren, bezeichnete die Lehren der Schule als Vijnaptimatra („Reine Vorstellung") und schrieb die Existenz der gesamten Außenwelt der inneren Ideation zu – kurz gesagt, er vertrat die Ansicht, dass nichts außer Ideation existiert. Ontologisch steht diese Schule zwischen der realistischen und der nihilistischen Schule, wie sie vorher dargestellt wurden. Sie hängt weder der Auffassung an, dass alle Dinge existieren, noch der Lehre, dass nichts existiert, da sie behauptet dass die Ideation besteht. Sie ist damit fest der Lehre von der Mitte verbunden; weder verfällt sie in das Extrem der Existenz (*ens*) [Ewigkeitsglaube] noch der Nicht-Existenz (*non-ens*) [Vernichtungsglaube]. Diese Schule kann man daher als „realistischen Idealismus" oder „Ideations-Lehre" bezeichnen. Die akademische Natur dieser Lehre ist *yuishiki* bzw. *wei-shih* (唯識), d.h. Nur-Vorstellung, oder Vijnaptimatra (Nur-Ideation), *shôzô-gaku* (性相学), d.h. Studium des Wesens (*svabhava*) und der Kennzeichen (*laksana*) der Phänomene oder *dharmas*.

Der mittlere Pfad, den der Buddha selbst entgegen dem reinen Hedonismus und der absoluten Askese gelehrt hat, wird nun zum mittleren Pfad zwischen den beiden ontologischen Standpunkten der Hinayana-Schulen.

Aus mehreren Gründen wird diese Schule noch immer dem formalen Realismus des Hinayana zugerechnet. Sie zielt auf eine Analyse der phänomenalen Welt und wird als „Quasi-Mahayana“ (權大乘) bezeichnet. Damit beschäftigen wir uns später.

(2) Geschichte

a) Die She-lun- (攝論宗) bzw. Samparigraha-Schule, der Vorläufer der Fa-hsiang- (Dharma-Laksana) bzw. Hôsso-Schule:

Ein repräsentatives Werk mit dem Namen *Mahayana-samparigraha* („Annahme des Großen Fahrzeugs“, Taishô Nr. 1592–1597),[30] im 5.Jh. von Asanga verfasst und von Vasubandhu kommentiert, wurde 531 von Buddhasanta, 632 von Paramartha und dann noch einmal von Hiuen-tsang 648/49 ins Chinesische übersetzt. Von diesen Übersetzungen bildet die zweite, die von Paramartha, die Grundlage für die She-lun-Schule in China. Paramartha, aus Ujjayini stammend und vermutlich mit der Valabhi-Universität verbunden, einem Zentrum für buddhistische Studien, kam 548 nach China. Zwischen 548 und 557 übersetzte er 32 Texte. Er soll auch mehr als 40 Werke verfasst haben – insgesamt um die 200 chinesische Schriftrollen. Sein Hauptanliegen war die Verkündigung der Lehre des *Abhidharma-kosa* und des *Mahayana-samparigraha.* Seine schriftstellerischen und religiösen Aktivitäten scheinen großen Einfluss auf das Geistesleben im China seiner Zeit gehabt zu haben, was durch die Tatsache seiner mehreren hundert Schüler gestützt wird.

Paramartha begründete die realistische Kusha-Schule, die wir bereits kennen gelernt haben [Kap. IV.], sowie die Samparigraha-Schule (She-lun). Sein Wirken kann nur mit dem von Kumarajiva verglichen werden, der vor ihm nach China kam, und mit dem des nach ihm kommenden Hiuen-tsang.

Für das Studium der She-lun-Schule sollten wir uns zuerst mit den Inhalten des *Mahayana-samparigraha* vertraut machen. Der Text mit seinem Kommentar von Vasubandhu ist die erste und wichtigste komparative Arbeit, welche die Lehre der bloßen Ideation weiterführt, und ein repräsentati-

[30] Das Werk ist in der Regel als *Mahayana-samgraha* bekannt.

ves Kompendium der idealistischen Schule. Der Text handelt hauptsächlich von den zehn spezifischen Kennzeichen des Mahayana.

Die Inhalte sind: 1. das Speicher-Bewusstsein (*alaya-vijnanna*), aus dem heraus sich alle Phänomene manifestieren; 2. die Theorie der reinen Ideation – alle Phänomene haben entweder die Natur der Abhängigkeit oder der Imagination (分別性) oder der tatsächlichen Wahrheit (真実性); 3. die Erlangung der Einsicht in die bloße Ideation; 4. die sechs Vollkommenheiten (*paramita*); 5. die zehn Bodhisattva-Stufen (*bhumi*); 6. Sittlichkeit (*sila*); 7. Versenkung (*samadhi*); 8. Vollkommene Weisheit (*prajna*); 9. das höhere Wissen ohne Unterscheidung; 10. die drei Körper des Buddha.

Wenn die Erscheinungen im Geist reflektiert werden, ist unsere unterscheidende oder imaginative Kraft bereits wirksam. Diese unterscheidende Kraft wird „Bewusstsein", *vijnana* (識), genannt. Da das Bewusstsein, welches die Reflexion aller Elemente koordiniert, sie auch aufbewahrt, wird es das Speicher-Bewusstsein oder der Ideations-Speicher genannt – ich bevorzuge den Ausdruck Ideations-Speicher. Der Ideations-Speicher selbst existiert durch kausale Verursachung, und in ihm sind die reinen und befleckten Faktoren ursächlich verknüpft und vermischt. Wenn der Ideations-Speicher sich zu bewegen beginnt und in die tägliche Welt herabsteigt, dann gelangen wir zur vielfältigen Existenz, welche nur eine vorgestellte Wirklichkeit ist. Der Ideations-Speicher, d.h. das Samen-Bewusstsein, ist das Zentrum des Bewusstseins, und die durch Ideation manifestierte Welt ist seine Umgebung. Nur vom Standpunkt der vollkommenen Erleuchtung eines Buddha aus wird diese bloße Ideation erkennbar.

Diese bloße Ideation kann die befleckten Anteile des Ideations-Speichers reinigen und seine Kraft des Verstehens weiter entwickeln. Die Welt der Vorstellung und die Welt der Abhängigkeit werden zur wahren Wirklichkeit (*parinispanna*) gebracht. Wenn dies erreicht wurde, verschwindet der Samen-Speicher als Bewusstsein vollständig und erreicht letztlich den Zustand, in dem es keine Unterscheidung zwischen Subjekt und Objekt mehr gibt. Das so gewonnene Wissen ist frei von Unterscheidung (*avikalpa-jnana*). Dieser ultimative Status ist das Nirvana ohne Ort des Verweilens (*apratisthita-nirvana*), d.h. die Erlangung der vollkommenen Freiheit – nicht an einen Ort gebunden.

Dem *Mahayana-samparigraha* zufolge hat ein Buddha drei Körper:

1. Der *dharmakaya* oder Wahrheits-Körper (法身), dessen Natur Grundsätzliches und Weisheit sind; 2. der *sambhogakaya*, d.h. Genuss- oder Belohnungs-Körper (報身), der nur den Bodhisattvas zugänglich ist; 3. der *nirmanakaya* oder Transformations-Körper (化身), der sich zur Verehrung durch gewöhnliche Menschen manifestiert.

Das *alaya*- oder Speicher-Bewusstsein ist dasjenige Bewusstsein, in welchem das Wahre und das Falsche vereint sind (真妄和合識) – praktisch identisch mit der Theorie, wie sie in der *Erweckung des Glaubens* von Asvaghosa aufgestellt wurde. Die She-lun-Schule sieht den Alaya-Speicher, der rein und unbefleckt geworden ist, als Soheit (Tathata) an und gibt ihm die Bezeichnung *amala-vijnana* (無垢識) oder unbeflecktes Bewusstsein. Es wird als neuntes Bewusstsein bezeichnet. Dementsprechend sind die in dieser von Paramartha begründeten Schule erkannten Bewusstseinsorgane die folgenden:

Die neunfache Klassifizierung:
(Die ersten fünf Bewusstseinsarten)

1. Sehbewusstsein
2. Hörbewusstsein
3. Geruchsbewusstsein
4. Geschmacksbewusstsein
5. Berührungsbewusstsein

(Die vier zentralen Bewusstseinsarten)

6. Sinnes-Zentrum-Bewusstsein (意識)
7. Gendanken-Zentrum-Bewusstsein (末那識)
8. Ideations-Speicher-Bewusstsein (阿賴耶識)
9. Fleckenloses Bewusstsein

Die She-lun-Schule wurde in diesem Stadium durch die neue Fa-hsiang-Schule ersetzt, welche von Hiuen-tsang und seinem Schüler Ki (Kuei-chi, 632–682) begründet und gelehrt wurde.

b) Die Fa-hsiang-Schule (Dharma-laksana, Hossô)

In Indien scheint es nach dem Tod von Vasubandhu drei Linien der Weitergabe des Yogacara-Idealismus gegeben zu haben. Die erste ist die Linie von Dignaga, Agotra und Dharmapala im 5.Jh., deren Zentrum die Nalanda-Universität war. Silabhadra aus Nalanda und sein chinesischer Schüler Hiuen-tsang gehören dieser Linie an. Die zweite Linie ist die von Gunamati und Sthiramati, deren Zentrum die Universität von Valabhi gewesen zu sein scheint; der Begründer der She-lun-Schule in China, Paramartha, gehört ihr an. Die dritte Linie ist diejenige von Nanda, dessen Lehre Paramartha folgt, sowie Jayasena, der Hiuen-tsang hinsichtlich bestimmter Fragen unterrichtete. Diese letzte Linie gedieh in Indien nicht groß und war schon bald wieder verschwunden.

Hiuen-tsang hörte noch zu seiner Zeit in China Lesungen über die *Samparigraha*-Lehre von mehr als sieben verschiedenen Lehrern. Er war in der Tat ein ernsthafter Student des Yogacara-Idealismus. Jedoch unterschieden sich die Ansichten seiner Lehrer stark voneinander, und da er nicht herausfinden konnte, welche für ihn die Beste sei, entschloss er sich nach Indien zu gehen in der Hoffnung, dort einen geeigneten Lehrer zu finden. 629 brach er von Ch´angan nach Indien auf. Ebenfalls 629 war er noch in Karakobjo in Sinkiang [Xinjiang]. 632 oder danach erreichte er Nalanda nahe Rajagriha, wo Silabhadra mit einem Alter von 106 Jahren Vorsitzender der Universität war.

Hiuen-tsang lernte bei Silabhadra wichtige Lehren des Buddhismus – zunächst den reformierten Idealismus Vasubandhus in dessen *Vijnaptimatrata*, dann den Realismus desselben Autors in seinem *Abhidharma-kosa*. Nach einem siebzehnjährigen Aufenthalt in Indien kehrte er 645 nach China zurück und übersetzte Dharmapalas *Vijnaptimatratasiddhi*[31] zusammen mit 47 anderen Werken.

Hiuen-tsangs fähiger Schüler Ki scheint die Überlieferung der idealistischen Lehre monopolisiert zu haben. Die Fa-hsiang-Schule wurde sogar hauptsächlich von ihm begründet und systematisiert. Die beiden Werke von Ki, das *Fa-yüan-i-lin-chang* (Taishô Nr. 1861) und das *Wei-shih-shu-chi* (Taishô Nr. 1830) bilden die grundlegenden Texte dieser Schule.

Dôshô (628–700), ein japanischer Priester, wurde 653 nach China gesandt. Er lernte für mehr als zehn Jahre bei Hiuen-tsang und lebte im selben Zimmer mit Ki. Sein Lehrer unterwies ihn vor allem in der Meditation (Zen) und empfahl ihm, diese Praxis im Osten zu verbreiten. Am Vorabend seiner Rückreise bekam er von seinem Lehrer zahlreiche Sutren, Abhandlungen und Kommentare zum Idealismus. Bei seiner Ankunft in der Heimat ging Dôshô sofort daran, die Hossô-Lehre im Gangôji zu etablieren. Sein erster Schüler war Gyôgi (667–748).

Die erste Überlieferung dieser Lehren wird die des südlichen Klosters genannt. Die zweite Überlieferung erfolgte durch Chitsû und Chitatsu, welche 654 nach China gesandt wurden und ebenfalls eine anspruchsvolle Schulung durch Hiuen-tsang und Ki erhielten. Die dritte Übertragung war die von Chihô, einem koreanischen Priester aus Simla, und seinen Freunden Chiran und Chio, welche sich eine Zeitlang in China aufhielten und unter Hiuen-tsang studierten. Sie kamen 703 nach Japan und übertrugen die idealistische Lehre an Giyen, einen Schüler von Gyôgi. Die vierte Übertragung war die des Gelehrten Gembô, der 716 nach China gesandt wurde und von Chih-chou, einem Schüler von Ki, unterrichtet wurde. Er blieb dort für beinahe zwanzig Jahre und kehrte 735 nach Japan zurück, wo er die Lehre im Kôfukuji verkündete. Er übertrug die Lehre an Genju, der sich ihrer Verbreitung widmete. Diese Linie wird die Überlieferung des nördlichen Klosters genannt und in der Regel als die orthodoxe Linie anerkannt.

Auf diese Weise hat Japan die orthodoxen Lehren unangetastet und aus erster Hand von den indischen und chinesischen Autoritäten der idealisti-

---

[31] [Fußnote im Original] Taishô Nr. 1585. Französische Übersetzung von L. de la Vallée Poussin: *La Siddhi de Hiuen-tsang*, 2.Bd., Paris 1928.

schen Schule empfangen, und diese bilden bis heute einen zentralen Gegenstand buddhistischer Studien.

(3) Philosophie

Die idealistische Lehre des Vasubandhu ist ein reformiertes Yogacara-System, und ihr fundamentaler Text ist Vasubandhus *Vijnaptimatrata-trimsika*; ein in Versform gebrachter Text über die Lehre der reinen Ideation in 30 Stanzen, von denen die ersten 24 sich dem besonderen Charakter (*svalaksana*) aller Phänomene widmen, die folgenden beiden der Natur (*svabhava*) aller Phänomene, die letzten vier den Stadien der Heiligkeit.

Die Hossô-Schule, obwohl idealistisch, unterscheidet sich von der She-lun-Schule, die einen typischen Idealismus darstellte und später von der Fa-Hsian-Schule ersetzt wurde. Die Hossô-Idealisten beteuern, das orthodoxe System des Vasubandhu überliefert zu haben, tatsächlich ist das aber fraglich. Die *Trimsika* des Vasubandhu wurde von zehn Autoritäten kommentiert, von denen Hiuen-tsang und sein Schüler Ki hauptsächlich der Ansicht von Dharmapala aus Nalanda folgten. Das Ergebnis wurde in den 30 Bänden des *Vijnapti-matrata-siddhi* auf Chinesisch zusammengefasst, welches der grundlegende Text dieser Schule ist. Damit nahmen die Hossô-Idealisten in China Vasubandhus Ansichten durch Dharmapalas Interpretation an, welche sich mehr oder weniger in Übereinstimmung mit den Absichten des Autors befinden kann.

Dharmapala erkannte den Unterschied zwischen den spezifischen Merkmalen (*laksana*) der Gegebenheiten (*dharma*) und der Natur (*svabhava*) dieser Gegebenheiten, d.h. der Soheit (*tathata*). Seine Sichtweise war eine solche, welche als „konventionelle Wahrheit“, *laukika-satya* (世俗諦), bezeichnet wird, und nicht eine der „endgültigen Wahrheit“, *paramartha-satya* (第一義諦). Die konventionelle Wahrheit ist der Auffassung, dass Phänomen und Grundsätzliches immer parallel zueinander laufen und niemals gemeinsam erfasst werden können. Solch eine Ansicht entspricht nicht ganz dem Mahayana, sondern eher dem Hinayana, und aus diesem Grund wird diese Schule als „Quasi-Mahayana“ bezeichnet.

Die Lehre der Hossô-Schule, auf der die Theorie des Idealismus errichtet wurde, beschäftigt sich hauptsächlich mit den Tatsachen oder spezifischen Merkmalen aller Phänomene, um auf diese Weise zu verdeutlichen, dass keine Gegebenheit getrennt von ihrer Ideation besteht (理識無別法). Obwohl normalerweise gesagt wird, dass alle *dharma* reine Ideation seien bzw. dass es nichts als Ideation gibt, ist der eigentliche Sinn doch ein anderer. Es handelt sich um einen Idealismus, weil alle Phänomene auf die eine oder andere Weise mit Ideation verbunden sind.

Was die Ideations-Lehre der Schule anbelangt, so sollte sich ein Argument sowohl in Übereinstimmung mit dem überlieferten Kanon befinden als auch mit der dialektischen Beweisführung. Die Ideations-Lehre, dass die drei Welten nur in Form von Ideation bestehen, kann mittels der Worte des Buddha im *Avatamsaka-Sutra* belegt werden.

Aber wie kann so etwas logisch bewiesen werden? Die äußere Welt existiert nicht wirklich, aber die innere Ideation präsentiert Erscheinungen, als ob sie eine äußere Realität wären. Wir wissen das durch die Erfahrung, dass wir nirgends ein reales Selbst oder anderes Phänomen entdecken können. Was wir als wirklich erachten ist nicht wirklich, sondern nur eine nach außen gerichtete Manifestation der Ideation. Die gesamte Welt ist daher von illusorischer oder kausaler Natur, ohne dass sich eine dauerhafte Realität finden ließe. Aber, so könnte man fragen, wenn alles aufgrund von Ideation verursacht ist, wie kann dann irgendetwas zu einer bestimmten Zeit und an einem bestimmten Ort erzeugt werden, aber nicht jederzeit und überall entsprechend der eigenen Ideation? Und warum können alle Wesen ein und dieselbe Sache wahrnehmen und sich an ihr in der gleichen Weise erfreuen?

Die übliche hierzu vorgetragene Antwort der Hossô-Schule ist sehr simpel: selbst in einem Traum, der keine Wirklichkeit besitzt, nimmt man einen bestimmten Ort zu einer bestimmten Zeit mit der gesamten dazugehörigen Umgebung wahr. Man kann darin sogar körperliche Effekte wie Schwitzen, Schreien oder Tanzen erfahren. Weiterhin sehen unterschiedliche Personen die gleichen Objekte, ebenso wie verschiedene Geister vor ihrem Auge ein und denselben Fluss sehen, der sich in dem Moment in Schmutz verwandelt, wo sie aus ihm zu trinken versuchen [wie bei einer Fata Morgana]. So etwas hat seinen Grund in den ähnlichen vergangenen Handlungen (*karma*).

Auf diese Weise werden in den Abhandlungen der idealistischen Schule allerlei Argumente und Widerlegungen angeführt, aber ich denke, es ist hier nicht nötig, näher darauf einzugehen.[32]

Es werden fünf Gruppen von Daseinsfaktoren unterschieden: 1. Geist oder Bewusstsein (*vijnana*, 8 Faktoren); 2. geistige Funktionen (*caitasika*, 51 Faktoren); 3. Form (*rupa*, 11 Faktoren); 4. nicht mit dem Geist verbundene Dinge (*citta-viprayukta*, 24 Faktoren); 5. nicht-gezeugte Faktoren (*asamskrita*, 6 Faktoren). Alle zusammen ergeben 100 Daseinsfaktoren.

Dabei ist „Form“ eine äußerliche Manifestation von Bewusstsein; „nicht mit dem Geist verbundene Dinge“ ist die Bezeichnung für einen Teilprozess innerhalb der Manifestation des Bewusstseins; und das „nicht-gezeugte“ meint die statische Natur des Bewusstseins. Alle drei haben eine Beziehung zum Geist. Es gibt nichts von Ideation Losgelöstes.

Die acht Bewusstseinsarten sind alle voneinander getrennt. Die ersten fünf werden vom fünffachen Sinnes-Bewusstsein gebildet (*vijnana*), die sechste ist das Sinnes-Zentrum (*mano-vijnana*), die siebte ist das Denk-Zentrum oder Selbst-Bewusstsein (*mano-vijnana*) und die achte ist das Speicher-Bewusstsein (*citta* bzw. *alayavijnana*). Ihrer Natur nach sind alle diese Bewusstseinsarten von etwas anderem abhängig, d.h. Verursachung (*paratantra-laksana*), aber sie sind nicht von rein imaginativer Art (*parikalpita-laksana*). Die Annahme einer separaten Realität der acht Bewusstseinsarten ist Dharmapalas spezielle Lehre und findet sich nirgends sonst im Buddhismus, nicht einmal im Hinayana.

Jede der Bewusstseinsarten hat vier funktionelle, voneinander unabhängige Aspekte: 1. die objektive oder sichtbare Seite (*laksana-bhaga*), 2. die subjektive oder sehende Seite (*darsana-bhaga*), 3. der selbst-bezeugende oder selbst-bestätigende Aspekt (*saksatkari-bhaga*), 4. der rückversichernde Aspekt des Selbst-Bezeugens oder der rück-vergewissernde Aspekt

[32] [Fußnote im Original] Siehe die *Vimsatika* von Vasubandhu, Taishô Nr. 1590. Englische Übersetzung von Clarence H. Hamilton, *Wei Shi Er Shih Lun or The Treatise in Twenty Stanzas on Representation-only*, New Haven, 1938.

(証自証分). Die objektive Seite ist ein schattenhaftes Bild eines äußeren Objekts, welches im Gesichtssinn erscheint; die subjektive Seite erhellt, sieht und erfährt es. Wer erkennt nun, dass das Subjekt ein Objekt bzw. das Schattenbild gesehen hat? Es ist der Geist selbst, der die subjektive Seite erkennt und bezeugt. Die kognitive Funktion wird „Selbst-Bezeugung" genannt, ohne die kein Wissen erlangt werden kann. Die Rückversicherung der Selbst-Bezeugung vollendet die mentalen Fähigkeiten. Dies sind die vier geistigen Funktionen.

Ein im Bewusstsein erscheinendes Blatt Papier ist z.B. die objektive Seite bzw. sein schattenhaftes Bild. Die subjektive Seite ist ein Maßinstrument, um seine Länge, Breite etc. zu erkennen. Die selbst-bezeugende Funktion erkennt, wie lang und breit es ist, aufgrund dieser Messung. Die rückversichernde Funktion erkennt die Stimmigkeit dieser Messung. Weil es dieses wechselseitige Erkennen gibt, wird keine weitere Funktion benötigt.

Unter den indischen Yogacarin erkennen Dignaga und Agotra zu den ersten drei Funktionen den vierten, selbst-bezeugenden Aspekt nicht an. Dharmapala und sein Nachfolger Silabhadra aus Nalanda vertreten die Lehre der vier funktionellen Aspekte; allerdings glauben sie, dass sowohl die dreifache als auch die vierfache Unterteilung zufriedenstellend ist, da die vierfache Analyse nur eine genauere Unterteilung der dreifachen darstellt. Sthiramati, obwohl er das Vorhandensein von drei Funktionen zulässt, bewilligt tatsächlich nur die eine Funktion des Selbst-Bezeugens, welches die Funktion des Bewusstseins selbst ist (自体分). Ihm zufolge sind die subjektive und die objektive Seite von Natur aus eine falsche Vorstellung, die aus dem Bewusstsein selbst entstehen, während die Selbst-Bezeugung eine kausale Existenz darstellt und daher Wirklichkeit besitzt. Nanda vertritt die Existenz von lediglich zwei Funktionen, der subjektiven und der objektiven. Die erste ist die Hauptfunktion der zweiten und entsteht aus dieser, womit die Lehre von der reinen Ideation abgeschlossen wird.

Die Hossô-Schule erkennt sowohl die Lehre von den drei als auch von den vier Funktionen als orthodox an. Die objektive Seite der geistigen Fähigkeit ist lediglich ein Schattenbild der Außenwelt und gehört zu der subjektiven Sphäre im gewöhnlichen Sinne des Wortes. Die eigentliche Substanz (本質), auf die sich das Schattenbild bezieht, ist gänzlich verschieden von den Sinnesdaten und Gedanken.

Die Objekte der Außenwelt (*viyasa*), welche ihren Schatten auf den Geist werfen, sind von dreierlei Art (三類境): 1. Die Objekt-Sphäre der Natur (性境) oder der unmittelbaren Wahrnehmung; d.h. das Objekt, welches die eigentliche Substanz darstellt und sie an und für sich präsentiert, so wie die fünf Sinnesobjekte – Form, Ton, Geruch, Geschmack und Berührung – so wahrgenommen werden, wie sie sind. Die ersten fünf Bewusstseinsarten und das achte Bewusstsein nehmen die Objekte in dieser Weise wahr. 2. Die Objekt-Sphäre des reinen Schattens (独影境) oder der Illusion. Das Schattenbild erscheint einfach aufgrund der eigenen Imagination und besitzt keine Realität. Natürlich hat es keine eigentliche Substanz, so wie ein Gespenst, das überhaupt nicht wirklich existiert. Nur das sechste Bewusstsein, das Sinneszentrum, funktioniert in dieser Weise und stellt etwas als seiend vor. 3. Die Objekt-Sphäre der eigentlichen Substanz (帯質境). Das Objekt besitzt eine eigentliche Substanz, wird aber nicht so erkannt. Wenn das siebte Bewusstsein, das Gedankenzentrum, auf die subjektive Seite des achten Bewusstseins blickt, schließt es daraus, ein Selbst bzw. Ego zu sein. Die subjektive Funktion des Speicherbewusstseins hat seine eigentliche Substanz, wird aber nicht in dieser Weise vom siebten Bewusstsein erkannt und stattdessen als Selbst oder permanentes Ego verstanden, was in Wahrheit eine Täuschung ist, da es in keiner Weise ein Selbst ist.

Die Theorie der drei Arten von Objekt-Sphären könnte sich in Nalanda entwickelt haben, aber die in der Schule gebräuchlichen vierzeiligen Merkverse sind chinesischen Ursprungs. Sie lauten wie folgt:

1. Das Objekt der Natur folgt nicht dem Geist (= subjektiv). … Das Subjekt kann heilsam oder unheilsam sein, aber das Objekt ist immer neutral. (心境不随心)
2. Der reine Schatten folgt nur dem Sehen (= subjektiv). … Das Objekt ist so, wie es sich das Subjekt vorstellt. (独影唯随見)
3. Das Objekt mit der eigentlichen Substanz. (帯質通情本)

4. Die Eigenschaften, Samen etc. sind so zahlreich, wie es die Gelegenheiten erfordern. … Das Objekt besitzt eine eigentliche Substanz, aber das Subjekt erkennt diese nicht, so wie sie ist. (性種等随応)

Diese vier Verse erklären, wie die drei Arten von Objekt-Sphäre mit der subjektiven Funktion und der äußeren eigentlichen Substanz verbunden sind. Man könnte sich wundern, wie ein sogenannter Idealismus so etwas wie eine eigentliche Substanz annehmen kann. Aber wir sollten nicht vergessen, dass, auch wenn es sich um eine äußere Substanz handelt, es sich trotz allem um etwas aufgrund von Ideation Manifestiertem handelt.

Das achte Bewusstsein, das *alaya-vijnana*, ist keine unwandelbare, beständige Substanz (*dravya*), sondern wandelt sich selbst in jedem Augenblick (*ksanika*) und ununterbrochen; aufgrund von „Parfümierung“ oder Eindrücken durch Wahrnehmungen und Handlungen wird es an seine Manifestationen gewöhnt und effizient darin. Es ist wie ein Strom von Wasser, der niemals für zwei Momente an derselben Stelle stillsteht. Nur mit Bezugnahme auf die Kontinuität des Fließens können wir von einem Strom sprechen.

Diese Effektivität oder Energie, eine Wirkung zu erzeugen, wird „Same bzw. Keim“ genannt, da sie wie in einem Saatbeet aufbewahrt ist und austreibt, wenn sich eine Gelegenheit dazu findet. Aus den gespeicherten Keimen entsteht eine Objekt-Welt, entsprechend der Manifestationen früherer Wahrnehmungen und Handlungen. Daher die Redewendung:

Ein Samen (*bija*) schafft eine Manifestation (*samudacara*). (種子生現行)
Eine Manifestation parfümiert [imprägniert] einen Samen. (現行薫種子)
Diese drei Faktoren folgen stetig aufeinander, (三法輾転)
sind Ursache und Wirkung zur selben Zeit. (因果同時)

Und eine andere Redewendung lautet:

Ein Same schafft einen Samen, (種子生種子)
Ursache und Wirkung unterscheiden sich [nur] in der Zeit. (因果異時)

Auf diese Weise sind die Welt des Daseins und die Welt des Gefäßes für das Dasein augenblicklich aus dem Speicherbewusstsein erzeugt und kehren ebenso im gleichen Moment dahin zurück; dadurch entsteht unser tägliches Dasein der Fehler und Illusionen.

Die alten, im Speicherbewusstsein latenten Samen bestehen seit undenklichen Zeiten. Sie werden die „ursprünglichen Samen" (本有種子) genannt. Die neuen Samen werden von Zeit zu Zeit aufgefrischt; sie werden die „neu imprägnierten Samen" genannt (新薰種子). Die alten und neuen Samen zusammen schaffen alle Manifestationen einer irrtumsverwickelten Welt. Daher scheint das achte Bewusstsein ein falsches oder unwirkliches Bewusstsein zu sein. Es beherbergt jedoch einen unbefleckten Samen, der mit ihm verbunden ist. Wenn dieser durch Selbstkultivierung etc. zu keimen beginnt, unterwirft er nach und nach die falsche Natur des achten Bewusstseins, und als Wirkung dieser Unterwerfung wird das irrtümliche Dasein geläutert bis hin zur höchsten Stufe der Erleuchtung.

Die Hossô-Schule sieht das Wesen (*svabhava*) der *dharmas* als grundsätzlich verschieden von ihren Kennzeichen (*laksana*) an. Das Prinzipielle unterscheidet sich somit fundamental von den Erscheinungen, d.h. das Wesen läuft parallel zu den charakteristischen Kennzeichen, und ebenso verhält es sich mit dem Prinzipiellen und den Erscheinungen. Die beiden parallelen Linien werden sich nie berühren. Die spezifischen Kennzeichen oder Tatsachen, mit anderen Worten die Manifestationen alles Elemente, sind das Hauptinteresse dieser Schule. Daher auch die Bezeichnung *dharma-laksana* (*hossô*). Es unterscheidet sich deutlich von den Schulen, welche hauptsächlich die Natur der *dharmas* oder des Prinzipiellen betrachten, d.h. die *dharma-svabhava* (*hosshô*). [→ Tendai]

Die Hossô-Schule ist demnach nicht der Ansicht, dass alles Seiende die Buddha-Natur besitzt. Die fünf Arten von Menschen sind alle getrennt und voneinander verschieden (五姓各別). Es gibt eine Gruppe von Menschen, *icchantika* (一闡提), welche niemals die Buddhaschaft erreichen können. Daher sind dieser Schule nach auch die Drei Fahrzeuge – *sravakya-yana*, *pratyekabuddha-yana* und *bodhisattva-yana* – real, da sie der tatsächlichen Welt angehören, d.h. sie korrespondieren mit den Bedingungen der wirklichen Welt der Menschen. Das „Eine Fahrzeug“ (*ekayana*) ist nur etwas Zweckdienliches und temporär (三実一権). Genau das Gegenteil hiervon ist die Ansicht der anderen Schulen. Weiterhin erkennt die Hossô-Schule die Identifikation der Natur der Erscheinungen mit ihren charakteristischen Kennzeichen nicht an. Auf diese Weise ist die Soheit (真如) als Wesen aller *dharmas* in keiner Weise mit ihren spezifischen Kennzeichen verbunden. Das Ding an und für sich ist für immer getrennt von den Dingen wie sie uns erscheinen. Soheit oder So-Sein wird niemals vom tatsächlichen Leben beeinflusst oder betroffen. Das Numenon hat keinerlei Bezug zum Phänomenon. Diese Schule weist die Ansicht zurück, dass die Soheit jeden Eindruck oder Einfluss aufnimmt (真如受薫) und sich selbst in kausaler Weise manifestiert (随縁起動). Sie ist der festen Auffassung, dass Soheit für immer in einem statischen Zustand eingefroren ist und niemals in der Welt der Phänomene dynamisch wirksam wird.

Schulen, welche der Natur der Gegebenheiten einen Wert beimessen, werden scharf angegriffen. Eine Lehre, wie sie im *Mahayana-shraddhotpada-sastra* entwickelt wird, der zufolge sich die Soheit selbst entsprechend reiner oder befleckter Ursachen manifestiert, ist das Hauptziel ihrer Attacken. Dies ist jedoch nur die negative Seite hinsichtlich der Stellung der Soheit. Wir werden uns mit der positiven Argumentation gegen Ende des Kapitels beschäftigen.

Die She-lun-Schule nimmt bezüglich dieses Punktes eine etwas andere Haltung ein. Die *Glaubenserweckung*, als deren Autor Asvaghosa gilt, beginnt mit der Soheit, welche irgendwie von Unwissenheit befleckt ist, und sieht das Speicherbewusstsein als von gemischter Natur, d.h. als rein und unrein an, während die Hossô-Schule bei der Welt der Phänomene beginnt, die aus dem Speicherbewusstsein entsteht, wobei das achte Bewusstsein von verblendeter und unwirklicher Beschaffenheit ist. Das Speicherbewusstsein hat einen irgendwie mit ihm verbundenen unbefleckten Samen in sich, der sich schließlich zur Erleuchtung entwickeln kann. Die She-lun-Schule geht parallel mit dem Autor der *Glaubenserweckung* noch einen Schritt weiter und nimmt die Existenz eines neunten, unbefleckten Bewusstseins an (*amala-vijnana*). Alle scheinen also innerhalb des Speicherbewusstseins die

Existenz zweier Naturen, einer wahren und einer irrtümlichen, anzuerkennen. Aber die Hossô-Schule unterscheidet sich von den anderen noch dadurch, dass sie die Soheit als Wesen und das Speicherbewusstsein als Kennzeichen der *dharmas* ansieht. Soheit ist das letztgültige Sein (*parinispanna*), während das Speicherbewusstsein die Qualität abhängigen Entstehens durch anderes aufweist (*paratantra*).

Parinispanna, *paratantra* und *parikalpita* werden in Sanskrit als *laksana* (Kennzeichen) bezeichnet, aber im Fall von *parinispanna* handelt es sich nicht um ein *laksana*, sondern um *a-laksana* (bar jeglicher Kennzeichen), d.h. *svabhava*.

(4) Die Einhundert Faktoren in fünf Kategorien

Die Hossô-Schule, obwohl idealistisch, übernimmt das analytische Model der realistischen [Kusha] und nihilistischen [Jôjitsu] Schulen und klassifiziert die Welt des Werdens in fünf Kategorien, welche in einhundert Faktoren (*dharma*) unterteilt werden. Die Liste ist um einiges genauer als die der anderen Schulen.

Ein besonderer Aspekt dabei ist, dass der Geist in acht Bewusstseinsarten eingeteilt ist, von denen jede eine separate Wirklichkeit darstellt. Keine andere Schule des Buddhismus kennt solch eine Lehre. In Ergänzung zu den ersten fünf mentalen Fähigkeiten (Augen-, Ohren,- Nasen-, Zungen- und Körpersinn bzw. -bewusstsein) gibt es als sechstes das Sinneszentrum, ein allgemein empfängliches Organ bzw. der denkende Geist; als siebtes das Gedanken-Zentrum oder das Selbst-Bewusstsein; und als achtes das Speicher-Zentrum oder Speicher-Bewusstsein. Die letzten beiden werden *manas* und *alaya* genannt.

Unter diesen acht Bewusstseinsarten bilden die ersten sechs das sinnliche Bewusstsein (*vijnana*), die siebte ist das Denken (*mana*) und die achte der Geist (*citta*). Oder, einfacher gesagt, die ersten fünf sind einfach die fünf Sinne. Das sechste Bewusstsein, das Sinnes-Zentrum, bildet Konzepte aus den von der Außenwelt empfangenen Reizen. Das siebte, das Gedanken-Zentrum, denkt, strebt und begründet auf der Grundlage eines Selbst. Das achte, das Speicher-Zentrum, speichert Samen, d.h. bewahrt die Wirkungen oder Energie aller Manifestationen. Das sechste, siebte und achte Bewusstsein agieren immer zusammen, denn das sechste ist das allgemeine innere Zentrum der Wahrnehmung und Kognition, welches nach außen hin auf der Grundlage des Gedanken-Zentrums tätig ist, welches seinerseits auf der Grundlage des alles-speichernden achten Bewusstseins wirkt. Das *manas* ist verantwortlich für das Selbstbewusstsein, Selbst-Interesse oder egoistische Motive. Die subjektive Funktion des achten Bewusstseins wird vom siebten Bewusstsein als ein Selbst (*atman*) betrachtet und aufgefasst, obwohl es in Wirklichkeit ein solches Selbst nicht gibt. Diese falsche Vorstellung verschmutzt alle Gedanken und führt zu der Idee eines individuellen Selbst oder Ego.

Dem Buddhismus zufolge „stammen alle Dinge vom Geist“ (*manoja*) und „bestehen aus Geist“ (*maomaya*); besonders in der idealistischen Lehre wird die Ansicht vertreten, dass Seiendes aus dem Bewusstsein hervorgeht. Dementsprechend wird alles, was existiert, der Natur seines Ursprungs nach in drei Gruppen eingeteilt:

- Erstens, fälschlich Existierendes (妄有性), welches keine tatsächliche Grundlage besitzt (*adravya*); so wie Geister nur in der eigenen Vorstellung existieren, nicht aber in Wirklichkeit.
- Zweitens, Dinge von temporärer oder transitorischer Existenz (假有性), welche kein permanentes Wesen besitzen (*asvabhava*); so wie ein Haus aus Holz, Steinen, Ziegeln etc. gebaut ist – es existiert nur als eine Kombination von Ursachen und nicht aus sich selbst; es besitzt keine permanente Wirklichkeit.
- Drittens, wirklich Existierendes (真有性), d.h. nicht-existent im höchsten Sinne des Wortes, ohne jegliche falsche oder temporäre Natur (*alaksana*). Dabei handelt es sich nicht um Nicht-Existenz, sondern um eine transzendente Existenz.

Formal werden diese drei Daseinsweisen (三性) bezeichnet als (1) Beschaffenheit reiner Vorstellung (*parikalpita-laksana*); (2) Beschaffenheit abhängiger Existenz (*paratantra-laksana*); (3) Beschaffenheit endgültiger Existenz (*parinispanna-laksana*).

Von diesen dreien besteht die erste Daseinsweise nur als Vorstellung, die zweite nur als kausale Verknüpfung und die dritte als zugrundeliegende Essenz von allen, welche nur von Personen mit höchstem Wissen erkannt wird. Diese dritte Daseinsweise darf nicht zu positiv verstanden werden – sie beschreibt lediglich dasjenige, was nach Eliminierung der ersten beiden noch besteht.

Diese Klassifizierung aller Gegebenheiten steht in Übereinstimmung mit einer Sichtweise des Seienden (*ens*); aber vom Standpunkt des Nicht-Seins aus betrachtet sind diese drei Daseinsweisen die drei Aspekte einer nicht-spezifizierten Realität (*abhava*). Die erste Daseinsweise bedeutet Nicht-Existenz hinsichtlich spezifischer Kennzeichen (*laksana*) – es sind keinerlei Substanz oder Eigenschaften vorhanden (相無性). Die zweite Daseinsweise bedeutet Nicht-Existenz hinsichtlich einer Entstehung (*jati*) – es ist keine Geburt, kein aus sich selbst heraus existierendes Wesen vorhanden (生無性), obwohl es den Anschein davon erweckt. Die dritte Daseinsweise ist Nicht-Existenz im höchsten Sinne des Wortes (*paramartha*) – sie bedeutet die wahre Nicht-Wirklichkeit, welche alle spezifischen Kennzeichen und Bedingungen des Daseins überschreitet (勝義無性). Das ist die Soheit, das wahre Wesen (実相) und die wahre Natur aller Gegebenheiten.

Der Hossô-Schule zufolge ist es das unbefleckte Wissen, welches erkennt, dass die gesamte phänomenale Welt mit allen Lebewesen nur eine temporäre und trügerische Existenz darstellt, welche durch Ideation auf der Grundlage der endgültigen Wirklichkeit entsteht. Der Mittlere Weg des Buddha, die Goldene Mitte (*madhyama-pratipad*), wird nun mit der Soheit gleichgesetzt, welche die eben genannte endgültige Wirklichkeit ist. Wie die Bedeutung der Mitte begründet wird, geht aus der wechselseitigen Beziehung der drei Arten von Dasein hervor. Die erste Art der Imagination ist nicht real und daher leer (空). Die zweite Art kausaler Bedingtheit existiert und ist daher zeitweilig real (有). Der Mittlere Weg (中道) ist demnach weder leer noch real (非有非空). Die endgültige Wirklichkeit der dritten Daseinsweise übersteigt somit Leerheit und Realität.

Soheit übersteigt alle Vorstellungen von Sein und Nicht-Sein. Wir können sagen, dass sie existiert, aber es handelt sich nicht um eine phänomenale Existenz. Oder wir können sagen, dass sie nicht existiert, aber es handelt sich nicht um eine phänomenale Nicht-Existenz. Im Gegensatz zur phänomenalen Existenz nennen wir sie nicht-existent, und um eine Verwechslung mit phänomenalem Nicht-Sein zu vermeiden, nennen wir sie existent. Konsequenterweise müssen wir sie als „wahres Nicht-Sein" (真空) bezeichnen und als „wahres Sein" (真有). Das wahre Nicht-Sein ist *sunyata* (das Nichtvorhandensein von Spezifischem) im höchsten Sinne, und das wahre Sein ist *parinispanna* (endgültige Realität). All dies befindet sich außerhalb der Reichweite [gewöhnlichen] menschlichen Wissens.

Wenn Wissen und Weisheit durch Selbst-Kultivierung vollendet worden sind, verwandeln sich die acht Bewusstseinsarten wie folgt in Weisheit:

- Die ersten fünf Bewusstseinsarten werden zur Weisheit, welche alles Handeln auf die rechte Weise vollendet (成所作智).
- Das sechste Bewusstsein, das Sinneszentrum, wird zur Weisheit der durchdringenden Erfassung (妙観察智).
- Das siebte Bewusstsein, das Gedankenzentrum, wird zur Weisheit der Wesens-Gleichheit (平等性智).
- Das achte Bewusstsein, das Speicherbewusstsein, wird zur Großen Spiegelgleichen Weisheit (大円鏡智). Diese vier bilden die Weisheit eines Buddha.

Wie wir vorher (Kap. IV) gesehen haben, kennt die Kusha-Schule die Lehre der Verursachung durch Handlungs-Einfluss (業感縁起). Die Hossô-Schule hat diese Lehre durch ihre Theorie der reinen Verursachung durch reine Ideation ersetzt. Das bedeutet eine Entwicklung der Lehre von der Verursachung, denn Handeln ist nichts anderes als die Wirkung von Ideationen, und die Ansicht bezüglich der Verursachung in einer idealistischen Schule sollte auf der Annahme von geistigen Tätigkeiten als Quelle aller Gegebenheiten errichtet sein.

Somit kann die Hossô-Lehre als Erläuterung der Lehre von der Verursachung durch Ideation angesehen werden.

I. Geist/Bewusstsein, *citta-dharma* (心法)

1. Augen-Bewusstsein (*caksur-vijnana*)
2. Ohren-Bewusstsein (*srota-vijnana*)
3. Nasen-Bewusstsein *(ghrana-vijnana)*
4. Zungen-Bewusstsein *(jihva-vijnana)*
5. Körper-Bewusstsein *(kaya-vijnana)*
6. Bewusster Geist (*mano-vijnana*)
7. Unterbewusstsein (*manas*)
8. Speicherbewusstsein (*alaya-vijnana*)

II. Geistige Funktionen, *caitasika-dharma* (心所有法)

Allgemeine (*sarvatraga*)

9. Berührung (*sparsa*)
10. Empfindung (*vedana*)
11. Gedanke (*cetana*)
12. Wahrnehmung (*samjna*)
13. Wille (*manaskara*)

Spezielle (*viniyata*)

14. Wunsch (*chanda*)
15. Lösung (*adhimoksa*)
16. Gedächtnis (*smrti*)
17. Konzentration (*samadhi*)
18. Wissen / Weisheit (*prajna*)

Heilsame (*kusala*)

19. Glaube (*sraddha*)
20. Schamgefühl (*hiri*)

21. Zurückhaltung (*apatrapya*)
22. Nicht-Begehren (*alobha*)
23. Nicht-Feindseligkeit (*advesa*)
24. Nicht-Verblendung (*amoha*)
25. Tatkraft (*viriya*)
26. Ruhe (*prasrabdhi*)
27. Wachsamkeit (*apramada*)
28. Gleichmut (*upeksa*)
29. Nicht-Verletzen / Gewaltlosigkeit (*ahimsa*)

Befleckungen (*klesa*)

30. Begehrlichkeit (*raga*)
31. Gehässigkeit (*pratigha*)
32. Ignoranz (*mudhi*)
33. Hochmut, Stolz (*mana*)
34. Zweifel (*vicikitsa*)
35. Falsche Ansicht (*drsti*)

Kleinere Übel (*upaklesa*)

36. Ärger (*krodha*)
37. Feindseligkeit (*upanaha*)
38. Verheimlichen (*mraksa*)
39. Betrübnis, Kummer (*pradasa*)
40. Neid (*irsya*)
41. Knauserigkeit, Geiz (*matsarya*)
42. Täuschung, Heuchelei (*maya*)
43. Betrügerei (*sathya*)
44. Gewalttätigkeit (*vihimsa*)
45. Arroganz (*mada*)
46. Schamlosigkeit (*ahrikya*)
47. Zügellosigkeit (*anapatrapya*)
48. Ruhelosigkeit (*auddhatya*)
49. Einfältigkeit / Minderbemitteltheit (*styana*)
50. Nicht-Glaube (*asraddhya*)

51. Faulheit (*kausidya*)
52. Müßiggang (*pramada*)
53. Vergesslichkeit (*musitasmrtita*)
54. Zerstreutheit (*viksepa*)
55. Nicht-Verstehen (*asamprajanya*)

Unbestimmte (*aniyata*)

56. Reue (*kauktrya*)
57. Schläfrigkeit (*middha*)
58. Gedankenfassen (*vitarka*)
59. Durchdenken (*vicara*)

III. Form-Elemente (*rupa-dharma*)

60. Auge (*caksus*)
61. Ohr (*srota*)
62. Nase (*ghrana*)
63. Zunge (*jihva*)
64. Körper (*kaya*)
65. Gestalt (*rupa*)
66. Ton (*sabda*)
67. Geruch (*gandha*)
68. Geschmack (*rasa*)
69. Berührung (*sparsa*)
70. Formen als Objekte des Bewusstseins (*dharmayatanikani rupani*)
    a. eine substantielle Form, bis aufs Äußerste analysiert, das kleinste Atom
    b. eine unsubstantielle Form wie der Luftraum oder Farbe, bis aufs Äußerste analysiert, das entfernteste Atom
    c. eine Wahrnehmungsform, zur Ordination empfangen, ein innerster Eindruck
    d. eine momentane illusorische Form
    e. eine Form, die durch Meditation erzeugt wird

IV. Nicht mit dem Geist verbundene Faktoren (*citta-viprayukta-samskara*)

71. Erlangen (*prapti*)
72. Lebendigkeit (*jivitendriya*)
73. gemeinsame Gattung (*nikaya-sabhaga*)
74. unterschiedliche Gattung (*visabhaga*)
75. Versenkung im gedankenfreien Himmel (*asamjnisamapatti*)
76. Auslöschungsversenkung (*nirodha-samapatti*)
77. gedankenfreie Meditation (*asamjnika*)
78. Name (*nama-kaya*)
79. Wort (*pada-kaya*)
80. Buchstabe (*vyanjana-kaya*)
81. Geburt (*jati*)
82. Stabilität (*sthiti*)
83. Alter (*jara*)
84. Unbeständigkeit (*anityata*)
85. Werden (*pravrtti*)
86. Unterscheidung (*pratiniyama*)
87. Verbindung (*yoga*)
88. Geschwindigkeit (*java*)
89. Aufeinanderfolgen (*anukrama*)
90. Räumlichkeit (*desa*)
91. Zeit (*kala*)
92. Zahl (*samkhya*)
93. Vollständigkeit (*samagri*)
94. Unterschiedlichkeit (*anyathatva*)

V. Nicht-geschaffene Elemente (*asamkrta-dharma*)

95. Raum (*akasa*)
96. Auslöschung durch geistige Anstrengung (*pratisamkhya-nirodha*)
97. natürliche Auslöschung (*apratisamkhya-nirodha*)
98. Auslöschung in einem Zustand bewegungsloser Meditation (*aninjya*)

99. Auslöschung durch das Ende von Ideen und Wahrnehmungen (*samjna-vedayita-nirodha*)
100. Wahre Soheit (*tathata*)

VII. Die Sanron-Schule

Sarvasunyavada, Madhyamika
Negativismus: weder Sein noch nicht-Sein; Quasi-Mahayana

(1) Einleitung
Der indische Name des Mahayana-Negativismus lautet Madhayamika, die „Lehre von der Mitte", oder *sunyatavada*, die „Lehre von der Leerheit" (空宗) oder Relativität. In China und Japan ist diese Schule unter der Bezeichnung San-lun bzw. Sanron bekannt, die „drei Abhandlungen" (三論). Der Name bezieht sich auf drei grundlegende Texte, welche der Lehre des Mittleren Wegs gewidmet sind und eindringlich die falschen Ansichten des Brahmanismus, Hinayana und anderer Mahayana-Schulen als der Sanron-Schule zurückweisen. Von diesen drei Schriften ist die erste die *Madhyamaika-Sastra* (中論) von Nagarjuna.[33] Glücklicherweise ist der Sanskrit-Text dieses Werks erhalten. Es wurde von Kumarajiva ins Chinesische übersetzt. In einer Abhandlung von 400 Versen widerlegt Nagarjuna falsche Ansichten des Hinayana oder anderer Philosophien und weist dabei alle realistischen und pluralistischen Ideen zurück, womit er indirekt seine monistische Lehre begründet.

Der zweite Text ist das *Dvadasa-dara* (Taishô Nr. 1568), die „Zwölf Tore" (十二門) von Nagarjuna, dessen Sanskrit-Fassung nicht bekannt, aber der in chinesischer Übersetzung erhalten ist. Es hat insgesamt zwölf Teile oder Kapitel und behandelt hauptsächlich die Korrektur falscher Ansichten innerhalb des Mahayana selbst.[34] Der dritte Text ist das *Sata Sastra* (Taishô Nr. 1569), die „Abhandlung in 100 Versen" (百論) von Aryadeva, einem

---

[33] [Fußnote im Original] Taishô Nr. 1564. Deutsche Übersetzung von Max Walleser: *Die Mittlere Lehre des Nagarjuna*, Heidelberg 1912. Englische Übersetzung der Kapitel 1 und 25 mit dem Kommentar von Candrakirti von Th. Stcherbatsky, *The Conception of Buddhist Nirvana*. Siehe auch Wallerser, *Die Mittlere Lehre nach der tibetischen Version*, Heidelberg 1912.

[34] Englische Übersetzung von Hsuehli Cheng, *Nâgârjuna's Twelve Gate Treatise – Translated, with Introductory Essay, Comments, and Notes*; Dordrecht 1982.

Schüler von Nagarjuna.[35] Die Abhandlung von Aryadeva ist hauptsächlich eine Widerlegung falscher Ansichten des Brahmanismus.

Da die Sanron-Schule stark zu einem negativistischen Idealismus neigte, entstand die eher positivistische Shiron-Schule (Shi-lun, Schule der vier Abhandlungen), welche einen vierten Text von Nagarjuna mit aufnahm, nämlich die *Prajnaparamita Sastra* (智度論, Taishô Nr. 1509), in welcher wir erkennen können, wie er seine monistische Sichtweise sehr viel mehr bejahend als in seinen anderen Texten darlegt. Aber da sie alle aus seiner Feder stammen, ist die grundlegende metaphysische Ausrichtung dieselbe. Insofern als das Madhayamika-System sich in Indien zu einer rein negativen Ontologie entwickelte, erschien das Yogacara-System von Asanga und Vasubandhu, um den ursprünglich eher positiven Idealismus des Buddhismus wiederherzustellen. Der Yogacara-Buddhismus endete jedoch in einer Verursachungs-Lehre des Speicher-Bewusstseins und war ontologisch sehr passiv.

In China gab es viele große Gelehrte, die bedeutende Fortschritte in der idealistischen Philosophie erzielten; sie sind ihren zeitgenössischen indischen Autoren in keiner Hinsicht unterlegen. Als die Sanron-Schule die Führung übernahm, trat die Shiron-Schule zurück und verschwand bald aus der Arena der Diskussionen bezüglich der Leerheit.

Die Bemühungen der Sanron-Schule konzentrieren sich auf die Widerlegung aller positiven und bejahenden Sichtweisen anderer Schulen, welche keine Grundlage in der dialektischen Negation besitzen. Die Widerlegung richtet sich zunächst gegen die falschen Ansichten der Häretiker [Nicht-Buddhisten], dann gegen die einseitigen Sichtweisen des Hinayana und schließlich gegen die positiv formulierten Lehrsätze mahayanistischer Autoren. Das Ideal der Sanron-Schule scheint *nisprapanca* (無戯論言亡慮絶) gewesen zu sein, das „mit Worten nicht ausdrückbare und gedanklich nicht fassbare“. Die Grundlage der gesamten Argumentation ist das, was wir die „vier Sätze“ (四句) nennen:

[35] [Fußnote im Original] Englische Übersetzung von Giuseppe Tucci: *Pre-Dinnaga Buddhist Texts on Logic from Chinese Sources*, Gaekwad´s Oriental Series Nr. XLIX, Baroda, Oriental Institut, 1929, S.1–89.

1. Sein bzw. *sat* (有),
2. Nicht-Sein bzw. *asat* (空),
3. sowohl Sein als auch Nicht-Sein (亦有亦空),
4. weder Sein noch Nicht-Sein (非有非空).

Wenn uns eine Frage gestellt wird, haben wir keine andere Möglichkeit, als mithilfe eines oder mehrerer dieser vier Sätze zu antworten. Wenn wir uns ausdrücken, muss es erfolgen in Form von: 1. Ja; oder 2. Nein; oder 3. Sowohl Ja als auch Nein entsprechend den Umständen; oder 4. Weder Ja noch Nein; d.h. es gibt keinen Bezug zur Frage oder es hat keinen Sinn zu antworten.

Ohne die obigen grundlegenden Ideen zu verstehen, ist es alles andere als leicht, dem negativistischen Trend der Sanron-Schule zu folgen.

(2) Geschichte

Prof. Stcherbatsky hat die folgenden Perioden in der Entwicklung der Mahayana-Philosophie mit besonderer Berücksichtigung des Madhayamika vorgeschlagen:

1. Das erste Jahrhundert n.Chr. Aufkommen des Mahayana Speicherbewusstseins (*alaya-vijnana*) und der Soheit (*tathata*), beide bezeugt von Asvaghosa.
2. Das zweite Jahrhundert. Die Theorie universeller Relativität (*sunyata*), formuliert von Nagarjuna und Aryadeva.
3. Drittes und viertes Jahrhundert. Lücke.
4. Fünftes Jahrhundert. Die idealistische Interpretation von Asanga und Vasubandhu.
5. Sechstes Jahrhundert. Trennung zwischen den idealistischen und relativistischen Schulen. Sthiramati und Dignaga repräsentieren die ersteren, Buddhapalita und Bhavaviveka die letzteren.
6. Siebtes Jahrhundert. Endgültige Etablierung des Madhyamika-Systems in seiner extremen Form durch Candrakirti.

Dies ist die Liste von Prof. Stcherbatsky, aber die Lücke für das dritte und vierte Jahrhundert kann durch das Einbringen von Saramati und Maitreya gefüllt werden. Maitreya ist ein direkter oder indirekter Lehrer von Asanga und seine Historizität kann nicht bezweifelt werden, obwohl ihn viele geheimnisvolle Legenden umgeben, weshalb einige Gelehrte dazu neigen, ihn als eine fiktive Person anzusehen. Wir müssen uns dieses Problem für spätere Studien aufheben. In jedem Fall bezeugt das indische *sunyavada* zusammen mit seiner idealistischen Reaktion, dem *vijnanavada*, ein starkes Aufblühen buddhistischer Philosophie, und die Erinnerung an seine intellektuellen Leistungen wird für immer einen Platz in der Geschichte der indischen Philosophie haben.

Die Geschichte der Sanron-Schule beginnt in China mit der Ankunft des berühmten Kumarajiva aus Kucca (409), und die Übertragungslinie stellt sich wie folgt dar:

1. Im fünften Jahrhundert wurde das *Madhyamika Sastra* des Nagarjuna von Kumarajiva übersetzt und erläutert, und an seine Schüler Tao-sheng, T'anchi und Seng-lang weitergegeben. Seng-lang, ein berühmter Nachfolger, löste die Sanron-Schule endgültig von der Jôjitsu-Schule, dem Hinayana-Nihilismus, welchen wir in einem vorherigen Kapitel untersucht haben (Kap. V). Die Sanron-Schule verdankt ihre eigentliche Gründung der Arbeit von Seng-lang.

2. Sechstes Jahrhundert. Fa-lang (507–581) war ein bedeutender Lehrer mit 25 Schülern. Chi-tsang (549–623) war die herausragende Persönlichkeit dieser Gruppe. Sein Vater trat der Gruppe bei und nahm ihn häufig mit, um Lesungen von Paramartha zu hören, dem populären indischen Lehrer in China. Chi-tsang selbst trat der Gruppe unter Fa-lang bei und erhielt von ihm ein spezielles Training. Im Alter von 19 Jahren wiederholte und fasste er die Lesungen seines Lehrers fehlerfrei zusammen, zur großen Verwunderung seiner Zuhörer. Er lebte im Chia-hsiang-Kloster und wurde unter dem Namen Chia-hsiang Ta-shih („Großer Lehrer von Chia-hsiang) bekannt.

Chi-tsang verfasste einen Kommentar zu den Drei Abhandlungen (三論疏), ein Kompendium über das Sanron-System (三論玄義), eine Arbeit zum Mahayana (大乗玄論) und einen kurzen Traktat zur zweifachen Wahrheit (二諦章). Weiterhin kompilierte er sieben verschiedene Arbeiten zum Lotos-Sutra, zwei Werke zum *Mahaprajnaparamita-Sutra* und zum *Mahaparinirvana-Sutra* und insgesamt 120 Bände von Kommentaren zum *Avatamsaka-Sutra*, *Srimala-Sutra*, *Vimalakirti-Sutra*, dem längeren *Sukhavati-Sutra*, dem *Amitayur-dhyana-Sutra*, dem *Vajracchedika-Sutra*, dem *Suvarnaprabhasa-Sutra*, dem *Maitreya-Sutra*, dem *Jinô-Sutra* etc. Seine literarischen Aktivitäten, die seine große Belesenheit und umfassende Quellenkenntnis belegen, ist zu seiner Zeit und davor unvergleichlich; und es ist umso erstaunlicher, dass all dies in einer Periode anhaltender Kriege zwischen der Ch'en und der Sui-Dynastie vonstatten ging.

3. Siebtes Jahrhundert. Chi-tsangs koreanischer Schüler Ekwan (Hui-kuan) aus Kauli, einem Reich in Korea, kommt 625 nach Japan und lehrt die Sanron-Doktrin im Gangôji in Nara. Dies ist die erste Überlieferung der Lehre nach Japan. Die zweite Übermittlung erfolgte durch Chizô, einen Schüler von Ekwan. Die dritte Übertragung erfolgte durch Dôji, einen Schüler von Yüan-k'ang, Autor eines Werkes über die drei Abhandlungen.

In China florierte die Sanron-Schule nach dem Aufstieg der Hossô-Schule des berühmten Hiuen-tsang und seines Schülers Ki nicht weiter. Es kam jedoch noch Suryaprabhasa, ein indischer Lehrer, nach China, und gab die Lehren der Sanron-Schule an Hsien-shou weiter, den Autor eines Werks über die „Zwölf Tore“ von Nagarjuna. Seine Übertragungslinie wird als Neue Sanron-Schule bezeichnet, um sie von der alten Sanron-Schule abzugrenzen – eine Bezeichnung, welche das System von Kumarajiva bis Chi-tsang während der Jahre 409–623 erhielt.

In Japan war die Sanron-Schule nie eine eigenständige Institution; aber das Studium ihrer Lehren wird bis zur heutigen Zeit eifrig fortgeführt, da es als unerlässlich für einen Studenten des Buddhismus angesehen wird und als eines der Hauptthemen sowie eine starke Waffe in der dialektischen Argumentation gilt, ebenso wie als theoretische Basis für die eher positiven und praktischen Schulen des heutigen japanischen Buddhismus.

(3) Philosophie

Die Lehren der Sanron-Schule haben drei Aspekte: 1. die Widerlegung falscher Ansichten und die Erhellung der richtigen Sichtweise (破邪顯正); 2. die Unterscheidung der konventionellen und endgültigen Wahrheit (真俗二諦); 3. der Mittlere Weg der achtfachen Negation (八不中道).

Worauf die Schule abzielt ist die endgültige Leerheit (畢竟空), d.h. das Nicht-Erreichbare oder *apraptavya-sunyata* (無所得空不可得空), d.i. die rechte Sicht der Nicht-Erlangung bzw. *aprapti-tva* (無得). Allgemein ist es so, dass wenn eine falsche Ansicht zurückgewiesen wird, man nach einer anderen Ansicht greift und diese als richtig und sich natürlich daraus ergebend versteht. In der Sicht dieser Schule jedoch ist die Auswahl bzw. das Annehmen einer bestimmten Sichtweise ebenfalls eine Anhaftung und muss zurückgewiesen werden. Die Widerlegung der falschen Sichtweise selbst ist zur gleichen Zeit die Erhellung der richtigen Sicht. D.h. Widerlegung ist identisch mit Erhellung, da es nichts gibt, was erworben werden könnte. Das ist eine der Eigenheiten der Schule.

Die beiden Ausdrücke werden jedoch aus praktischen Gründen getrennt voneinander verwendet, denn Widerlegung ist notwendig, um alle Wesen zu retten, die im Meer der Anhaftungen zu ertrinken drohen, während Erhellung auch wichtig ist, um die Lehren des Buddha zu verkünden.

Eine solche Widerlegung muss vollständig sein. Zuerst werden alle auf Ergreifen basierenden Sichtweisen zurückgewiesen. Auch solche Ansichten wie die Lehre von einem Selbst (*atman*) der brahmanischen Philosophen, die pluralistischen Lehren der buddhistischen Abhidharma-Schulen (Vaibhasika, Kosa etc.) sowie die dogmatischen Prinzipien der Mahayana-Lehren kommen nicht an einer detaillierten Widerlegung vorbei. Die realistische Sichtweise („alles existiert") wird ebenso verworfen wie die nihilistische Sicht („nichts existiert").

Unter den chinesischen buddhistischen Sichtweisen werden die Sichtweise von Hui-kan, der die Lehren des Buddha in zwei Lehren und fünf Zeiten einteilt, die Sicht von Chi-tsang über die Einheit der beiden Wahrheiten (der konventionellen und der endgültigen), sowie die Standpunkte von Seng-chao und Fa-yün über die Verschiedenheit der beiden Wahrheiten allesamt rücksichtslos angegriffen, wo zu fest an ihnen gehangen wird. Auf der anderen Seite jedoch akzeptiert diese Schule den „rechten Menschen" (正人) und die „rechte Lehre" (正法). Nagarjuna wird aufgrund einer Prophezeiung des Buddha über sein Auftreten als die rechte Person anerkannt (*Lankavatara-Sutra*). Die rechte Lehre ist der Mittlere Pfad, ohne Bezeichnungen und Kennzeichen (無名相中道), den keine Rede und kein Denken erreichen kann. Er übersteigt alle kontroversen Punkte wie die „vier Arten von Argumenten und hundert Negationen" und geht damit sogar über den berühmten Ausspruch des Yajnavalkya in den Upanischaden, das *neti neti* (nein! nicht!) hinaus.[36]

Die Wahrheit kann nur durch die Negation oder Widerlegung falscher Ansichten innerhalb und außerhalb des Buddhismus und der Irrtümer sowohl des Kleinen wie des Großen Fahrzeugs erreicht werden. Wenn falsche Ansichten oder Irrtümer zurückbehalten werden, wird man blind für die Vernunft. Aber wie könnte ein Blinder zur rechten Sicht gelangen, ohne welche die beiden Extreme niemals vermieden werden können? Das Ende der begrifflichen Widerlegung ist das Aufdämmern des Mittleren Pfades. Widerlegung, und nur Widerlegung, kann zur endgültigen Wahrheit führen. Der Mittlere Pfad, der frei von Bezeichnungen und Kennzeichen ist, kann nicht mit Begriffen gefasst oder charakterisiert werden; und doch sind wir genötigt, ihn in irgendeiner Weise zu bezeichnen, um ihn abgrenzen zu können. Darum wird er als die „Erhellung des Korrekten" bezeichnet.

Es können zwei Aspekte des Korrekten angenommen werden: korrekt hinsichtlich des Zugrundeliegenden (体正) und korrekt hinsichtlich der Funktion (用正). Die Korrektheit hinsichtlich des Zugrundeliegenden ist die transzendente Wahrheit, welche sowohl die endgültige als auch die konventionelle Wahrheit übersteigt; die Korrektheit der Funktion ist die zweifache Wahrheit, d.i. die konventionelle und die endgültige. Im *Madhyamika-Sastra* heißt es, dass die Buddhas der Vergangenheit den Menschen ihre Lehren mittels der zweifachen Wahrheit verkündet haben. Es war im Kontext der konventionellen Wahrheit, als der Buddha lehrte, dass alle Gege-

[36] [Fußnote im Original] *Brihadaranyaka Upanishad*; II.3, 6; III.9, 26; IV.4, 22; VI.6,15.

benheiten durch Verursachung ins Dasein treten; aber es gehört zur endgültigen Wahrheit, dass alle Faktoren universelle Gleichheit oder Leerheit besitzen. Letzten Endes wurde die zweifache Wahrheit verkündet, um die Menschen auf den rechten Weg zu führen.

Für Menschen, die dem Nihilismus verhaftet sind, wird die Existenz auf dem Wege der konventionellen Wahrheit verkündet; dem Realismus verhafteten Menschen wird die Lehre der Nicht-Existenz auf dem Wege der endgültigen Wahrheit verkündet, um ihnen die „Korrektheit des Zugrundeliegenden" zu zeigen, welches ohne Namen und Kennzeichen ist.

Obwohl wir von Existenz sprechen können, ist sie vorübergehend und nicht fest. Sogar Nicht-Existenz (Leerheit) ist vorübergehend und nicht beständig. Somit gibt es weder eine wahre Existenz noch eine wahre Leerheit. Sein oder Nicht-Sein sind nur das Ergebnis kausaler Beziehungen und daher unwirklich. Die Idee der beiden Extreme von Sein und Nicht-Sein wird damit aufgehoben. Wenn wir uns daher mit der konventionellen Wahrheit beschäftigen, kann die phänomenale Welt akzeptiert werden, ohne den noumenalen Zustand zu stören. Wenn wir uns mit der endgültigen Wahrheit befassen, kann der noumenale Zustand erlangt werden ohne die Welt reiner Begrifflichkeiten aufzuwühlen. Nicht-Existenz ist gleichzeitig Existenz, und Existenz ist umgekehrt Nicht-Existenz. Form bzw. Materie sind gleichzeitig Leerheit, und Leerheit ist gleichzeitig Form bzw. Materie (色即是空). Damit ist das Noumenon aller Gegebenheiten ohne spezifischen Charakter.

Daraus wird ersichtlich, dass die zweifache Wahrheit nur als Behelfsmittel der Belehrung unterrichtet wird. Die gegenwärtige Sanron-Schule betrachtet die zweifache Wahrheit als „Wort-Lehre" (言教), d.h. als Lehre für beispielhafte Zwecke, während andere Mahayana-Schulen sie als „grundsätzliche Lehre" (理教) verstehen; d.h. die zweifache Wahrheit selbst ist das Prinzip, welches der Buddha gelehrt hat. Die entscheidende Frage lautet: Ist die Wahrheit das Mittel oder das Objekt? Die Sanron-Schule versteht sie als Mittel. Das ist eine weitere Besonderheit der Schule.

Die Lehre der achtfachen Negation erfüllt einen ähnlichen Zweck. Sie wird von Nagarjuna in den Widmungsversen seiner *Madhyamika-Sastra* wie folgt angeführt:

Den vollkommen Erwachten,
den besten aller Lehrer grüße ich.
Er hat das umfassende abhängige Entstehen verkündet,
beglückend wie das Nirvana,
das zur-Ruhe-Kommen.
Kein Verschwinden (不滅), kein Erscheinen (不生),
kein Ende (不断) und keine Dauer (不常),
keine Einheit (不一), keine Verschiedenheit (不異),
kein Kommen (不来), kein Gehen (不去).

Die achtfache Negation lautet im Chinesischen:

Keine Erzeugung, keine Auslöschung (不生亦不滅),
keine Vernichtung, kein Bestand (不常亦不断),
keine Einheit, keine Verschiedenheit (不一亦不異),
kein Kommen, kein Aufbruch (不来亦不出).

Auf diese Weise werden alle spezifischen Kennzeichen des Werdens verneint. Die Tatsache, dass nur acht Negationen angeführt werden, hat nichts zu bedeuten; sie werden als umfassende Verneinung verstanden. Man kann sie als ein kreuzweises Wegwischen aller acht mit der Welt des Werdens verbundenen Irrtümer betrachten, oder als eine wechselseitige Zurückweisung der vier Paare einseitiger Ansichten, oder als ein aufeinander folgendes Beiseitestoßen der Irrtümer – z.B. die Idee der Geburt durch die Idee des Verschwindens; die Idee des Verschwindens durch die Idee der Bewegung dahin; diese Idee der Bewegung durch die Idee der Bewegung dorthin; diese letzte Idee durch die Idee der Beständigkeit; Beständigkeit durch Zerstörung; Zerstörung durch Einheit; Einheit durch Verschiedenheit; Verschiedenheit durch Erscheinen usw.

Auf diese Weise werden alle Unterscheidungen von einem selbst und anderen oder diesem und jenem aufgegeben. Aus diesem Grund ist die Widerlegung einer falschen oder einseitigen Ansicht zugleich die Erhellung einer rechten Sichtweise. Wenn Richtig dem Falsch gegenübergestellt wird, handelt es sich um ein antithetisches Richtig (対偏正), d.h. Richtig im Gegensatz zu Falsch. Wenn das Falsche verbal widerlegt wird, erscheint das Richtige ohne Antithese (尽偏正), d.h. das transzendental Richtige. Wenn die Ideen von Richtig und Falsch insgesamt aufgegeben werden, erscheint das absolut Richtige (絶待正), d.h. die Wahrheit.

Das Richtige ist die Mitte. Die Mitte gegenüber den beiden Extremen ist eine antithetische oder relative Mitte (対偏中). Die Mitte nach der vollständigen Widerlegung der beiden Extreme ist die von Extremen freie Mitte (尽偏中). Wenn die Idee der beiden Extreme gänzlich aufgegeben wurde, handelt es sich um die absolute Mitte (絶待中). Das absolute Richtige ist somit die absolute Mitte.

Wenn die absolute Mitte von oben wirksam wird, um die Menschen als solche zu führen, wird sie zur zeitweiligen Mitte bzw. Wahrheit (成仮中). Auf diese Weise erhalten wir einen vierfachen Mittleren Pfad.

Aus einer praktischen Notwendigkeit heraus, die Menschen anzuleiten, wurde noch eine weitere Stufenlehre angenommen. Diese Stufentheorie wird mit den folgenden vier Graden bezeichnet:

1. Wenn die Lehre vom Sein dem Nicht-Sein gegenübergestellt wird, wird ersteres als die konventionelle Wahrheit bezeichnet und letzteres als endgültige Wahrheit.
2. Wenn die Lehren von Sein und Nicht-Sein derjenigen von weder Sein noch Nicht-Sein gegenübergestellt wird, werden die ersten als die konventionelle und die letzte als die endgültige Wahrheit bezeichnet.
3. Wenn die vier angeführten Lehren allesamt als weltliche Wahrheit angesehen werden, wird die alle diese Lehren zurückweisende umfassendere Sicht als die endgültige Wahrheit bezeichnet.
4. Wenn die im letzten Stadium ausgedrückten Lehren als konventionelle Wahrheit erkannt werden, erscheint die diese zurückweisende Sicht als endgültige Wahrheit.

Auf diese Weise werden wir immer wieder, egal wie weit wir voranschreiten, auf Zurückweisung einer bestimmten Ansicht oder einer Gruppe von Ansichten stoßen. Nur die Verneinung selbst kann uns zur Pforte der absoluten Wahrheit führen. Kurz gesagt, worauf wir uns hinbewegen ist der Grundsatz des Nicht-Erreichens (*apraptitva*), welcher durch die Lehre der universellen Verneinung erlangt, durch die achtfache Negation wechselseitig und durch die vier Stadien der doppelten Wahrheit längsseitig erläutert wird. Es handelt sich in der Tat um eine nicht-endende Negation, solange bis jeder Rest der konventionellen Wahrheit abgewaschen worden ist. Darum wird die endgültige Wahrheit, welche durch diese dialektische Methode erreicht wird, entweder als Mittlerer Pfad der achtfachen Verneinung oder als Mittlerer Pfad der zweifachen Wahrheit bezeichnet.

Der Mittlere Pfad der zweifachen Wahrheit wird auf viele komplizierte Weisen erklärt. Wenn man die Lehre der wirklichen Erzeugung und der wirklichen Vernichtung in der phänomenalen Welt unterstellt, spricht man von der einseitigen konventionellen Wahrheit. Wenn man hingegen der Sichtweise der Nicht-Erzeugung und Nicht-Vernichtung der phänomenalen Welt anhängt, spricht man von der einseitigen endgültigen Wahrheit. Wenn man erkennt, dass es eine zeitweilige Erzeugung und eine zeitweilige Vernichtung der Phänomene gibt, handelt es sich um den mittleren Pfad der konventionellen Wahrheit. Wenn man erkennt dass es weder zeitweilige Erzeugung noch zeitweilige Vernichtung gibt, spricht man vom mittleren Pfad der endgültigen Wahrheit. Wenn man dazu kommt, dass es weder Erzeugung und Vernichtung, noch Nicht-Erzeugung und Nicht-Vernichtung gibt, spricht man vom mittleren, durch die Vereinigung der konventionellen und der endgültigen Wahrheit erhellten Pfad.

Die obigen fünf Schritte werden die „fünf Bezeichnungen und drei mittleren Pfade“ genannt. Sie bilden den „echten Ausdruck des Mittleren Pfades“ (中道実相).

Die Sanron-Schule unterteilt die überlieferten Lehren in die beiden Fahrzeuge der Sravaka (Hörer) und Bodhisattvas, d.h. ein kleines und ein großes Fahrzeug (Hinayana und Mahayana). Die überlieferten Lehren werden zudem in drei Drehungen des Rades der Lehre eingeteilt: 1. das Wurzel-Rad bildet das *Avatamsaka-Sutra*; 2. die Äste und Zweige sind die Hinayana- und Mahayana-Texte; 3. das Rad, welches alle Zweige zusammenbindet und sie zur Wurzel zurückführt, ist das *Lotos-Sutra*.

Das Wurzel-Rad wurde kurz nach der Erleuchtung des Buddha für die Bodhisattvas gelehrt. Es enthält die die vom Buddha erfahrene Erleuchtung; aber dieses eine Buddha-Fahrzeug (一仏乗) war zu tiefgründig für die Menschen, als dass sie es verstehen konnten. Daraufhin begann der Buddha die drei Fahrzeuge (Hörer, Selbst-Verwirklicher und Bodhisattvas) zu unterrichten, um sie zum einen Buddha-Fahrzeug zu führen.

Sunya bedeutet im negativen Sinne Leerheit, im positiven Sinne jedoch „relativ", d.h. „frei von unabhängiger Wirklichkeit" oder „frei von spezifischen Kennzeichen". Somit ist *sunyata* zur gleichen Zeit Nicht-Sein als auch „relatives Sein", d.h. durch kausale Beziehung existierend. Die Idee der Relativität scheint in der indischen Madhyamika-Schule stark vertreten worden zu sein. Und auch in der chinesischen Sanron-Schule finden wir den Ausdruck der „kausalen Vereinigung" als ein Synonym für den Mittleren Pfad, das Nichtvorhandensein einer Substanz (*svabhava-abhava*), die Natur der Wirklichkeit (*dharma-svabhava*) und die Leerheit. Die Bezeichnungen bringen zweifellos eine ähnliche Sichtweise zum Ausdruck, da es wohl bekannt ist, dass die ursächliche Entstehung *sunyata* genannt wird; aber ich kann nicht sicher bestätigen, ob die chinesischen San-Lun-Lehrer so weit gegangen sind, abhängiges Entstehen (*pratitya-samutpada*) als ein exaktes Synonym für *sunyata* anzusehen oder nicht. Es ist jedoch deutlich, dass sich die chinesischen Lehrer nicht zu viel aus der Idee der Relativität machten, da das chinesische Äquivalent für *sunyata*, *k'ung* (空), alle notwendigen Bedeutungen in sich trägt: erstens, Leerheit im Sinne eines Gegensatzes zum Sein (但空); zweitens, den ontologischen Status frei von charakteristischen Kennzeichen (自性); drittens, die Leerheit im höchsten Sinne oder transzendente Leerheit, alle Gegensätze aufnehmend und vereinend (*paramartha-sunyata*); viertens, die absolute Leerheit (*atyanta-sunyata*); und zahlreiche andere.

Der Begriff „Leerheit/Leere“ ist nicht ganz passend und führt oft zu Missverständnissen; aber wenn wir nach einem anderen Wort suchen, finden wir kein besser geeignetes. Es handelt sich letzten Endes um eine dialektisch begründete Sicht. Sie ist namenlos, *akhyati* (無名) und zeichenlos, *alaksana* (無相). Es ist schlicht und einfach die Zurückweisung einer unabhängigen Realität oder die Negation spezifischer Kennzeichen. Jenseits der Negation gibt es nichts Weiteres. Das Sanron-System ist in diesem Sinne ein Negativismus, eine Lehre der Verneinung. Alle Phänomene sind frei von unabhängiger Realität, d.h. sie besitzen nur relatives Sein, oder Relativität in dem Sinne, dass sie letztendlich unwirklich, aber auf phänomenaler Ebene wirklich sind.

(4) Zusammenfassung

Gegenstand des Negativismus ist die Verwirklichung der vollkommenen Weisheit. Weisheit bildet hier den Gegensatz zu allem begrenzten Wissen oder schließt vielmehr alles Teilwissen mit ein. Indem dabei nicht am Wissen einzelner Gegebenheiten festgehalten wird, kann man vollkommene Weisheit erlangen; und indem man nicht an der einen oder anderen Sache hängt, gelangt man zur vollkommenen Freiheit. Leerheit ist verschieden vom Raum, denn der Raum kann durch etwas besetzt werden. Die Leere von der Leerheit in dieser Schule ist nicht leer, d.h. keine einseitige, abstrakte Leere, denn sie kann alles enthalten.

Zurückweisung oder Widerlegung ist nur die Methode, mit der ein Zustand wie von unbeschriebenem Papier hergestellt wird, anstelle des Zustands von beschriebenem Papier, den wir gewöhnlich innehaben und an dem wir festhalten und von dem wir nicht loskommen.

Am Ende bedeutet die Schulung der Negation, kein spezielles Wissen zu haben, in keiner speziellen Sichtweise zuhause zu sein, sich an keine abstrakte Leere zu klammern, keiner besonderen Auffassung anzuhängen, keine spezifischen Charakteristika anzunehmen und kein besonderes Interesse oder außergewöhnliches Verdienst zu erwarten.

VIII. Die Kegon-Schule (Hua-Yen)

Totalismus, Mahayana

(1) Einleitung

Kegon bedeutet „Blumen-Girlande“ und ist eine Übertragung des Sanskrit-Terminus *Avatamsaka*, der sich auf ein Gebinde bzw. eine Girlande bezieht. Es handelt sich um den Namen eines Sutra, in welchem die mystische Lehre des Buddha Mahavairocana detailliert dargelegt ist. Es heißt, dass die Verkündigung durch den Buddha unmittelbar nach seiner Erleuchtung stattgefunden haben soll, aber keiner der Zuhörer war in der Lage den Sinn seiner Worte zu erfassen, so als ob sie taub und stumm wären. Daraufhin begann er erneut zu predigen und lehrte die vier *Agama* und anderes.

Seine erste Verkündigung bestand aus dem, was er in seiner Erleuchtung erkannt hatte. Die dort erfasste Wahrheit hat er dabei genau so, wie sie ist, wiedergegeben. Fortgeschrittene Wesen wie *Bodhisattvas* sind in der Lage ihn zu verstehen, aber gewöhnliche Menschen vermögen diese Gedanken nicht zu begreifen.

Das *Avatamsaka-Sutra* ist im chinesischen in drei Versionen erhalten; bestehend aus 80, 60 oder 40 Bänden/Kapiteln (Taishô Nr. 278, 279 und 293). Von den ersten beiden Versionen haben wir keine Sanskrit-Grundlage. Für die letzte Version in vierzig Bänden kennen wir das Original, welches *Gandha-vyuha* (入法界品) heißt und kürzlich in Japan veröffentlicht wurde.[37]

In diesem Text wird geschildert, wie der junge Sudhana (善財) eine Pilgerreise zu 53 heiligen und gewöhnlichen Personen unternimmt. Das Anliegen der Pilgerreise ist die Verwirklichung der Natur der *dharmadhatu*.

In Indien gibt es die *Avatamsaka*-Schule als eigenständige Lehrrichtung nicht. Die Geschichte von Sudhanas Pilgerreise ist jedoch minutiös im *Divya-avadana* geschildert, und seine Reise wird detailliert mit Skulpturen auf Java wiedergegeben.

[37] [Fußnote im Original] Durch H. Izumi von der Ôtani-Universität in Kyoto.

Im Sutra heißt es, dass der Bodhisattva Manjusri auf dem Ch´ingliang-Berg in China residiert und dort allezeit das Rad der Lehre verkündet. Der Ch´ingliang-Berg (清涼山) wurde als Wut´ai-Berg (五台山) identifiziert. Der Name Wut´ai („Fünf Gipfel") ist seinerseits ein Hinweis auf die fünf Haarknoten (*panca-sikha*), eine Bezeichnung für Manjusri. Das große Avatamsaka-Kloster auf dem Berg ist ein diesem Bodhisattva gewidmeter Schrein. Solch ein Glauben in China und Indien scheint bis zum 5.Jh. oder früher zurückzureichen.

Im Jahr 477 begab sich ein kaiserlicher Prinz auf den Berg und verbrannte sich selbst als Ausdruck seines glühenden Wunsches, den Bodhisattva zu treffen. Später, im Jahr 735, kam der indische Priester Bodhisena mit einem malaysisch-indischen Musiker namens Fa-triet nach China und begab sich mit ihm auf den Berg, um Manjusri zu treffen. Sie reisten auf der Suche nach dem Heiligen weiter nach Japan, als ihnen mitgeteilt wurde, dass er sich nicht auf dem Berg befinde, sondern im fernen Osten aufhalte. Bei ihrer Ankunft in Osaka wurden sie von Gyôgi Bosatsu empfangen, einem gelehrten japanischen Priester, der meist Bosatsu genannt wird, weil ihn Bodhisena und Fa-triet für Manjusri selbst gehalten haben. Die beiden erhielten einige kaiserliche Zuwendungen und ließen sich in Nara nieder. Bodhisena, als amtierender Priester, vollführte die Weihungszeremonie des Großen Buddha in Nara und teilte sich [mit Ryôben] die Ehre, einer der Begründer des Tôdaiji zu werden. Während seines Aufenthalts im Daianji lehrte er das *Avatamsaka-Sutra*.

Der Name Manch´u der letzten Dynastie von China soll eine Abkürzung von Manjusri gewesen sein. In den Briefen von Nepal an den chinesischen Hof wurden die chinesischen Herrscher mit „Sri, Sri, Sri Manjusri" angesprochen. Der offizielle Name der Dynastie war Ch´ing, was seinerseits aus dem Namen des Berges Ch´ingliang abgeleitet sein soll. Noch heute ist der Wut´ai-Berg eine der heiligsten Stätten des Buddhismus in China.

(2) Geschichte

Vor der Kegon-Schule gab es in China eine Schule mit dem Namen Ti-lun (地論宗), welche sich auf den Kommentar von Vasubandhu zum

Dasabhumi-Sutra (十地経) stützte. Der Text wurde in der Zeit von 508–512 durch Bodhiruci, Ratnamati und Buddhasanta – alle aus Indien stammend – ins Chinesische übertragen.

Schon bald ereignete sich eine Trennung innerhalb der Ti-lun-Schule. Tao-ch´ung, ein Schüler von Bodhiruci, lebte im nördlichen Teil von Loyang und übte großen Einfluss auf die Menschen dort aus, während Hui-kuang, ein Schüler von Ratnamati, im südlichen Teil der Hauptstadt wohnte und ebenso einflussreich mit seinen religiösen Wirken war. Die Linie von Tao-ch´ung wird der „Zweig des nördlichen Wegs" (北道派) genannt, die Linie von Hui-kuang der „Zweig des südlichen Wegs" (南道派).

Im Zuge der Kommentierung des *Dasabhumi-Sutra* durch Vasubandhu wurden auch das Speicher-Bewusstsein (*alaya*) und die ersten sechs Bewusstseinsarten erläutert. Die Beziehung dieser Bewusstseinsarten zueinander und ihre Verbindung zur Soheit (*tathata*) oder dem sogenannten So-Gekommenen (如来) wurde jedoch nicht explizit geklärt. In diesem Punkt unterschieden sich die Auffassungen der indischen Lehrer, und die beiden Linien gingen schließlich ihre eigenen Wege.

Die Ti-lun-Schule:

- Nördlicher Zweig (Tao-ch´ung, Schüler von Bodhiruci): Speicherbewusstsein ist unwirklich bzw. trügerisch und verschieden von der Soheit
- Südlicher Zweig (Hui-kuang, Schüler von Ratnamati): Speicherbewusstsein ist wirklich bzw. wahr und identisch mit der Soheit → Kegon-Schule

Zu Beginn scheint der nördliche Zweig stärker verbreitet gewesen zu sein, da es heißt, dass sein Begründer Tao-ch´ung mehr als zehntausend Schüler gehabt haben soll und als eine der sechs großen tugendhaften Persönlichkeiten der Ch´en-Dynastie geehrt wurde und später als eine der zehn großen tugendhaften Persönlichkeiten der Sui-Dynastie. Aber aus irgendwelchen Gründen waren seine Nachfolger nicht so erfolgreich.

Auf dem südlichen Zweig scheint Hui-kuang eher ein Gelehrter denn ein Verkünder gewesen zu sein. Er war wohlbewandert in Sanskrit, da er unter Buddhabhadra und Ratnamati gelernt hatte, und er verstand die strittigen Punkte des *Dasabhumi-Sutra*. Er hatte zehn herausragende Schüler, von denen Fa-shang (495–580) der Bedeutendste ist. Die schriftstellerische Tätigkeit seiner Schüler ist ebenfalls bewundernswert. Als dann aber Tu-shun, der nominelle Begründer der Kegon-Schule, die Bühne betrat, waren die besten Schreiber allesamt von ihm angezogen. Wir können also sagen, dass die Ti-lun-Schule schließlich mit dem Aufstieg der neuen Philosophie der Hua-Yen- bzw. Kegon-Schule geeint wurde.

Mit der Kegon-Schule, welche die Ti-lun-Schule in sich aufgenommen hatte, beginnt eine Blütezeit des chinesischen Buddhismus. Der Grundstein der Kegon-Lehre wurde ein für alle Mal von dem berühmten Tu-shun gelegt. Sein ordinierter Name war Fa-shun; aber da sein Familienname Tu war, nannten ihn die Leute in der Regel Tu-shun. Er war ein berühmter Wunderwirker, und Kaiser T′ai-tsung der T′ang lud ihn in seinen Palast ein und gab ihm den Titel „Ehrwürdiger des kaiserlichen Herzens“ (帝心尊者). Er galt als eine Inkarnation von Manjusri.

Sein begabter Schüler Chih-yen (602–668), der zweite Patriarch der Schule, erlernte von ihm die gesamten Verfahren der Versenkung. Er schrieb viele Abhandlungen auf der Grundlage der Unterweisungen seines Lehrers. Einer seiner Schüler, I-hsiang (625–702) aus Simala, einem Reich in Korea, kehrte 668 in seine Heimat zurück und gründete die erste Kegon-Schule in Korea. Aber der dritte Patriarch, Fa-tsang (643–712), war der eigentliche Begründer der Schule, da er für die endgültige Systematisierung der Philosophie der Schule verantwortlich ist. Seine Aktivitäten waren aber nicht nur schriftstellerischer Art, sondern umfassen auch Übersetzungen und Lehrvorträge. Als 680 Divakara (613–687) das *Ganda-vyuha* (40 Faszikel) nach China brachte, begab sich Fa-tsang zu ihm, befragte ihn mehrmals hinsichtlich der Lehre des Textes und bat ihn, den Abschnitt über die Pilgerreise des jungen Sudhana zu übersetzen, welche in der bisherigen Übersetzung in 61 Abschnitten fehlte. Als Siksananda (652–670) aus Khotan die Ausgabe in 80 Abschnitten brachte, unterstützte ihn Fa-tsang bei seiner

Übersetzung. Er half außerdem I-ching (635–713), dem berühmten Indien-Reisenden, und Divaprajna (der in den Jahren 689–691 in China war) bei ihren Übersetzungsarbeiten. Im Jahr 704 las er über das Kegon-Sutra bei der Thron-Usurpatorin von Wu-hou. Die Inhalte seiner Vorträge zu dieser Zeit waren die „zehn Tiefgründigkeiten und die sechs Merkmale" (十玄門六相), auf die wir bald zurückkommen werden. Seine Vorträge waren oft von geistreichen Beispielen begleitet. Seine Arbeiten in Form von Kommentaren und Wörterbüchern bestehen aus 18 Arten mit mehr als 100 Faszikeln. Sein letzter Kommentar zur Ausgabe des Kegon-Sutra in 82 Abschnitten blieb unvollendet. Seine posthumen Namen oder Ehrentitel sind Hsien-Shou (賢首), „weiser Kopf" und Kuo-i (国一), „Einer des Reichs".

Einer von Fa-tsangs Schülern, Shen-hsiang aus Simala, kam im Jahr 740 nach Japan und hielt erstmalig Lesungen über die Schule. Ch'eng-kuan (760–820), ein anderer Schüler, wurde als vierter Patriarch geehrt und für seine anhaltenden Bemühungen, die Häresie des Hui-yüan, eines anderen Schülers von Fa-tsang, zurückzuweisen und die Lehren seines Lehrers zur ursprünglichen Reinheit zurückzuführen.

Ein weiterer Schüler, Tao-hsüan, kam 730 nach Japan und unterrichtete die Lehre. Bodhisena aus Zentralindien kam etwa zur selben Zeit oder etwas früher nach Nara und lehrte das *Avatamsaka-Sutra.*

Kaiser Shômu (724–748) beabsichtigte, Japan auf der Grundlage der umfassenden Grundsätze der Kegon-Schule zu regieren. Er ließ den Tôdaiji errichten, das „Große Östliche Kloster", mit einer gigantischen Bronzestatue des Buddha Mahavairocana. Diese Anlage sollte das Heiligtum für eine permanente Verkündigung der Kegon-Lehre sein. Es sind vier Begründer des Klosters bekannt, nämlich Kaiser Shômu, der Brahmane Bodhisena, der Bodhisattva Gyôgi und der Abt Rôben.

Aber trotz dieser eindrucksvollen Werke der Nara-Zeit kamen die Menschen dieser Zeit schnell zu dem Schluss, dass religiöse Institutionen und politische Regierung nicht miteinander vermischt werden sollten. Gegenwärtig ist der Tôdaiji der einzige bekannte Tempel, der zur Kegon-Schule gehört. Während der Kamakura-Zeit bemühte sich Myôe, ein gelehrter

Priester aus Toganoo in Kyoto darum, eine neue Kegon-Schule zu etablieren; später, während der Tokugawa-Zeit, bemühte sich der Kegon-Gelehrte Hôtan um eine spezielle Einrichtung. Jedoch hatten beide mit ihren Bemühungen keinen Erfolg. Allerdings wird das Studium der Avatamsaka-Lehren in allen buddhistischen Zentren in Japan bis heute fortgeführt.

Die Kegon-Schule:

1. Tu-shun (Tojun, 557–640)
2. Chih-yen (Chigen, 602–668)
3. Fa-tsang (Hôzô, 643–712)
4. Ch´êng-kuan (Chôkwan, 760–820)
5. Chen-hsiang (Shinshô), Ankunft in Japan 736
6. Rôben (689–772)

(3) Philosophie

Die all-umfassenden Grundsätze der Kegon-Schule wurden hauptsächlich in China entwickelt. Es handelt sich in der Tat um einen Höhepunkt der Gelehrsamkeit im chinesischen Buddhismus. Die Kegon-Schule basiert wie andere Schulen auch auf der Lehre von der Verursachung durch Ideation, die jedoch in der Kegon-Schule einige Besonderheiten aufweist. Sie wird als „Lehre von der universellen Verursachung der absoluten Sphäre (*dharma-dhatu*)" bezeichnet (法界縁起). Der Ausdruck *dharma-dhatu* wird manchmal als Synonym für die endgültige Wahrheit verwendet. Darum kann er auch mit „Wesen des Seienden" [*element of the elements*] übersetzt werden. An anderen Stellen bedeutet er jedoch auch so viel wie „Universum, Bereich alles Existierenden". Diese doppelte Bedeutung als Universum und universelles Prinzip muss immer im Hinterkopf behalten werden, wenn der Ausdruck gebraucht wird. Beide Bedeutungen werden zur Bezeichnung der Lehre von der Verursachung verwendet.

Die Theorie der Verursachung durch *dharma-dhatu* ist der Höhepunkt aller Verursachungs-Theorien; sie ist sowohl der Abschluss der Lehre des Abhängigen Entstehens ebenso wie eine universelle Verursachung und befindet sich bereits innerhalb der Lehre universeller Unbeständigkeit, des Pansophismus, Kosmotheismus oder wie immer sonst man sie nennen will.

Die Verursachungs-Lehre wurde, wie wir bereits gesehen haben, zunächst anhand von Handlungs-Einfluss (業感縁起) dargestellt; aber da Handlung aufgrund von Ideation entsteht, kam es als nächstes zur Lehre der Verursachung durch den Ideations-Speicher (頼耶縁起). Da aber der Ideationsspeicher und das Behältnis der Samen-Energien von irgendwo anders herkommen müssen, hatten wir als drittes die Erklärung der Verursachungs-Lehre mittels der Bezeichnung „Schoß der Soheit" bzw. *tathagata-garbha* (如来蔵). Dieser kuriose Ausdruck bezeichnet das, was den Buddha verbirgt. Aufgrund der Verborgenheit gibt es eine unreine Seite, aber aufgrund der Buddhaschaft gibt es ebenso eine reine Seite. Es handelt sich um ein Synonym für Soheit (*tathatva* oder *tathata*, nicht dieses oder jenes, *tattva*), welche im weitesten Sinne sowohl Reinheit als auch Unreinheit als Wesen hat. Durch die Energie reiner und unreiner Ursachen manifestiert sie den spezifischen Charakter des Daseins in Form von Geburt und Tod, oder als heilsam und unheilsam. Soheit durchdringt alles Sein, alles Seiende befindet sich im Zustand der Soheit. Hier wird als viertes Stadium die Lehre von der Verursachung durch *dharma-dhatu* eingeführt. Es handelt sich um die Verursachung aller Phänomene aus sich selbst heraus und meint die Entstehung des Universums; wir könnten auch von der Verursachung durch den gemeinsamen Handlungs-Einfluss aller Phänomene sprechen. Komprimiert betrachtet ist das Universum eine Manifestation der Soheit oder des So-Gekommenen. Ausführlich betrachtet handelt es sich jedoch um die Manifestation des Universums aus sich selbst heraus und um nichts anderes.

Dharma-dhatu – in seiner doppelten Bedeutung als Sphäre des Grundsätzlichen und als Wesen des Seienden – ist identisch mit dem Schoß der Soheit (*tathagata-garbha*) und auch mit dem Universum oder der tatsächlichen Welt, d.h. dem Bereich aller Phänomene. Die Verursachung kann dementsprechend im zweifachen Sinne verstanden werden. Das Abhängige Entstehen (*pratitya-samutpada*) der *dharma-dhatu* ist dann die Lehre, dass das gesamte Universum zueinander in Beziehung steht, wechselseitig voneinander abhängig und gegenseitig hervorbringend ist, ohne dass irgendein Phänomen unabhängig aus sich selbst besteht. In der zwölfgliedrigen Kette der Verursachung wurde die „Abhängigkeit von etwas Vorangehendem" gelehrt, und damit eine zeitlich Folge. In der universellen Verursachung hingegen ist es eine simultane Abhängigkeit von allem untereinander, und daher in einem räumlichen Sinne zu verstehen.

Entsprechend der kritischen Klassifizierung buddhistischer Lehren der Tendai-Schule gibt es fünf Aspekte der Lehre (五教), welche weiter in zehn Lehren (十宗) unterteilt sind. Während der frühen Blütezeit des Buddhismus in China wurden viele kritische Einteilungen des Buddhismus vorgeschlagen, aber da sie nur verwirrend sind, habe ich darauf verzichtet, sie vorzustellen. Hier finden wir nun erstmalig eine umfassende und klare Einteilung, und ich halte es für lohnenswert, sie genauer zu betrachten.

Die fünffache Einteilung der buddhistischen Lehren

1. Die Lehre des Kleinen Fahrzeugs (小教乗)
Diese bezieht sich auf die Lehre der vier Agamas. Obwohl sie die Existenz eines individuellen Selbst ablehnen (*pudgala-sunyata*), sind sie realistisch eingestellt und erkennen die Existenz der einzelnen Daseinsfaktoren (*dharma*) an. Sie vertreten die Ansicht, dass Nirvana völlige Auslöschung bedeutet, und doch verstehen sie nicht viel von der Unwirklichkeit aller Phänomene (*dharma-sunyata*), wie z.B. die Kusha-Schule. Hinsichtlich der Verursachungs-Lehre vertreten sie einen Handlungs-Einfluss. Diese Lehre kann als kleines Fahrzeug für die Einfältigen (愚法乗) bezeichnet werden.

2. Die rudimentäre Lehre des Großen Fahrzeugs (大乗始教)
Darin werden zwei Stufen unterschieden. Erstens, die rudimentäre, auf dem spezifischen Charakter aller Phänomene (*dharma-laksana*) basierende Lehre (相始教), wie z.B. in der Hossô-Schule; zweitens die rudimentäre, auf der Negation aller Phänomene (*dharma-sunyata*) basierende Lehre (空始教), wie z.B. in der Sanron-Schule. Da beide nicht die Buddha-Natur (*buddha-svabhava*) aller Lebewesen anerkennen, werden sie als rudimentär angesehen.

Die erstere, die Hossô-Schule, führt die Lehre von der Verursachung durch Ideation auf der Grundlage phänomenaler Kennzeichen fort und erkennt nicht die Einheit von individueller Tatsache und Grundlegendem. Da sie weiterhin an der Unterscheidung von fünf Arten von Menschen festhält, erkennt sie nicht an, dass alle Menschen die Buddhaschaft erreichen können. Die zweite, die Sanron-Schule, vertritt hingegen eine einseitige Ansicht von der Leere auf der Grundlage der „individuellen Natur" (*svabhava-alaksana*) oder der nicht-verweilenden Natur. Sie gibt jedoch die Einheit von Sein und Nicht-Sein zu und bestätigt, dass Menschen aller drei Fahrzeuge (*yana*) oder aller fünf Arten (*gotra*) dazu fähig sind, die Buddhaschaft zu erreichen. Mit dieser Auffassung geht die Sanron-Schule einen Schritt weiter in Richtung der endgültigen Mahayana-Lehre.

3. Die endgültige Lehre des Großen Fahrzeugs (大乗終教)
Dies ist die abschließende Lehre von der Soheit aller Gegebenheiten (*dharma-tathata*), welche die Ansicht vertritt, dass alle Lebewesen die Buddha-Natur besitzen und Buddhaschaft erreichen können, entsprechend der Lehren des *Lankavatara-Sutra*, des *Mahaparinirvana-Sutra* und des *Mahayana-sraddhotpada-Sastra*. Die Tendai-Schule gehört dieser Stufe an.

Durch diese Lehren wird die endgültige Wahrheit des Mahayana dargestellt. Darum werden sie auch die „reife Lehre" (熟教) genannt. Da sie mit der Realität übereinstimmen, werden sie auch als „wahre Lehre" (実教) bezeichnet. In der rudimentären Lehre sind individuelle Tatsachen und Grundlegendes immer voneinander getrennt, während sie in der endgültigen Lehre immer miteinander identifiziert werden – die beiden sind eins. Die Verursachungs-Lehre durch den *tathagata-garbha* ist für diese Lehre kennzeichnend. Sie wird auch Lehre von der Verursachung durch Soheit (*tathata*) genannt.

4. Die plötzliche Lehre des Großen Fahrzeugs (大乗頓教)
Diese bezieht sich auf die Übung ohne Worte und Anleitungen, direkt auf die eigene Einsicht abzielend, wodurch man auf einmal vollkommene Erleuchtung erlangen kann. Alle Worte und jede Rede kommt unvermittelt zu einem Ende. Der Geist zeigt sich in seiner Reinheit, und jegliches Handeln ist in Übereinstimmung mit Weisheit und Wissen – wenn das Denken im

Geist aufhört, ist man ein Buddha. Solch eine Erlangung kann durch Stille wie die von Vimalakirti, einem heiligen Laienanhänger aus Vaisali, oder durch Zen-Meditation erreicht werden, wie im Fall von Bodhidharma, dem indischen Priester und Begründer der chinesischen Zen-Schule. Es wird keine besondere Ansicht von der Verursachung gelehrt, da keine eigene Methodik vorhanden ist.

5. Die runde Lehre des Großen Fahrzeugs (大乗円教)
Hier werden noch einmal zwei Grade unterschieden:

A. Das „Eine Fahrzeug", *ekayana* (一乗), der „Lehre der Identität" (同教), in welchem das Eine Fahrzeug auf die gleiche Weise gelehrt wird wie die drei anderen Fahrzeuge. Die drei Fahrzeuge, wie sie die Kegon-Schule unterscheidet, sind anders als die üblichen drei [Hinayana, Mahayana, Vajrayana]: Es sind 1. das Kleine Fahrzeug; 2. das stufenweise Fahrzeug (a. das rudimentäre und b. das endgültige Mahayana); 3. das plötzliche Fahrzeug (z.B. Zen).

Das Eine Fahrzeug der Kegon-Schule umfasst alle anderen Fahrzeuge. Die drei Fahrzeuge werden der Zweckmäßigkeit halber gelehrt, um die Aspiranten vorzubereiten. Die drei Fahrzeuge gehen aus dem Einen Fahrzeug hervor und werden mit derselben Methode gelehrt. In der Lehre von der Identität werden zwei Aspekte unterschieden, einer innerhalb der Meditation (定内) und einer außerhalb der Meditation (定外). Die Versenkung, in welcher sich der Buddha befand, unmittelbar bevor er die Lehre des *Avatamsaka-Sutra* verkündete, war die „Ozean-Meeresspiegel-Versenkung" (*sagaramudra*), welche alle Lehren, die er während seines ganzen Lebens verkünden würde, und alle Wesen, die er während der 50 Jahre seiner Lehrtätigkeit bekehren würde, unmittelbar und ganz widerspiegelt, so wie alle Bilder in einer ruhigen See reflektiert werden (海印三昧一時炳現). Die anderen Lehren wurden verkündet, als er sich nicht in Versenkung befand.

Die Avatamsaka-Lehre ist die Verkörperung der Erleuchtung des Buddha, wie sie von ihm selbst erfahren und wahrgenommen wird. Die anderen

Lehren werden verkündet, um der jeweiligen Situation zu entsprechen. Die Kegon-Schule sieht sich daher als die allen zugrundeliegende Lehre.

B. Das Eine Fahrzeug der „Unterschiedenen Lehre“ (別教), in welchem das Eine Fahrzeug gänzlich für sich und unabhängig von anderen Schulen weitegeführt wird, wie im Fall der Lehre der Kegon-Schule, in welcher die totale aufeinander bezogene Abstimmung und gegenseitige Abhängigkeit der Welt ausgeführt wird. Das Eine Fahrzeug ist höher angesiedelt als die drei gewöhnlichen Fahrzeuge. Das Eine Fahrzeug gilt als wirklich, während die anderen drei nur vorübergehende Gültigkeit besitzen (三権一実).

Indem sie so die gesamten Lehren des Buddha analysiert hat, wurde die Kegon-Schule begründet und systematisiert. Inhalt ihrer Lehren ist die Errichtung eines aufeinander abgestimmten Ganzen aller Wesen, mit dem vollkommen erleuchteten Buddha als Zentrum. Das totalistische Prinzip des Avatamsaka basiert weiterhin auf der Lehre der Selbstlosigkeit, der Verursachung durch reine Ideation und dem Glauben an die in allen Wesen schlummernde Buddha-Natur.

Darüber hinaus werden zehn Lehren als Unterteilung der fünf Lehren aufgezählt. Diese sind:

1. Die Existenz sowohl von Selbst (*atman*) und Phänomenen (*dharma*), wie sie von der ungewöhnlichen, fast schon nicht-buddhistischen Vatsiputriya-Schule (犢子部) zugestanden wird (我法倶有宗).
2. Die Existenz der Phänomene und die Nicht-Existenz eines Selbst (法有我無宗), die Realität der drei Zeiten (三世実有) und die Wirklichkeit aller Phänomene (法体恒有). Diese Lehren werden von der Sarvastivada-Schule zugegeben.
3. Alle Phänomene sind ohne Kommen und Gehen (法無去来宗), die Gegenwart ist wirklich, Vergangenheit und Zukunft sind unwirklich (現在実有過未無体). Diese Lehre wird von den Mahasanghika vertreten.

4. Die Gegenwart ist sowohl wirklich wie unwirklich (現通仮実宗). In der Wirklichkeit der Gegenwart sind die fünf Gruppen (*skandha*) – Form, Wahrnehmung, Gefühl, Gestaltung und Bewusstsein – real, aber die zwölf Grundlagen (*ayatana*) und die 18 Bereiche (*dhatu*) sind vergänglich und unwirklich. Diese Lehre wird von der Prajnaptivada-Schule vertreten.
5. Die gewöhnliche Wahrheit (*laukiya* bzw. *samvriti-satya*) ist falsch, aber die höhere Wahrheit (*lokottara* bzw. *paramartha-satya*) ist wirklich (俗妄真実宗). Diese Lehre wird von der Lokottaravada-Schule vertreten.
6. Alle Phänomene existieren nur nominell (*akhyati matra* oder *nama matra*) bzw. dem Namen nach (諸法但名宗). Alle Faktoren sind lediglich Bezeichnungen und besitzen keine eigene Wirklichkeit. Diese Lehre vertritt die Ekottiya-Schule.
7. Alle Phänomene sind leer oder frei von spezifischen Kennzeichen (*sarva dharma sunyata* bzw. *sarva sunyata*) (一説皆空宗), wie es die *Prajnaparamita-Sutra* lehren oder die Sanron-Schule. Dies ist die Mahayana-Lehre, welche die spezifischen Kennzeichen (*laksana abhava*) nicht anerkennt.
8. Die Beschreibung der Soheit als nicht leer (真徳不空宗). Obwohl die Soheit ohne bestimmte Kennzeichen ist, verfügt sie dennoch über unzählige Potentialitäten, aus denen sich alle bestimmten und unterschiedenen Phänomene entwickeln. Diese Lehre wird von der endgültigen Mahayana-Schule (der Tendai-Schule) und im *Mahayana-sraddhotpada-Sastra* verteten.
9. Das Stadium, in welchem die Unterscheidung zwischen subjektiver Ideation und objektiver Realität völlig aufgehoben ist (相想俱絶宗), der Zusammenfall von Subjekt und Objekt, der Zustand ohne spezifische Kennzeichen und frei von Wahrnehmung und Denken. Hierher gehören alle Lehren von der Unmittelbarkeit, besonders die Zen-Schule.

10. Die „runde und strahlende“ Lehre, in der alle Eigenschaften sich zu einem harmonischen Ganzen zusammenfügen (円明具徳宗), wie in der Kegon-Schule.

Eine kritische Einteilung der Auslegungen der Lehre Buddhas wurde erstmals von Ki (K´uei-chi, 632–682) unternommen, einem Schüler von Hiuen-tsang (Hsüan-tsang, 596–664). Es handelte sich um eine Einteilung in acht Lehren. Die gegenwärtige Einteilung in zehn Lehren ist eine Modifikation davon. Von diesen zehn gehören die ersten sechs dem Hinayana an, wobei fünf und sechs als Quasi-Mahayana gelten können, und sieben bis zehn sind reine Mahayana-Lehren.

Die vier Daseinsbereiche des Universums in der Kegon-Schule entsprechen grob den fünf kritischen Unterteilungen der Lehren Buddhas. Das Universum ist vierfach als:

1. Die Welt der Tatsachen (事法界); die faktische, praktische Welt. Sie steht für die Hinayana-Lehren.
2. Die Welt des Grundsätzlichen bzw. die ideelle Welt (理法界). Sie wird durch die Sanron- und Hossô-Schule repräsentiert, welche das Grundsätzliche als getrennt vom Einzelnen ansehen.
3. Die Welt der Einheit von Grundsätzlichem und Einzelnem, oder die realisierte ideale Welt (理事無碍法界). Sie entspricht den Lehren des *Mahayana-sraddhotpada-Sastra* und der Tendai-Lehre, welche die Identität des Singulären und des Prinzipiellen lehren.
4. Die Welt aller Realitäten oder Tatsachen, die sich in vollständiger und wechselseitiger Harmonie zueinander befinden (事事無碍法界). Sie wird durch die Kegon-Schule verkörpert, welche lehrt, dass alle getrennten Tatsachen und Wirklichkeiten ein harmonisches, einander durchdringendes und wechselseitig identifizierendes Ganzes bilden (相入相即), um so die ideale Welt der Einen Wahrheit zu realisieren.

Grundsätzlich sollte es nicht schwer sein, eine der Theorie entsprechende Praxis zu finden; aber es ist das Leid des Menschen, dass manche sich zu viel mit der Theorie beschäftigen und andere zu viel mit der Praxis. Darum ist eine vernünftige Lösung notwendig. Darüber hinaus steht in der Welt der Fakten oftmals eine Übung im Gegensatz zu einer anderen Übung, eine Tatsache steht einer anderen, ein Anliegen einem anderen, ein Individuum einem anderen, eine Gruppe einer anderen oder eine Nation einer anderen gegenüber. So ist das Bild der Welt des Individualismus, und dadurch zerbricht die ganze Welt in Stücke. Aber reiner Kollektivismus oder Solidarität können die Übel im Leben der Menschen nicht beseitigen. Um einen solchen Zustand zu harmonisieren und alles glatt gehen zu lassen, muss eine Welt gegenseitiger Verlässlichkeit und Bedingtheit geschaffen werden. Solch eine ideale Welt wird eine Welt genannt, in der sich Fakten und faktische Welt in perfekter Harmonie befinden (事事無碍法界).

Um die Möglichkeit einer solchen Welt zu erhellen, werden die „zehn tiefgründigen Tore" (十玄門) formuliert:

1. Die Lehre der gegenseitigen Bezogenheit, der zufolge alle Dinge gleichzeitig entstehen und bestehen (同時具足相応門). Alle Phänomene sind nicht nur simultan-existent im Raum, sondern auch hinsichtlich der Zeit. Es gibt keine Trennung von Vergangenheit, Gegenwart und Zukunft; jede einzelne Zeitphase enthält auch die beiden anderen. Die Phänomene, die räumlich getrennt und zeitlich auseinander liegend erscheinen, werden zusammengeführt, um eine Einheit zu bilden – vom Standpunkt einer universellen Sichtweise.
2. Die Lehre der vollkommenen Freiheit, in der alle Wesen, „weit und schmal", einander ohne Hindernisse durchdringen (広狭自在無碍門). Die Fähigkeit aller Wesen bezüglich Ausdehnung und Zusammenziehung ist gleichermaßen unbegrenzt. Eins und Alle sind frei austauschbar und ununterbrochen.

3. Die Lehre der wechselseitigen Durchdringung ungleicher Phänomene (一多相容不同門). Alle unterschiedlichen Existenzweisen haben etwas gemeinsam. Vieles in Einem, Eines in Vielen, und Alles in Einheit.
4. Die Lehre der Freiheit – d.h. Freiheit von endgültigen Unterscheidungen –, in der alle Faktoren miteinander identifiziert werden (諸法相即自在門). Gegenseitige Identifizierung bedeutet in Wirklichkeit Selbst-Verleugnung. Indem man sich mit jemand anderem identifiziert, kann man sich mit jemand anderem vereinen. Sich selbst negieren und sich mit jemand anderem identifizieren ergibt eine synthetische Identifikation. Dabei handelt es sich um eine spezielle Praktik des Mahayana. Sie wird auf alle Theorien und Praktiken angewendet. Zwei einander entgegengesetzte oder unvereinbare Gegebenheiten werden miteinander gleichgesetzt. Durch diese Methode lässt sich oftmals eine glückliche Lösung eines Problems erreichen. Als Ergebnis der gegenseitigen Durchdringung und Identifizierung steht das Konzept von Einem in Allen, Alles in Einem, Eines hinter Allem, Alles hinter Einem, das Große und das Kleine, das Hohe und das Niedrige, welche sich harmonisch miteinander bewegen. Selbst der bescheidenste Anteil, den jemand an einer Aufgabe übernimmt, bedeutet, dass er nicht alleine oder unabhängig ist. Es ist die Welt des vollständigen aufeinander Abgestimmt-Seins.
5. Die Lehre der Komplementarität, durch welche das Verborgene und das Manifeste das Ganze durch gegenseitiges Stützen ergeben (隠密顕了俱成門). Wenn das eine Innen ist, ist das andere Außen und umgekehrt. Beide Seiten zusammen ergänzen einander und ergeben das Ganze.
6. Die Lehre der Erzeugung durch gegenseitige Durchdringung von kleinen und feinen Faktoren (微細相容安立門). Grundsätzlich gilt, je kleiner und feiner etwas ist, umso schwieriger ist es zu erkennen. Was so fein und klein ist, dass es sich jenseits

des menschlichen Wahrnehmungsvermögens befindet, erfüllt dennoch die Lehre des Einen in Vielem und des Vielen in Einem.

7. Die Lehre des gegenseitigen Reflektierens, wie im Bereich von Indras Netz (ein Netz mit funkelnden Diamanten an jedem Knoten des Netzes), wo die Juwelen ihren Glanz gegenseitig widerspiegeln; auf dieselbe Weise durchdringen und spiegeln die Gegebenheiten der Welt einander (因陀羅網境界門).
8. Die Lehre von der Erhellung der Wahrheit durch tatsächliche Beispiele (託事顯法生解門). Die Wahrheit manifestiert sich in realen Gegebenheiten, und reale Gegebenheiten sind die Quelle der Erleuchtung.
9. Die Lehre der zahlreichen vollendeten zehn Zeitperioden, die ein Sein ergeben (十世隔法異成門). Jede Zeitphase der Vergangenheit, Gegenwart und Zukunft enthält alle drei Zeiten, was insgesamt neun Phasen ergibt, die eine Einheit bilden – neun und eins, zehn insgesamt. Die zehn Phasen sind allesamt getrennt und doch einander durchdringend und vollenden das Alles-in-Einem-Prinzip. Alle anderen Lehren sind hauptsächlich mit der gegenseitigen Durchdringung auf „horizontaler Ebene“ beschäftigt, aber diese Lehre behandelt die vertikale Verknüpfung oder zeitliche Dimension. Sie besagt, dass alle Wesen, welche durch die neun Zeitperioden getrennt sind, jede in sich selbst vollständig, in einer Periode gegenseitig miteinander verbunden sind – in der einen, aus den neun anderen gebildete Phase.
10. Die Lehre der Vollendung der Tugenden, durch welche Herr und Untertan harmonisch und fröhlich zusammenwirken. Wenn einer der Herr ist, fungieren alle anderen als Gefolge, d.h. entsprechend dem Eines-in-Allem und Alles-in-Einem-Grundsatz bilden sie tatsächlich ein Ganzes und durchdringen einander.

Die obigen zehn Punkte werden die „Neuen tiefgründigen Lehren" genannt. Die alten Lehren, welche von Tu-shun an Chih-yen überliefert wurden, hat Fa-tsang reformiert; und diese reformierte Version, die „Neuen tiefgründigen Lehren", werden seitdem von der Schule als autoritativ angesehen. Sie sind einigermaßen kompliziert, aber die Lehren von der gegenseitigen Bezogenheit (1), gegenseitigen Durchdringung (3), gegenseitigen Identifizierung (4) und der Vollendung der allgemeinen Tugend (10) sind mit besonderer Aufmerksamkeit zu studieren, da sie das Alles-in-Einem und Eines-in-Allem-Prinzip dieser Schule illustrieren.

Als nächstes haben wir die „Sechsfache spezifische Natur aller Phänomene" (六相). Es handelt sich um:

1. Universalität (総相) und 2. Eigenheit (別相) hinsichtlich des Wesens selbst; 3. Gleichheit (同相) und 4. Verschiedenheit (異相) bezüglich der Beziehung der Dinge untereinander; 5. Integration (成相) und 6. Differenzierung (壊相) hinsichtlich der Entwicklung.

Als Beispiel nehmen wir den Menschen. Alle menschlichen Wesen sind Seins-Einheiten.

1. Universalität: Sie sind aus den fünf Gruppen zusammengesetzt.
2. Eigenheit: Die Organe der verschiedenen Wesen haben ihre Eigenheit hinsichtlich ihrer Funktionstüchtigkeit. Alle Menschen haben Augen, aber nicht alle Augen sehen gleich gut.
3. Gleichheit: Alle Organe sind gleich als Organe, oder im Sinne des Aufeinander-Bezogen-Seins in einem Organismus.
4. Verschiedenheit: Aber jedes Organ ist auch verschieden von den anderen, insofern als es eine besondere Beziehung zum Ganzen besitzt.
5. Integration: Alle Organe arbeiten zusammen, um das Wesen als Ganzes zu vollenden.
6. Differenzierung: Aber jedes Organ in seiner ihm eigenen Position übt seine eigene, differenzierte Wirkung aus.

Universalität ist die Summe der einzelnen Teile, während Eigenheit die spezifischen Teile meint, welche das Ganze ergeben. Gleichheit bedeutet, dass alle Eigenheiten die gleiche Fähigkeit besitzen, an der Konstituierung des Ganzen mitzuwirken. Verschiedenheit bezieht sich darauf, dass die Eigenheiten ungeachtet ihres gegenseitigen Zusammenwirkens dennoch ihre spezifischen Eigenheiten bewahren. Integration bedeutet, dass die Eigenheiten, obwohl sie spezifisch sind, durch ihre Vereinigung die Universalität ergeben. Differenzierung besagt, dass die Eigenheiten, obwohl sie die Universalität bewirken, nicht ihren spezifischen Charakter verlieren. Mit Blick auf ein Gebäude meint Universalität das ganze Haus; das eine Haus besteht aus vielen spezifischen Teilen. Eigenheit bezieht sich auf die Teile selber; die vielen Teile sind nicht ein einziges Teil, aber sie sind auch nicht verschieden von dem einen ganzen Haus. Gleichheit bedeutet, dass alle Teile nicht im Konflikt miteinander liegen und dass sie alle zusammen das Haus ergeben. Verschiedenheit besagt, dass alle Teile des Hauses dennoch ihre spezifische Eigenheit behalten. Integration ist die vollkommene Einheit aller Teile, eine gegenseitige Verursachung des Einen (des Hauses) und des Vielen (seiner Teile). Differenzierung meint, dass alle Teile, die alle an ihren korrekten Positionen bleiben, ihre Eigenheiten behalten.

Die sechsfache Natur verweist darauf, dass keine Gegebenheit für sich alleine und unabhängig existiert; jede Gegebenheit trägt die sechsfache Natur in sich. Die Lehre der sechsfachen Natur ist daher notwendig, um die zehn tiefgründigen Tore angemessen zu verstehen.

Von der sechsfachen Natur haben 1, 3 und 5 die Eigenart der Gleichsetzung und Vereinigung, während 2, 4 und 6 unterscheiden und aufteilen. Jede Gegebenheit besitzt die sechsfache spezifische Natur, und das Alles-in-Einem und Eines-in-Allem wird durch die zehn tiefgründigen Tore erläutert.

Die Grundlage auf der die zehn tiefgründigen Tore basieren wird noch weiter erklärt. Dabei handelt es sich um grundlegende buddhistische Ansichten, und zwar die folgenden zehn:

1. Da alle Wesen und alle Phänomene sich durch Ideation manifestieren, ist ihre Quelle dieselbe.
2. Da alle Wesen ebenso wie alle Phänomene keine festgelegte Natur besitzen, können sie sich frei bewegen; Selbstlosigkeit ist die letztgültige Wahrheit.
3. Da die Verursachungs-Lehre gegenseitige Abhängigkeit und Bezogenheit bedeutet, steht alles miteinander in Beziehung.
4. Da die eigentliche Wirklichkeit (*dharmata*) und die Buddha-Natur (*buddha-svabhava*) allem gleichermaßen zu eigen ist, haben sie auch dieselben Notwendigkeiten.
5. Da die Welt der Erscheinungen als Traum oder Illusion angesehen wird, kann die Welt der Einen-Wahrheit ohne irgendwelche Hindernisse ausgeformt werden.
6. Da es heißt, dass die Welt der Erscheinungen wie ein Schatten oder ein Gleichnis ist, kann die Welt der Einen-Wahrheit in jeder erdenklichen Weise gestaltet werden.
7. Da in der Erleuchtung des Buddha die Ursachen der Erzeugung als grenzenlos erkannt werden, sind die Wirkungen vielfältig und unbegrenzt, aber ohne dass sie sich gegenseitig behindern würden; vielmehr arbeiten sie zusammen, um ein harmonisches Ganzes zu ergeben.
8. Da die Erleuchtung des Buddha endgültig und vollständig ist, ist die Verwandlung der Welt nach seinem Willen möglich.
9. Aufgrund der Wirkung der tiefgründigen Versenkung des Buddha ist ihm die Verwandlung der Welt nach seinem Willen möglich.
10. Wegen der übernatürlichen Kräfte, welche mit der Erlösung einhergehen, kann er die Welt nach seinem Willen gestalten.

Von diesen zehn Punkten sind die ersten vier am wichtigsten und leicht zu verwirklichen.

Das Prinzip des „Alles-in-Einem und Eines-in-Allem" (gegenseitige Durchdringung) basiert auf Funktion, Handlung, Wirkung oder Effektivität, während der Grundsatz „Eines-ist-Alles und Alles-ist-Eines" (gegenseitige

Identifikation) entsprechend den Dingen oder Wesen selbst dargelegt wird, oder gemäß den für sie charakteristischen Kennzeichen (*svalaksana*).
Die zehn Lehren bewirken wechselweise die Manifestation der idealen Welt, und eine solche Verursachungs-Lehre wird „Verursachung durch die zehn Lehren" genannt. Die Lehre der Verursachung wird, wie wir oben gesehen hatten, auch als Verursachung durch die Sphäre der Wirklichkeit (*dharma-dhatu*) bezeichnet. Diese Verursachungen sind letzten Endes Verursachungen nur durch den Geist (唯心縁起), d.h. reiner Idealismus. Die besondere Verursachungs-Lehre der Kegon-Schule bedeutet allgemeine Wechselwirkung, umfassende Abhängigkeit, und die überall gültige Durchdringung von Ursache und Wirkung. Daraus ergibt sich von Beginn an ein vollkommenes Ganzes, ohne irgendein für sich allein stehendes Phänomen – der allumfassende Kreis (*mandala*) und der Kreis dauerhafter Bewegtheit wird erleuchtet durch das Große Mitgefühl des Sonnen-Buddha (Vairocana).

Tatsächlich ist dies die Welt des dynamischen Werdens auf der Grundlage der Selbstlosigkeit. Die ideale Welt in ihrer Vollkommenheit wird „Lotos-Speicher-Welt" (蓮華蔵世界) oder „Welt der Einen Wahrheit" (一真法界) genannt, oder auch die durch den Buddha, den vollkommen Erleuchteten, erleuchtete Welt.

Die „Zehn Stufen des Bodhisattva" (菩薩十地), deren Grundlegung sich im *Dasabhumi-Sutra* dieser Schule findet, sind lediglich Eselsbrücken für gewöhnliche Menschen, welche keine Erfahrung mit dem Pfad des Nicht-mehr-Lernens (*asaiksa-marga*) besitzen. Diese Stufen des Mahayana sollen verkündet worden sein, um die Entwicklung und den Rang des *bodhisattva* von denjenigen der *sravaka* („Hörer") und *pratyeka-buddha* („Selbst-Verwirklicher") zu unterscheiden:

Die erste Stufe ist die „Stufe der Freude", *pramudita-bhumi* (歓喜地), in der man die heilige Natur erstmalig erkennt und voller Freude ist. Die falschen Ansichten über das Dasein sind entfernt (*darsana-marga*), und die zweifache Leere von Selbst (*pudgala*) und Phänomenen (*dharma*) ist durchdrungen.

Auf der zweiten Stufe, der „Stufe der Reinheit“ oder *vimala-bhumi* (離垢地), wird die Vollendung der Sittlichkeit (*sila*) erlangt, und man wird frei von jeglichen moralischen Befleckungen.

Auf der dritten Stufe, der „Stufe der Erleuchtung“ oder *prabhakari-bhumi* (発光地), erlangt man die Vollendung der Geduld (*ksanti*), wird frei von den Fehlern bezüglich der Lebensgestaltung (*bhavana-marga*) und erreicht die tiefste meditative Versenkung.

Die vierte Stufe ist die „Stufe der flammenden Einsicht“ oder *archismati-bhumi* (焔慧地), auf der man die Vollendung der Tatkraft (*viriya*) erlangt und die Kraft der Erkenntnis mehr und mehr anwächst.

Auf der fünften Stufe, der „Stufe höchster Unbesiegbarkeit“ bzw. *sudurjaya-bhumi* (極難勝地), erreicht man die Vollkommenheit der Sammlung (*samadhi*), und indem man so die mentalen Tätigkeiten vollendet, auch das damit einhergehende Verständnis der zwei Wahrheiten (konventionelle und endgültige Wahrheit).

Die sechste Stufe ist die „Stufe geistiger Präsenz“ oder *abhimukhi-bhumi* (現前地), auf der man die Vollkommenheit der Weisheit (*prajna*) verwirklicht und für immer gleichmütig gegenüber Reinheit und Unreinheit wird.

Die siebte Stufe, die „Stufe des Weit-Reichens“ oder *durangama-bhumi* (遠行地), ist die Stufe, die am weitesten entfernt ist vom selbstbezogenen Zustand der zwei Fahrzeuge. Hier erlangt man die Vollkommenheit der Mittel (*upaya*) und beginnt, in umfassender Weise für das Wohl der anderen Wesen zu wirken.

Auf der achten Stufe, der „Stufe der Unbewegbarkeit“ oder *acala-bhumi* (不動地), vollendet man die Vollkommenheit der Gelübde (*pranidhana*), verweilt in der Sichtweise ohne Merkmale (*alaksana*) und begibt sich den Erfordernissen entsprechend ungehindert an jeden Ort.

Die neunte Stufe ist die „Stufe der verdienstvollen Weisheit“ oder *sadhumati-bhumi* (善慧地), auf der man die zehn Kräfte erlangt, die Vollkommenheit der Kräfte vollendet und überall die Lehre verkündet mit Hinsicht darauf, wer gerettet wird und wer nicht.

Die letzte Stufe ist die „Stufe der Wolke der Wahrheit“ oder *dharmamegha-bhumi* (法雲地), auf der man befähigt wird, die Lehre gleichermaßen allen Wesen zu verkündigen, so wie Regenwolken während einer Dürre starke Schauer niedergehen lassen. Dies ist letztendlich die Stufe eines Buddha, der sich als Bodhisattva verkörpert.

Diese zehn Stufen werden im „Blumengirlanden-Sutra“ (*Kegon-kyô*) beschrieben, und sie sind einzigartig für das Mahayana. Obwohl es sich um aufeinander folgende Stufen eines Bodhisattva handelt, können sie auch zu praktischen Zwecken von Aspiranten benutzt werden, welche die Meditation studieren oder praktizieren, um in der Zukunft die heiligen Stufen zu durchlaufen.

Davon abgesehen gibt es sowohl im Hinayana wie im Mahayana weitere unterschiedliche Auflistungen; die obige ist repräsentativ für die zehn Stufen eines Bodhisattva.

IX. Die Tendai-Schule (Die Lotos-Schule)

Phänomenologisch, Mahayana

(1) Einleitung

Tendai (T′ien-t′ai) ist der Name eines Berges in T′aichou in Südchina. Dort lebte während der Ch′en- und Sui-Zeit der große Gelehrte Chih-i (531–597) und unterrichtete seine Schüler. Die von ihm begründete Schule wird für gewöhnlich nach dem Berg als T′ien-t′ai-Schule bezeichnet; korrekt wäre jedoch *Fa-hua* bzw. *Hokke* (法華), nach *Saddharma-pundarika* (妙法蓮華経), dem Titel der Schrift, von der sich die Lehren der Schule ableiten – *fa hua* ist dabei die Übersetzung des Titels in Chinesische.[38] Wir sprechen häufig von der Lotos-Schule, da „Lotos des guten Gesetzes" die vollständige Übersetzung des Titels lautet.

Vor der Gründung der Schule gab es eine Beschäftigung mit dem *Lotos-Sutra* bereits seit dem Jahr 300, und es wurden an vielen Orten Lesungen darüber gehalten. Ein Kommentar in vier Bänden wurde von Chu Fa-tsung erstellt; aber die eigentliche Erforschung der Inhalte und Lehren des Textes begann erst nach der Übersetzung des Textes von Kumarajiva im Jahr 406.

Anhand der vielen, im fünften Jahrhundert geschriebenen Kommentare von seinen Schülern und Nachfolgern können wir uns ein gutes Bild davon machen, in welchem Ausmaß und wie intensiv das Studium dieses Textes betrieben wurde. Zu dieser Zeit wurden acht vollständige Kommentare sowie zahlreiche Einzelstudien zu bestimmten Aspekten der Lehre verfasst.

Obwohl die Studien, d.h. die Übersetzungsarbeiten und Kommentare, im Norden des Landes begannen, blühte die Lehre der Schule v.a. im Süden; eine Begebenheit, welche schließlich zur Gründung der Tendai-Schule führte.

---

[38] [Fußnote im Original] Englische Übersetzung von H. Kern: *The Saddharma-Pundarika, or the Lotus of the True Law*, Sacred Books of the East, Vol. XXI, London 1884 und von W.E. Soothill: *The Lotus of the Wonderful Law*, London 1930. [Neuübersetzung ins Deutsche: Borsig, Margareta von, *Lotos Sutra – Das große Erleuchtungsbuch des Buddhismus*; Freiburg im Breisgau 2003].

Wir müssen uns bewusst sein, dass der Text des *Lotos-Sutra* ursprünglich von Kumarajiva in sieben Bänden mit 27 Kapiteln übersetzt wurde. Fahsien brach auf der Suche nach einem weiteren Kapitel im Jahr 475 nach Indien auf. Als er Khotan erreichte, entdeckte er das Kapitel über Devadatta, einen Cousin und Verräter des Buddha. Er kehrte zurück und bat Fa-i, einen Inder, es zu übersetzen. Diese Übersetzung wurde später dem ursprünglichen Text hinzugefügt. Somit gibt es in der gegenwärtigen Fassung des Lotos-Sutra 28 Kapitel.

Die Lehren des *Nirvana-Sutra* waren ein weiterer, faszinierender Gegenstand der Gelehrsamkeit jener Zeit. Tao-sheng, der sich bereits beim Studium des *Lotos-Sutra* hervorgetan hatte, war auch ein Wortführer in der Erläuterung des Nirvana-Ideals. Beim Lesen des alten *Nirvana-Sutra* in sechs chinesischen Bänden führte er die Lehre fort, dass die *icchantika* (ein Gruppe von Menschen, welche ohne Buddha-Natur und dazu bestimmt sind, die Stufe der Buddhaschaft nicht erreichen zu können) ebenfalls Buddhaschaft erlangen können. Kurz darauf wurde eine Sanskrit-Version des *Mahaparinirvana-Sutra* (Taishô Nr. 1527) eingeführt und übersetzt. Darin fand sich ebenfalls die Lehre, dass die *icchantika* die Buddhaschaft erreichen können. Die Menschen waren erstaunt über seine tiefe Einsicht, und er war ebenfalls befriedigt. Bald darauf verfasste er einen Kommentar zum *Nirvana-Sutra*. Seine andere Lehre über die plötzliche Erlangung der Buddhaschaft (頓悟) ist gleichermaßen berühmt.

Obwohl das Studium des *Nirvana-Sutra* im Norden und Süden des Landes weiter betrieben wurde, erfolgte die Gründung der Nirvana-Schule im Süden des Landes, wo die fähigsten Gelehrten lebten. Als die T'ien-t'ai-Schule aufkam, nahm sie den südlichen Zweig der Nirvana-Schule in sich auf.

Beim Nirvana handelt es sich sowohl nach Ansicht des Hinayana wie des Mahayana nicht einfach um einen physischen Tod. Selbst im Pali-Buddhismus heißt es, dass der Eintritt ins Nirvana der freien Entscheidung des Buddha unterlag. Das Mahayana geht einen Schritt weiter und behauptet, dass seine Geburt und Tod nur mehr Manifestationen seines geistigen Körpers sind, welcher permanent existiert. Der Begriff „Geistkörper" lautet in Sanskrit *dharma-kaya*. Der Buddha hat gesagt: „Grämt euch nicht, oh Brüder, und sagt, der Meister sei gegangen. Was ich gelehrt habe (der *dharma*, die wahre Lehre, und der *vinaya*, die Regeln des Ordens) wird nach meinem Tod euer Meister sein. Wenn ihr meine Lehren bewahrt und befolgt, ist es dasselbe, wie wenn mein Geistkörper für immer bei euch ist." *Dharma-kaya* bedeutet hier, dass sein Körper in Form der Lehre nach dem Tod seines physischen Körpers erhalten bleibt. Im Zuge der Entwicklung der Ansichten über den *dharma* hat sich auch die Bedeutung von *dharma-kaya* verändert. Er wird als schriftlich, elementar, grundsätzlich, universell, geistig und ideal verstanden. Im Mahayana gilt er als eine geistige oder kosmische Sphäre, welche für immer präsent ist. Das ist die grundlegende Idee der Nirvana-Schule.

Die pansophistische Idee, welche sich aus dem kosmischen Körper des Buddha entwickelt hat, erkennt die Existenz von Wesen, welche dazu verdammt sind, niemals Buddhaschaft erreichen zu können, nicht an. Weitere Untersuchungen haben die Lehre enthüllt, dass alle Wesen ohne Ausnahme die Buddha-Natur besitzen. Selbst das Wesen des kosmischen Körpers, der eigentlich ohne Eigenschaften ist, wird als dauerhaft, glückselig, selbstseiend und rein beschrieben (常楽我浄); dabei sind die ersten drei das exakte Gegenteil fundamentaler buddhistischer Ansichten, nämlich der Unbeständigkeit, Leidhaftigkeit und Selbstlosigkeit. Nirvana bedeutet in der Nirvana-Schule Befreiung (vom menschlichen Verlangen, *moksa*), vollkommene Weisheit (*prajna*) und den kosmischen Körper (*dharma-kaya*). Insgesamt vertrat die südliche Nirvana-Schule die Lehre von der Dauerhaftigkeit des Nirvana, während die nördliche Nirvana-Schule die Nirvana-Lehren als den Lehren des *Avatamsaka-Sutra* untergeordnet betrachtete. Obwohl die Nirvana-Schule nicht sehr einflussreich war, hat sie mit ihren Lehren über den *dharma-kaya* und die Buddha-Natur doch eine immense Wirkung auf alle Schulen des Mahayana-Buddhismus in China gehabt.

Am Ende verlor sie ihre Eigenständigkeit und wurde von der einflussreichen T'ien-t'ai-Schule aufgenommen, so wie die Ti-lun-Schule in der Huayen-Schule aufgegangen ist.

(2) Geschichte

Der Gründer der T'ien-T'ai-Schule ist Hui-wen (550–577), ein bedeutender Gelehrter und Oberhaupt von mehreren hundert Studenten. Beim Lesen eines Verses über den Mittleren Weg im *Madhyamika-Sastra* und einer Anmerkung zu dem Begriff „Einsicht" im *Mahaprajnaparamita-Sastra*, beide von Nagarjuna, erlangte er mit einem Mal die Erleuchtung. Der Vers lautet wie folgt (Kap. XXIV, 18):

> Was durch Ursachen gezeugt ist, das, so sage ich, ist identisch mit der Leerheit.
> Es ist nichts als bloße Benennung. Das ist der Inhalt des Mittleren Wegs.

Damit wird das Entstehen in Abhängigkeit (*pratitya-samutpada*) zu einem Synonym für Leerheit (*sunyata*) und der provisorischen Bezeichnung als Mittlerer Pfad. Die dreifache Wahrheit der Tendai-Schule hat hier ihren Ursprung.

Hui-wen fand weiterhin im *Mahaprajnaparamita-Sastra* einen Satz betreffend das Wissen der Wesen über den Pfad bzw. die Lehre (道種智), das allumfassende Wissen (一切智) und das Wissen der Wesen von allem (一切種智). Durch das Wissen der Wesen über den Pfad wird das allumfassende Wissen erlangt und dadurch das Wissen der Wesen von allem. Dadurch wird der Antrieb des menschlichen Verlangens abgeschnitten.

In der Kommentierung obiger Passage schreibt Nagarjuna: „Alle Aspekte des Wissens, welche noch fraglich sind, werden auf einmal erkannt. Aber um das Verständnis der Vollkommenheit der Weisheit zu verkünden, werden sie einer nach dem anderen dargelegt." Hui-wen las diese Passage und verstand sie sofort. Das Wissen der Wesen vom Pfad ist das Wissen des Pfades bzw. die Lehre, welche die Welt der Unterscheidungen und bloßen Begrifflichkeiten erhellt. Das allumfassende Wissen ist das Wissen von der Leerheit und enthüllt die Welt der Nicht-Unterscheidung und Gleichheit, während das Wissen der Wesen von allem das Wissen der mittleren Sicht ist, welche den Mittleren Pfad erhellt, der weder zum Sein noch zur Leerheit, weder zur Unterscheidung noch zur Gleichheit neigt. Auf diese Weise gelangt man zum dreifachen Wissen der Tendai-Schule.

Damit haben wir objektiv betrachtet eine dreifache Wahrheit und subjektiv ein dreifaches Wissen. Innerhalb der dreifachen Wahrheit entspricht die Leerheit (空) dem Temporären (仮), und das Temporäre entspricht der Mitte (中), welche ihrerseits mit der Leerheit identisch ist.

Die dreifache Identität ist die grundlegende Lehre dieser Schule.

Der zweite Patriarch, Hui-ssu (514–577), wurde von seinem Lehrer Hui-wen sorgfältig ausgebildet. Als er krank wurde, erkannte er, dass Krankheit aus Handlung resultiert, welche ihrerseits dem Geist entspringt und keine objektive Wirklichkeit besitzt. Wenn wir sie zu ihrem Ursprung im Geist zurückverfolgen, kann Handlung nicht erfasst werden, und unser Körper ist wie ein Schatten einer Wolke, der zwar eine spezifische Form, aber keine Realität besitzt. Dadurch gelangte er zur Reinheit des Geistes. Im Jahr 554 zog er sich auf den Tasu-Berg in Kuang-chou zurück, wo er viele hundert Schüler unterrichtete.

Dort besuchte ihn Chih-i (531–597), der dritte Patriarch, und erhielt besondere Anweisungen zur Meditation gemäß dem *Lotos-Sutra*. Später, im Alter von 38 Jahren, begab sich Chih-i mit seinem Schüler Hui-pien und zwanzig anderen zum T'ien-t'ai-Berg. Dort trafen sie einen alten Gelehrten, Ting-kuang, der dort seit vierzig Jahren lebte. Er hieß Chih-i willkommen und gab ihm Unterweisungen alle Zweige der buddhistischen Lehre betreffend.

Chih-i blieb für neun Jahre auf dem Berg und errichtete das große Kloster Kuo-ch'ing. Er wurde mit der Ehrbezeichnung „Großer Meister des T'ien-tai" angesprochen. Kaiser Yang-ti der Sui-Dynastie, der zu dieser Zeit Verwalter von Yangchou war, verlieh ihm den Titel *Chih-che* (智者), „Weiser". Hinsichtlich seiner herausragenden Persönlichkeit und der Tiefe seiner Gelehrsamkeit steht er weit über allen anderen buddhistischen Gelehrten in China zu seiner Zeit. Was seine Kraft bezüglich der Organisation der buddhistischen Lehre und der Unterweisung der Schüler angeht, kann es niemand mit ihm aufnehmen. Durch ihn erfolgte die endgültige Vollendung der

Tendai-Schule, weshalb er als ihr erster Patriarch gilt, obgleich er eigentlich der dritte Patriarch in der Linie der Tendai-Lehre ist.

Sein Nachfolger und zweiter Patriarch war sein begabter Schüler Kuan-ting (561–632). Die drei großen Arbeiten von Chih-i wurden alle von ihm kompiliert.

Der sechste Patriarch, Chan-jan (717–782), war ein bedeutender Gelehrter und Wiederbeleber der Schule, welche in den späteren Jahren etwas an Einfluss verloren hatte. Einer seiner Schüler, Tao-sui, war der nächste Patriarch und Lehrer von Saichô bzw. Dengyô Daishi, dem Begründer der Schule in Japan. Saichô begab sich im Alter von zwanzig Jahren nach Nara und studierte dort die Tendai-Lehren unter verschiedenen Lehrern, welche mit dem Vinaya-Meister Kanjin nach Japan gekommen waren. Er las auch die drei Werke von Chih-i; als er mit der zweiten Durchsicht der Werke halb fertig war, bekam er den kaiserlichen Auftrag, sich für seine buddhistischen Studien nach China zu begeben. Er empfing die Tendai-Lehre und die Bodhisattva-Ordination von Tao-sui, die Lehren des esoterischen Buddhismus von Shun-chiao und die Zen-Lehren von Hsiu-jan. Nach seinem einjährigen Aufenthalt in China kehrte er nach Japan zurück und unterrichtete das Lotos-Sutra, den Shingon-Mystizismus, Zen-Meditation und die Vinaya-Regeln. Das Hauptzentrum wurde auf dem Hiei-Berg errichtet und wurde zur größten Stätte buddhistischer Gelehrsamkeit in ganz Japan. Zuweilen gab es um die 3.000 Klostergebäude, um die aus allen buddhistischen Richtungen, exoterischen wie esoterischen, herandrängenden Studenten zu beherbergen. Gegenwärtig gibt es drei Zweige der Tendai-Schule: Sammon (山門), Jimon (寺門) und Shinsei (真盛); bei letzterer handelt es sich um einen von Amida-Frömmigkeit geprägten Zweig (siehe Kap. XII). Den drei Zweigen gehören mehr als 4.000 Klöster an.

(3) Philosophie

Die entscheidende Klassifizierung der buddhistischen Lehren durch die Tendai-Schule bilden die „Fünf Perioden und Acht Lehren“ (五時八教). Die erste Periode war die des Avatamsaka-Sutra. Die dort verkündete Lehre war das, was der Buddha während seiner Erleuchtung erkannt hatte, d.h. die

Erklärung seiner Erleuchtung selbst. Seine Zuhörer waren nicht im Geringsten in der Lage, ihn zu verstehen, so als wären sie „taub und stumm".

Die zweite Periode war die „Zeit des Hirsch-Parks" (鹿苑時), wo er die *Agamas* lehrte, um den Menschen mit geringeren Fähigkeiten zu entsprechen. Seine Anhänger waren nun in der Lage, seiner Lehre zu folgen, und praktizierten sie dementsprechend, um die Verwirklichung der Heiligkeit (*arhat*) zu erlangen. Diese Zeit wird auch „Zeit der Veranlassung" (誘引時) genannt, d.i. eine Periode, in welcher die Menschen zur höheren Lehre hin bewegt wurden.

Die dritte Periode war die „Zeit der Entwicklung" (方等時). Es war die Zeit, während der die Anhänger des Hinayana zum Mahayana konvertierten, und aus diesem Anlass lehrte der Buddha die *Vaipulya-Sutra*. Da der Buddha die Arhats häufig wegen ihrer begrenzten Sichtweise tadelte, wird diese Periode auch „Zeit der Ermahnung" (弹呵時) genannt. Die Hinayana-Anhänger wurden sich durch die Erklärung des Buddha ihrer Voreingenommenheit bewusst und nahmen das Mahayana an.

Die vierte Periode war die „Zeit der Weisheit", in der die Vollkommenheit der Weisheit (*prajnaparamita*) verkündet und alle Auffassungen hinsichtlich Unterscheidung und Erlangung gnadenlos zurückgewiesen wurden. Diese Periode wird darum auch „Zeit der Auslese" (淘汰時) genannt. In dieser Periode wurde die Lehre von der Leerheit verkündet, die Leerheit selbst aber zurückgewiesen. Letzten Endes kehrt alles zur endgültigen Leerheit zurück. Darum wurde die Zeit der Weisheit auch die Zeit des Erkundens und Vereinens der Phänomene genannt (合一切法), da alle Analyse aufgegeben und alle Phänomene in einem einzigen vereint wurden.

Die fünfte Periode war die Zeit des Lotos-Sutra und des Nirvana-Sutra. Darin wird die Erkundung bzw. Analyse und die Vereinigung der Lehren unterrichtet. Die Ansicht, dass die Anhänger der drei Fahrzeuge (Hörer, Selbst-Verwirklicher, Bodhisattvas) die Heiligkeit erlangen können, war nur eine temporäre Lehre; solange bis die drei schließlich in dem Einen Fahrzeug vereint worden sind. Die fünfte Periode wird daher insbesondere die Zeit der Öffnung und Begegnung genannt (開合時). Anliegen der Ankunft Buddhas in der Welt war es, alle Wesen zur Erlösung zu führen, und diese

Aufgabe kann nur mit dem Lotos-Sutra vollführt werden. Darum ist das Lotos-Sutra die ultimative Lehre aller buddhistischen Verkündigungen und der König aller Schriften. Das Nirvana-Sutra wurde zur selben Zeit gelehrt, aber es ist [nur] eine Zusammenfassung von allem, was davor gelehrt wurde.

Die Einteilung in fünf Perioden zeigt, wie die Lehren des Buddha chronologisch angeordnet worden sind. Während seiner Unterweisungen hatte der Buddha jedoch alle fünf zur selben Zeit benutzt, wenn es die Umstände erforderten. Um daher das Wesen der Lehren Buddhas zu verstehen, müssen wir sie korrekt anordnen. Die folgende Einteilung in acht Lehren wird vorgeschlagen, um diese Aufgabe zu erfüllen. Zuerst kommen die vier Lehren hinsichtlich der Methodik des Lehrens (仮儀四教):

1. Plötzliche Lehre (頓教). Darin verkündet der Buddha die Erkenntnis seiner Erleuchtung ohne irgendwelche Hilfsmittel; dies ist die Zeit des Kegon-Sutra.
2. Schrittweise Lehre (漸教). Darin führt der Buddha die Menschen allmählich zu tieferen Einsichten und verwendet alle möglichen Methoden; dies ist die Zeit des Hirsch-Parks, der Entwicklung von Weisheit.
3. Mystische Lehre (秘密教). Es handelt sich in Wirklichkeit um eine geheimnisvolle und unbestimmbare Lehre. Sie ist unbestimmbar und vielfältig, weil ihre Anhänger durch die übernatürlichen Kräfte des Buddha voneinander getrennt sind und jeder meint, dass der Buddha nur ihn allein unterrichtet. Dadurch hören ihn alle getrennt und verschieden. Solche Unbestimmtheit besteht seit der Zeit des Kegon-Sutra bis zur Zeit der Weisheit.
4. Unbestimmte Lehre (不定教). Es handelt sich um eine nicht-mystische, unbestimmte Lehre. Alle Hörer wissen, dass sie gemeinsam hören; dennoch hören sie Unterschiedliches und verstehen es unterschiedlich.

Diese vier methodischen Ansätze dienen dazu, die Fähigkeiten der Lernenden zu entwickeln, darum kommen sie nur vor der Verkündigung des Lotos-Sutra vor. Solche methodischen Aspekte sind nutzlos hinsichtlich der Lotos-Lehren, da diese weder plötzlich noch schrittweise, weder mystisch noch unbestimmt sind. D.h. die Periode des Kegon-Sutra enthält die plötzliche, mystische und unbestimmte Lehre, während die Zeit des Hirsch-Parks (der Entwicklung von Weisheit) die schrittweise, mystische und unbestimmte Lehre einschließt.

Es folgen die vier Lehren hinsichtlich des Inhalts der Lehren selbst (仮法四教):

1. Die Lehren des Dreikorbs (三蔵教). Dazu gehören die *Agamas* und alle Hinayana-Lehren, wie z.B. auch solche der *Vaibhasika*.
2. Die allen gemeinsame Lehre (通教). Sie gehört zu allen drei Fahrzeugen und ist wesentlich für die Mahayana-Lehre. Während ein niederer Bodhisattva denselben Praktiken wie ein Anhänger der drei Fahrzeuge folgt, durchdringt ein höherer Bodhisattva den Stand der zwei Stufen bzw. zwei Lehren.
3. Die Differenzierte Lehre (別教). Sie gehört nur zum Mahayana und ist charakteristisch für die Bodhisattvas. Die erste und zweite Lehre verkünden die einfache, einseitige Leerheit (偏空), während diese Lehre den Mittleren Pfad unterrichtet und daher getrennt und differenziert ist.
4. Die Runde Lehre (円教). „Rund“ steht für vollkommen, alles-durchdringend, alles-vollendend, alles-umfassend. Die Differenzierte Lehre verkündet einen unabhängigen und gesonderten Mittleren Pfad, der einfach und getrennt ist. Die Runde Lehre hingegen verkündet den Mittleren Pfad der vollkommenen Durchlässigkeit und gegenseitigen Identifikation. Darum ist es kein getrennter, einseitiger Mittlerer Pfad, sondern der ideale Mittlere Pfad; die vollendete Harmonie in Theorie und Praxis. „Rund“ bedeutet, dass ein Faktor alle Faktoren enthält – das Prinzip des „Eines ist Alles und Alles ist Eins“.

Wenn wir nun die fünf Perioden mit Bezug auf die vier Lehren hinsichtlich des Inhalts der Lehren selbst betrachten, erhalten wir folgendes Ergebnis:

1. Die Zeit des Kegon-Sutra ist nicht vollkommen „rund“, weil sie die Differenzierte Lehre mit einschließt.
2. Die Zeit des Hirsch-Parks ist einseitig, da sie nur Hinayana-Lehren verkündet.
3. Die Zeit der Entwicklung verkündet alle vier Lehren auf einmal und ist daher auch noch relativ.
4. Die Zeit der Weisheit verkündet hauptsächlich die Runde Lehre, ist aber noch mit der gewöhnlichen und differenzierten Lehre verbunden. Darum ist sie noch nicht vollkommen oder vollständig.
5. Nur die Zeit des Lotos-Sutra ist gänzlich „rund“ und absolut hervorragend, und nur in ihr wird das Anliegen des Erscheinens Buddhas in der Welt ganz und vollständig zum Ausdruck gebracht.

Das ergänzende Nirvana-Sutra fasst zusammen, was der Buddha während seines ganzen Lebens verkündet hatte, d.h. die drei Fahrzeuge und die vier Lehren wurden überwunden, indem die drei Fahrzeuge zum Einen Fahrzeug verwandelt wurden und die vier Lehren zur einen, Runden Lehre. Auf diese Weise sind alle Lehren des Buddha vollständig im Lotos-Sutra enthalten, welches der Tendai-Schule als die höchste buddhistische Lehre gilt.

Die Schule erkennt nur die Existenz eines Fahrzeugs an (*ekayana*), um alle Wesen über den Ozean des Daseins zu bringen, obwohl es die provisorische Existenz der drei Fahrzeuge (*triyana*), d.h. der Hörer, Selbst-Verwirklicher und Bodhisattvas, akzeptiert.

Diese drei Fahrzeuge werden aus Gründen der Zweckmäßigkeit gelehrt, aber letzten Endes werden sie alle wieder dem Einen Fahrzeug zugeführt.

In Nagarjunas Kommentar zum *Mahaprajnaparamita-Sutra* findet sich eine Erklärung der grundlegenden Prinzipien: Alle bedingten Phänomene sind unbeständig, *sarva-sanskara-anityam* (諸行無常); alle Phänomene sind ohne Selbst, *sarva-dharma-anatman* (諸法無我); Nirvana bedeutet Ruhe (涅槃静寂). Es heißt, dass diese drei „Gesetzes-Siegel“ (三法印) durch ein viertes ergänzt werden können, nämlich dass alles leidvoll ist (*sarva-duhkham*), oder dass sie im „ wahren Zustand“ zusammengefasst werden können. Der „wahre Stand“ (実相) kann als das *noumenon* bezeichnet werden.[39] Die Tendai-Schule interpretiert den wahren Zustand als „Nicht-Zustand“ oder „Nicht-Wahrheit“, was aber nicht bedeuten soll, dass er verkehrt ist; „Nicht-Zustand“ oder „Nicht-Wahrheit“ bedeutet, dass es ein Zustand bzw. eine Wahrheit ist, welche nicht durch Argumentation oder Denken begründet ist, sondern dass er alle Worte und Gedanken übersteigt. Die Tendai-Schule deutet ihn auch als „die Eine Wahrheit“ (*eka-satya*), aber „Eins“ ist hier kein numerisches Eins, sondern bedeutet so viel wie „absolut“. Die Grundsätze der Tendai-Schule konzentrieren sich auf diesen wahren Zustand aller Gegebenheiten.

Der wahre Zustand oder das Noumenon kann nur durch die Phänomene erkannt werden. Im zweiten Kapitel des Lotos-Sutra heißt es: „Was der Buddha vollbracht hat, sind in erster Linie die raren und unerkennbaren Phänomene. Nur der Buddha kann den wahren Zustand aller Phänomene erkennen: alle *dharma* sind so-geformt (如是相), von solcher Natur (如是性), von solcher Substanz (如是体), so-gewirkt (如是因), von solcher Kraft (如是力), so-gebildet (如是作), so-bedingt (如是縁), so-gewirkt (如是果), so-vergolten (如是報) und so-vollendet (如是本末究章).

Durch diese Manifestationen der Soheit oder Phänomene können wir den wahren Zustand erkennen. Mehr noch, diese Manifestationen sind der wahre Zustand. Es gibt kein Noumenon neben dem Phänomenon, die Phänomene selbst sind das Geistige.

Man sollte nicht meinen, wie es oftmals der Fall ist, dass es eine ewige und bewegungslose Substanz im Mittelpunkt gibt, um die herum die sich wandelnden und bewegenden Eigenschaften existieren. Wenn man das Ideal-Geistige für eine solche dauerhafte Substanz hält, geht man vollständig in die Irre. Selbst die Anhänger des Mahayana, welche an den zwei Wahrheiten festhalten – der konventionellen und die endgültigen Wahrheit – werden nicht selten durch die Dichotomie dieser Argumentation fehlgeleitet. Die

[39] [Fußnote im Original] Der „wahre Zustand“ oder das *noumenon* darf nicht als getrennt von der Form bzw. über oder jenseits der Erscheinungen verstanden werden. Der Ausdruck *noumenon* ist nur teilweise zutreffend.

Tendai-Schule vertritt daher eine dreifache Wahrheit, die Wahrheit der Leerheit, die Wahrheit der temporären Erscheinung und die Wahrheit von der Mitte. Alles Existierende besitzt keine [absolute] Wirklichkeit und ist demnach leer. Es verfügt jedoch über eine temporäre Existenz. Leer und temporär ergeben zusammen und gleichzeitig die Mitte, den wahren Zustand oder die Soheit.

Der Tendai-Schule nach sind die drei Wahrheiten „drei in Eins und Eins in drei". Das Prinzipielle ist einfach, aber die Methode der Erläuterung ist dreifach. Jede einzelne Wahrheit hat den Wert von allen. Wenn man daher seine Argumentation auf die Leerheit stützt, verkennt man die Existenz sowohl des Provisorischen wie der Mitte, da man die Leerheit als alles-transzendierend nimmt. Dadurch werden alle drei Wahrheiten zur Leerheit. Dasselbe ist der Fall, wenn wir auf der Grundlage des Provisorischen oder der Mitte argumentieren. Wenn daher eines Leerheit ist, ist alles Leerheit; wenn eines provisorisch ist, ist alles provisorisch; wenn eines Mitte ist, ist alles Mitte (一空一切空一仮一切仮一中一切中). Sie werden auch als Leerheit selbst, Provisorisches selbst und Mitte selbst bezeichnet (即空即仮即中). Weitere Bezeichnungen sind die vollkommen harmonische dreifache Wahrheit (円融三諦) und die absolute dreifache Wahrheit (絶待三諦).

Nicht-Existenz und provisorische Existenz könnten als Gegensätze verstanden werden. „Mitte" bedeutet nicht, dass sie sich zwischen den beiden befindet. Sie liegt über und jenseits dieser zwei; mehr noch, sie ist identisch mit beiden, denn der wahre Zustand bedeutet, dass die Mitte eben der Zustand von Leerheit und provisorischer Existenz ist. Die drei Wahrheiten sind immer vereint und aufeinander abgestimmt. Tatsächlich enthalten sie sich gegenseitig. Der Mittlere Pfad, der Wahre Zustand und die Soheit sind gleichbedeutend und in jeder Weise identisch. Es gilt sich daran zu erinnern, dass „Leerheit" hier nicht „Nichts" bedeutet, sondern „frei von Gedanken und Wahrnehmung" oder „frei von Anhaftungen" (離情空). Selbst die Idee der Leerheit wird zurückgewiesen; es handelt sich um eine vollkommene Verneinung. Dann gilt jedes Sein als provisorisch, denn alle *dharma* gründen im Geist und bestehen aufgrund kausaler Verknüpfungen. Sie existieren nur dem Namen nach, nicht in Wirklichkeit, das heißt sie haben eine nominelle Existenz (立法仮). Jede dauerhafte Existenz wird zurückgewiesen, aber provisorische Existenz wird anerkannt. Dass alle Phänomene leer und provisorisch sind, ist die Wahrheit der Mitte, d.h. das Absolute (絶待中).

Die ultimative Wahrheit, die von der Tendai-Schule gelehrt wird, ist „Soheit" (*tathata*), nicht „Istheit" (*tattva*). Soheit bezeichnet den wahren Zustand der Phänomene aus sich selbst heraus, die Welt der Erscheinungen als vor uns manifestierter Zustand der Dinge. Der wahre Zustand der Phänomene kann nicht direkt oder unmittelbar wahrgenommen werden. Wir müssen ihn in den Phänomenen erkennen, welche sich in ständigem Wandel und Werden befinden. Darum ist der wahre Zustand dynamisch. Die Phänomene selbst sind identisch mit dem wahren Zustand der Dinge. Der wahre Zustand der Dinge ist Soheit, d.h. die Dinge, so wie sie sich manifestieren, ebenso wie die sich bewegenden Wellen nicht getrennt vom stillen Wasser sind. Normalerweise setzen wir die bewegten Wellen dem stillen Wasser entgegen, aber egal ob ruhend oder in Bewegung, handelt es sich doch nur um Manifestationen des gleichen Wassers. Was sich manifestiert und nach außen sichtbar wird ist nichts anderes als die Sache selbst. Es gibt keinen Unterschied zwischen den beiden.

Dies ist die Lehre vom wahren Zustand aller Phänomene, d.h. alle manifestierten Phänomene sind die Gegebenheiten in ihrem wahren Zustand, *sarva-dharma-svalaksana-ta* (諸法実相). Oder, um einen anderen Ausdruck zu gebrauchen, „das Phänomenale ist das Beständige", *lokalaksana-nityata* (世間相即常住).

Gemäß der Tendai-Lehre drückt sich jede Gegebenheit in allen drei Wahrheiten aus. Alles Existierende durchdringt sich gegenseitig auf allen drei Wahrheits-Ebenen.

Das gesamte Universum wird als „dreitausend-fach" bezeichnet, aber die Lehre unterscheidet sich von anderen pluralistischen Systemen. Es handelt sich nicht um eine Auflistung aller Gegebenheiten, und es ist auch kein dreifacher Chiliokosmos. Was ist dann gemeint? Wir müssen erklären, was „dreitausend" bedeutet. Der Ausdruck „dreitausend" meint keine numerische oder substantielle Menge, sondern soll auf die gegenseitige Durchdringung aller Gegebenheiten und die letztendliche Einheit des gesamten Universums hinweisen.

Auf der Grundlage der „dreitausend“ errichtet die Tendai-Schule ein System von „zehn Welten“ (十界). Das heißt, die Welt der lebenden Wesen ist in zehn Sphären unterteilt, von denen die oberen vier heilig (四聖) und die unteren sechs gewöhnlich (六凡) sind:

1. Das Reich der *buddhas* (仏). Prinzipiell gehören die Buddhas nicht den zehn Bereichen an, aber da sie sich unter die Menschen begeben, um ihnen die Lehre zu verkünden, werden sie hier mit dazugerechnet.
2. Die *bodhisattvas* (菩薩). Die zukünftigen Buddhas.
3. Die *pratyeka-buddhas* (縁覚). Sie haben die Buddhaschaft nur für sich selbst, ohne andere zu unterweisen.
4. Die *sravaka* (声聞). Direkte Schüler des Buddha [„Hörer“].
5. Die Himmlischen Wesen (天). Obwohl sie über wunderbare Kräfte verfügen, können sie ohne die Hilfe des Buddha nicht zur vollen Erleuchtung gelangen.
6. Die *asura* (阿修羅). Streitsüchtige Dämonen-Geister. Obwohl sie zum Teil himmlisch sind, gehören sie den niederen Bereichen an.
7. Die Menschen (人). Sie sind ihrem Wesen nach neutral [d.h. zum Heilsamen und Unheilsamen gleichermaßen fähig].
8. Die *preta* (餓鬼). Verstorbene Wesen, auch „Hungrige Geister“ genannt.
9. Die Tiere (畜生). Sie sind ihrem Wesen nach unschuldig [d.h. unwissend] und umfassen das gesamte Tierreich.
10. Die Höllen (地獄). Verstorbene Wesen, die sich auf der untersten Stufe befinden.

Diese zehn Sphären enthalten einander gegenseitig, insofern als jede einzelne die anderen neun immanent in sich trägt. Zum Beispiel trägt die Sphäre der Menschen die anderen neun Bereiche, von den Buddhas bis zu den Höllen, in sich; ebenso verhält es sich mit jeder anderen Sphäre. Sogar die Sphäre der Buddhas enthält die Sphäre der Höllen und alle übrigen, denn ein Buddha, obwohl er selbst nicht der Hölle zugehört, beabsichtigt die verirrten und höllischen Wesen zu retten und dringt mit seinem Geist daher bis in die Höllen vor. In diesem Sinne umfasst das Reich der Buddhas auch die anderen neun Sphären.

Dieses Enthalten-Sein aller zehn Welten in jeder einzelnen führt zu einer Summe von 100 Sphären. Weiterhin besitzt jede dieser 100 Sphären zehn verschiedene Aspekte wie Form, Wesen, Substanz, Kraft, Handlung, Ursache, Begleitumstände, Wirkung, Vergeltung und den wahren Zustand (如是十相). Indem in jeder der 100 Sphären diese zehn Aspekte erkannt werden, gelangt die Tendai-Schule zu einer Anzahl von 1.000 Welten.

Darüber hinaus besitzt jede Welt noch einmal drei Bereiche: den Bereich der lebenden Wesen, den Bereich des Raumes oder der zur Bewohnung benutzten Gefährte und den Bereich der fünf Gruppen getrennt von den lebenden Wesen (Form, Empfindung, Wahrnehmung, Gestaltung, Bewusstsein). Dadurch ergeben sich dreitausend Welten, welche die gesamte manifestierte Wirklichkeit bilden.

Im Buddhismus bezieht sich der Ausdruck „dreitausend" normalerweise auf einen Chiliokosmos bestehend aus 1.000 kleinen, 1.000 mittleren und 1.000 großen Welten.[40] In der Tendai-Schule ist jedoch nicht ein solcher Chiliokosmos gemeint, sondern das Universum aller Wesen und existierenden Phänomene, d.h. die gesamte Welt des Werdens.

Es entspricht nicht dem buddhistischen Denken, nach einem ersten Prinzip zu suchen oder das Absolute als getrennt und unabhängig zu betrachten. An dieser Stelle kommt die Tendai-Schule mit einem Mal auf die Ideations-Lehre zurück, formuliert sie aber etwas anders. Sie führt aus, dass ein einziger Bewusstseins-Moment in sich die dreitausend Welten enthält (一念三千). Dies ist eine spezielle Lehre dieser Schule und wird als „dreitausend ursprünglich innewohnend" (本具三千) bezeichnet, oder als „drei-

[40] [Fußnote im Original] Zum Beispiel in der Kusha-Schule, in der ein ausführliches Welt-System anhand dieser Punkte entwickelt wird.

tausend immanent im Prinzipiellen“ (理具三千), „dreitausend immanent in der Natur“ (性具三千) bzw. manchmal als „dreitausend vollkommen innewohnend“ (円具三千). Die Immanenz, egal ob ursprünglich, theoretisch, natürlich oder vollkommen, bringt ein und dieselbe Idee zum Ausdruck, nämlich das ein einziger Gedankenmoment in sich selbst die 3.000 Welten enthält. Manche betrachten dies als die dichteste Annäherung an das Absolute; aber wenn man das Absolute als Quelle aller Schöpfung ansieht, ist die Annäherung nicht dasselbe wie das Absolute. Man kann es auch als eine Form der Ideations-Lehre verstehen; aber wenn man annimmt, dass Ideation die äußere Welt durch den Prozess einer Dichotomie manifestiert, ist das wieder etwas anderes, denn damit ist nicht gesagt, dass ein einzelner Moment die 3.000 Welten erzeugt, denn Erzeugung ist der Anfang einer längeren Bewegung, d.h. zeitliche Schöpfung. Es besagt auch nicht, dass die 3.000 Welten in einem einzelnen Gedanken enthalten sind, weil Inklusion eine wechselseitige Existenz beinhaltet, d.h. eine räumliche Koexistenz.

Obwohl die 3.000-Welten-Lehre hier auf der Grundlage der Ideation erläutert wird, handelt es sich nicht um reine Ideation, da alle *dharma* des gesamten Universums in einem einzigen Gedanken enthalten sind, ohne auf Bewusstsein oder Ideation zurückgeführt zu werden.

Dass die Welt in einem einzigen Gedanken enthalten ist, ist die Lehre der Immanenz, in der Phänomene identisch mit bewusstem Handeln sind. Man könnte auch von einer Phänomenologie sprechen, insofern alle Phänomene, körperliche wie geistige, ihr eigenes Prinzip oder ihre eigene Natur ausdrücken.

Das Prinzip, welches jedes Phänomen ausdrückt, ist die dreifache harmonische Wahrheit (von Leere, provisorischer Existenz und Mitte); d.h. Geistigkeit ist ursprünglich immanent und vollkommen immanent, Immanenz im Prinzipiellen und Immanenz im Wesen. Daher die Aussage: „Alles, selbst Form oder Geruch, ist identisch mit dem Mittleren Weg, der Wahrheit.“ (一色一香無非中道)

Die drei Körper des Buddha (*trikaya*) wurden als Ausdruck der Buddhaschaft bereits erwähnt; ihre repräsentative Lehre wird von der Tendai-Schule vertreten. Jeder vollkommen erleuchtete Buddha soll drei

„Körper“ besitzen. Obwohl die originalen Begriffe *dharma-kaya*, *sambhoga-kaya* und *nirmana-kaya* wörtlich „Wahrheits-Körper“, „Genuss-Körper“ und „Verwandlungs-Körper“ bedeuten, ist der Ausdruck „Körper“ im gewöhnlichen Sinne eher irreführend, da er die Idee einer körperlichen Existenz befördert. Der „Wahrheits-Körper“ oder „Körper des Grundsätzlichen“ ist das Ideal, das Grundsätzliche oder die Wahrheit selbst, frei von jeglicher individuellen Existenz. Er ist identisch mit dem Mittleren Pfad. Der „Genuss-“ oder „Vergeltungs-Körper“ ist eine Person, die über wahre Einsicht verfügt, d.i. der infolge langanhaltender [heilsamer] Handlungen erworbene Körper. Dieser ist zweifach: a) der Körper des eigenen Genusses, d.h. die Person, die sie sich an ihrer eigenen Erleuchtung erfreut; b) der zum Wohlergehen anderer manifestierte Körper, d.h. Bodhisattvas oberhalb der ersten Stufe des heiligen Wandels [der zehn Bodhisattva-Stufen]. Der „Verwandlungs-Körper“ meint die in vielfältiger Form erscheinenden Körper, mit dem Ziel der Errettung der Wesen. Er ist ebenfalls zweifach: a) der Körper ausschließlich für Bodhisattvas ab der ersten Stufe, ein überragender Verwandlungskörper; b) der Körper derjenigen, welche sich noch nicht auf der ersten Stufe befinden.

Jeder Buddha verfügt über diese drei Aspekte. Während ein Buddha das Grundsätzliche oder die Wahrheit verkörpert, welche er selbst erkannt hat, ist er auf der einen Seite der Verwirklichende oder sich an dieser Erleuchtung Erfreuende, und auf der anderen Seite ist er der Spender dieses Ideals oder der Retter aller leidenden oder verwirrten Wesen. Der Buddha ist somit das Ideal selbst (Erleuchtung), der das Ideal Genießende (der Erleuchtete) und der Spender des Ideals an andere (der Erleuchtende). Der Genuss-Körper wird vom Buddha als Vergeltung nach langen Bemühungen erworben, während der Verwandlungskörper von ihm frei und ungehindert angenommen wird, um den Bedürfnissen der anderen Wesen zu entsprechen.

Die drei Körper des Buddha werden auch noch in vier, fünf, sechs oder zehn unterteilt; aber die obige Einteilung der Tendai-Schule kann als grundlegende Lehre der Buddhaschaft gelten.

X. Die Shingon-Schule (Chen-yen)

Mantra, Mystizismus, Mahayana

(1) Einleitung

Shingon oder „wahres Wort“ ist eine Übersetzung von Sanskrit *mantra*, welches eine mystische Lehre bezeichnet, die mit gewöhnlicher Sprache nicht ausgedrückt werden kann. Die Lehre, die in den Worten des Buddha zum Ausdruck gebracht wurde, sollte vom Ideal unterschieden werden, welches im Geist des Buddha vorhanden, aber nicht verbalisiert worden ist. Die Shingon-Schule zielt auf dieses eigene, in keiner Weise ausgedrückte Ideal des Buddha. Ein Zusammenschluss von Buddhisten zu so etwas wie einem Mantrayana scheint in Nalanda zur Zeit von I-tsing im 7.Jh. bestanden zu haben, da er dort das Vorhandensein eines Haufens von Mantra-Literatur erwähnt und er auch selbst in den esoterischen Lehren unterwiesen worden sein soll, auch wenn es heißt, dass er sie nicht zufriedenstellend gemeistert hätte. Das Zentrum dieser Lehren scheint sich jedoch zur weiter unten am Ganges gelegenen Vikramasila-Universität verlagert zu haben, denn der tibetische Buddhismus hatte besondere Beziehungen zu dieser Lehranstalt.

Es ist eine wohlbekannte Tatsache, dass in Indien seit der Zeit der Veden die Atharva-Veda-Praxis der Zauberei bestand, welche vier Formen des Homa-Kults (Feuer-Ritual) kennt, die exakt mit denjenigen des esoterischen Buddhismus übereinstimmen. Solche Kulte könnten auf Praktiken der indischen Ureinwohner zurückgehen, aber in jedem Fall auf frühe Zuwanderer. Die fortgeführte Ausübung verschmolz diese Praktiken schließlich zu dem, was wir „Tantrismus“ nennen, welcher oftmals fälschlicherweise mit dem buddhistischen Diamant-Fahrzeug (金剛乗) verwechselt wird. Jede Verbindung mit anstößigen Praktiken kann aber nicht Diamant-Fahrzeug heißen, da dieses eine Bezeichnung für höhere mystische Lehren ist, die alle Hinayana- und Mahayana-Doktrinen übersteigen. Solch ein Diamant-Fahrzeug wird nur von Kôbô Daishi (Kûkai, 774–835) repräsentiert, dem die Vollendung der mantrischen Lehren gebührt.

Die von Kôbô Daishi vorgeschlagene kritische Klassifizierung der Lehren des Buddha entspricht in Wirklichkeit den „Zehn Stadien der geistigen Entwicklung“ (十住心): (1) Zahlreiche Pfade blinden Daseins, angetrieben von instinktiven Regungen (das Stadium der gewöhnlichen Menschen). (2) Das Fahrzeug der Menschen, die sich um ein moralisches Leben bemühen (das Stadium des Konfuzianismus). (3) Das Fahrzeug himmlischer Wesen, die sich um übernatürliche Kräfte bemühen (das Stadium von Daoismus und Brahmanismus). Dies sind die drei weltlichen Fahrzeuge. (4) Das Fahrzeug der direkten Schüler [„Hörer“] des Buddha (*sravaka*), welche nach einem höheren spirituellen Dasein streben in den Hinayana-Schulen, der Kusha- und Jôjitsu-Schule (das Fahrzeug der direkten Schüler). (5) Das Fahrzeug der Selbst-Erleuchteten (*pratyeka-buddha*), welche sich an der eigenen Erleuchtung erfreuen, aber in Egoismus verfallen. (6-7) Die Lehre der drei Fahrzeuge, welche die drei Fahrzeuge als wirklich ansieht (die Stadien der Sanron- und Hossô-Schule). (8-9) Die Lehre des Einen Fahrzeugs [*ekayana*], welche das Eine Fahrzeug als real ansieht (die Stadien der Kegon- und Tendai-Schule). (10) Das Diamant-Fahrzeug, wie es von der Shingon-Schule vertreten wird. Die aufeinander folgenden Stadien zeigen den zeitlichen Fortschritt des menschlichen Geistes an, während diejenigen, welche zusammen auf einer Stufe stehen, den Zustand in der fortschreitenden Welt darstellen.

Von diesen zehn Stadien wird die erste nicht als ein Fahrzeug bezeichnet; aber da die Gruppe der Lebewesen sich auf dem Weg zu einem Fahrzeug befindet, ist sie in der Klassifizierung der Fahrzeuge mit enthalten. Entsprechend der Shingon-Lehre steht das Diamant-Fahrzeug über allen anderen; es ist das höchste und mystische Fahrzeug.

Es darf nicht vergessen werden, dass zwei Formen der mystischen Lehre existieren; nämlich Taimitsu (台密) und Tômitsu (東密). Ersteres ist der von der Tendai-Schule überlieferte Mystizismus, letzterer der im Tôji-Kloster weitergegebene Mystizismus der Shingon-Schule. Sie sind nicht gänzlich verschieden voneinander, aber in der Praxis ist der Tômitsu eine besondere Schule, da sie deutlich weitgehender ist als der Taimitsu, während in der Theorie keine der beiden der anderen nachsteht. Zum Beispiel stimmen sie in ihrer Ansicht über die Buddhas Sakyamuni und Mahavairocana überein, darüber hinaus auch in ihrer Anwendung hinsichtlich des Shintô, dem „Weg der Götter“ in Japan. Wer die Verbindungen des Buddhismus zum Shintô studieren möchte, sollte sich über diesen Punkt Klarheit verschaffen, da die Shintô-Bezeichnungen *ryôbu* („zwei Abteilungen“) und *ichijitsu* („eine Wahrheit“) von den unterschiedlichen Ideen dieser beiden Schulen des Mystizismus stammen.

(2) Geschichte

Was wir üblicherweise als *zuimitsu* (雑蜜) oder „vermischte Mystik“ bezeichnen, wurde im frühen 4.Jh. übersetzt.[41] Srimitra aus Pai (Kucha, ein von einer weißen Volksgruppe bewohntes Land) übersetzte einige Texte ins Chinesische. Dabei handelte es sich um Zaubersprüche, Heilzauber und andere Arten von Hexereien, welche häufig Mantra-Gebete und Lobpreisungen für Götter oder hohe Heilige enthielten; aber grundsätzlich kann man nicht sagen, dass sie ein besonders hohes Anliegen zum Ausdruck brachten.

Was wir als *junmitsu* (純密) oder „reine Mystik“ bezeichnen, beginnt mit den drei begabten Lehrern, welche während der Blütezeit der Tang (713–765) nach China kamen. Der erste Neuankömmling war Subhakarasimha (637–735), der König von Orissa gewesen war. Er trat in den Priesterstand ein und begab sich zur Nalanda-Universität, an der Dharmagupta den Vorsitz führte. Hochbegabt in buddhistischer Versenkungspraxis (*yoga*), mystischen Formeln (*mantra*) und Fingerzeichen (*mudra*), brach er nach Kaschmir und Tibet auf und erreichte schließlich im Jahr 716 Ch´angan, wo er vom Kaiser Hsüan-tsung (685–762) freundlich aufgenommen wurde.

Wu-hsing, ein gelehrter Chinese, der in Indien reiste, traf I-ching in Nalanda und sammelte alle Arten von Sanskrit-Texten. Er starb auf dem Heimweg, aber seine Sammlung erreichte das Huayen-Kloster in Ch´angan. Als er davon hörte, wählte Subhakarasimha zusammen mit I-ching einige wichtige Texte aus und übersetzte 725 den Text der „Großen Sonne“,

[41] [Fußnote im Original] „Vermischte Mystik“-Texte sind Nanjô-Nummern 167, 309, 310.

Mahavairocana-Sutra (Taishô Nr. 848) und andere. Er wollte nach Indien zurückkehren, was ihm aber nicht erlaubt wurde, und verstarb 735.

Der zweite Ankömmling war der aus Südindien stammende Vajrabodhi (663–723), der Novize in Nalanda wurde. Im Alter von fünfzehn Jahren begab er sich nach Westindien und studierte unter Dharmakirti vier Jahre [buddhistische] Logik, kehrte aber im Alter von zwanzig Jahren, als er die volle Ordination erhielt, nach Nalanda zurück. Sechs Jahre lang widmete er sich dem Studium der Vinaya-Texte und der Madhyamika-Lehren unter Santabodhi; drei Jahre lang studierte er Yogacara und die *Vijnaptimatra* unter Vasubandhu und den *Madhyanta-vibhanga* des Sthiramati unter Jinabhadra in Kapilavastu in Nordindien; und sieben Jahre lang studierte er das *Vajra-sekhara-Sutra* und andere mystische Texte unter Nagabodhi in Südindien. Schließlich reiste er zum südlichen Meer und erreichte 720 Loyang in China. Er übersetzte viele wichtige Texte wie z.B. das *Vajra-sekhara-Sutra* (Taishô Nr. 932). Im Jahr 741, als er sich in Ch´angan aufhielt, erhielt er die Erlaubnis, nach Indien zurückzukehren, aber er starb auf seinem Weg nach Loyang.

Amoghavajra (705–774), ein begabter Schüler von Vajrabodhi, stammte aus Nordindien. Er wurde im Alter von fünfzehn Jahren Novize und kam gemeinsam mit seinem Lehrer nach Kuangtung, dem er bis nach Loyang folgte. Mit zwanzig erhielt er die volle Ordination. Innerhalb von zwölf Jahren meisterte er alle mystischen Lehren und Praktiken. Nachdem sein Lehrer gestorben war, ging er mit seinen 37 Mitschülern nach Ceylon und suchte den Lehrer Samantabhadra auf, von dem er die Lehren des *Vajra-sekhara-yoga* und des *Maha-vairocana-garbhakosa* lernte. Mit einer reichhaltigen Sammlung kehrte er 746 nach Ch´angan zurück.

Amoghavajra war ein Lehrer von Hsüan-tsung, Su-tsung und Tai-tsung, den drei aufeinander folgenden Kaisern. Er übersetzte 110 unterschiedliche Texte in 143 chinesische Bände (*chüan*). Der wichtigste Text darunter war das *Rita-sangraha* bzw. *Tattva-sangraha* (d.h. das *Vajra-sekhara*), „Diamant-Spitze“ (Taishô Nr. 865). Dieser Text wurde spannenderweise zur gleichen Zeit von Professor Tucci aus Italien und Professor Ono aus Japan (wieder)entdeckt. Ersterer fand in Tibet die Sanskrit-Version, letzterer in

Japan die bildlichen Begleitdarstellungen des Textes, welche von Enchin (Chishô Daishi) im Jahr 853 aus China nach Japan gebracht wurden. Der glückliche Zusammenfall der Entdeckungen beider Professoren wird viel zur Geschichte des esoterischen Buddhismus in Indien, Tibet, China und Japan beitragen.

Ichigyô (683–727), ein Schüler von Subhakarasimha, der im Sanron-, Zen- und Tendai-Buddhismus sowie dem Kalenderwesen wohlbewandert war, assistierte Subhakarasimha bei seiner Übersetzung des *Mahavairocana-Sutra.* Infolge der Unterweisungen durch seinen Lehrer verfasste Ichigyô einen Kommentar dazu mit dem Namen *Ta-jih ching-su.* Da er auch ein Gelehrter der Tendai-Schule war, heißt es, dass sein Kommentar einige Ansichten dieser Schule enthält. Der Kommentar, wie er in einem unbearbeiteten Manuskript erhalten war, wurde später von Chih-yen, einem Schüler von Subhakarasimha und Wen-ku (einem Schüler von Vajrabodhi) überarbeitet, und erhielt die neue Bezeichnung *Ta-jih ching I-shih.* Die Tômitsu-Richtung folgt der früheren Ausgabe, während die Taimitsu-Richtung den späteren Kommentar übernahm. Ichigyô lernte bei zwei indischen Meistern, Subhakarasimha und Vajrabodhi, und erhielt Einweihungen in die Liturgie sowohl des „Mutterschoß-Mandala“ als auch des „Diamant-Welt-Mandala“; es heißt, dass er letzteres für das wichtigere der zwei gehalten haben soll. Es folgt eine Darstellung der Übertragungslinie:

1. Subhakarasimha → I-hsing (Ichigyô)
2. Subhakarasimha → I-lin (Girin) → Shun-hsiao → Saichô (Taimitsu, erste Übertragung)
3. Subhakarasimha → Hsüan-ch'ao → Hui-kuo (Keikwa) → Kûkai (Tômitsu, Mutterschoß-Übertragung)
4. Amoghavajra → Hui-kuo → Kûkai (Tômitsu, Diamantwelt-Übertragung)
5. Amoghavajra, I-ts'ao (Gisô), Gishin & 6. Amoghavajra, Hui-tse, Genshô → Ennin (Jikaku Daishi, Taimitsu, zweite Übertragung)

Während der Hui-ch'ang-Zeit (845), als in China eine Zerschlagung des Buddhismus geschah, befand sich dort auch Ennin (Jikaku Daishi) von der Tendai-Schule [aus Japan]. Er begegnete in dieser Zeit vielen Schwierigkeiten, doch aufgrund der Unruhen war es ihm auch möglich, viele wertvolle Materialien zum esoterischen Buddhismus zu sammeln.

Glücklicherweise wurde die mystische Lehre von den vier „Großen Lehrern“ (*daishi*) und anderen nach Japan gebracht und durch die fähige Hand von Kôbô Daishi (Kûkai) ein für alle Mal organisiert und systematisiert. Der Kôyasan, das Zentrum des Studiums der mystischen Lehren, soll während seiner Hauptblütezeit 990 Klöster beherbergt haben.

Kôbô Daishi, der Begründer der Shingon-Schule in Japan, war vor allem auch ein herausragender Maler und Literat. Sein literarischer Stil wurde in China ebenso wie in Japan bewundert. Er gründete in Kyoto eine Privatakademie der Künste als Erziehungsanstalt für gewöhnliche Leute. Obwohl sie bald nach seinem Ableben aufgegeben wurde, hat sich sein Einfluss auf die Grundbildung in Japan bis heute erhalten. Es ist nur zu einsichtig, dass das in Japan populäre und weit verbreitete Iroha-Alphabet ihm zugeschrieben wird.

Gegenwärtig hat die Shingon-Schule zwei Zweige, den „Alten“ und „Neuen“; die Anzahl der Klöster beläuft sich insgesamt auf 10.000.

(3) Philosophie

Die Shingon-Schule nimmt für sich in Anspruch, die einzige esoterische Schulrichtung zu sein, während alle anderen Schulen als exoterisch angesehen werden. Die Unterscheidung der beiden Lehren liegt in der Behandlung des spirituellen Körpers (*dharma-kaya*) des Buddha. Der spirituelle Körper ist der Körper des Grundsätzlichen und daher der exoterischen Lehre zufolge farblos, formlos und ohne Rede; wohingegen nach der esoterischen Lehre der mystischen Schule der [historische] lehrende Buddha selbst der spirituelle Körper ist und daher Form, Farbe und Rede besitzt. Seine Verkündigung findet sich im *Dainichi-kyô* und im *Kongôchô-kyô*. Weiterhin erkennen die exoterischen Schulen an, dass der Status der Verursachung der Buddhaschaft teilweise erklärbar ist, doch der Status der Wirkung kann in keiner Weise erklärt werden. Dieser Status unergründlicher Buddhaschaft wurde in den beiden obigen mystischen Texten erhellt. Was den Zeitraum vor der Erlangung der Buddhaschaft betrifft, so sind die exoterischen Schulen der Auffassung, dass er drei Zeitalter (*kalpa*) beträgt; die esoterischen

Schulen hingegen fassen ihn als einen einzigen Gedankenmoment oder aber nur eine Lebensspanne auf und behaupten, dass dieser unser Körper zum Buddha wird. Die einen Schulen hängen von der Literatur des Tipitaka ab; in den anderen Schulen gelten die Rituale, *kalpa* oder *vidhi* (儀軋), als autoritativ.

Ein Mantra (*mystic hymn*) ist die Quelle, um die umfassende Kraft des Buddha zu erlangen. Wenn wir von der Predigt des spirituellen Körpers und der Erklärbarkeit des Standes der Wirkung [der Buddhaschaft] sprechen, dann können wir dies tun, weil wir voraussetzen, dass alle Verkündigungen wahre Verkündigungen sind, die aufgrund des eigenen Entschlusses Buddhas erfolgen; man könnte es auch eine wortlose Rede zu seinem eigenen Vergnügen am Geschmack des Dharma nennen.

Den exoterischen Schulen zufolge dienen alle Predigten des Buddha dem Wohlergehen anderer, während der spirituelle Körper an sich unerkennbar und der Zustand der Buddhaschaft gänzlich unerklärbar sind. Somit wird keine Verkündigung des spirituellen Körpers wahrgenommen. Die Shingon-Schule hingegen behauptet, dass der Buddha keine „geheime Faust" besitze, was er auch eigenhändig demonstriert hat, und dass er kontinuierlich die [ganze] Wahrheit lehrte, aber die Hörer nicht die Ohren und den Geist besaßen, ihn zu verstehen.

Die drei Mysterien des Körpers, der Rede und des Geistes des Buddha würden für immer Mysterien bleiben, wenn es keine Mittel gäbe, sie mitzuteilen. Solche Mittel der Vereinigung müssen aus der mystischen Kraft (*adhisthana*) des Buddha entspringen, und nicht aus den begrenzten Bemühungen der Aspiranten. Das Mittel selbst ist nichts anderes als die Manifestation der mystischen Kraft, welche durch die drei Aktivitäten der Menschen ausgedrückt werden kann, d.h. durch Körper, Rede und Geist. Den liturgischen Anleitungen (*giki*) entsprechend haben diese Mittel drei Dimensionen: die Finger-Zeichen oder *mudra* (手結印契) und andere körperliche Gebärden, mystische Verse oder *mantra* (口誦真言) und andere heilige Worte (*words of prayer*) und yogische Sammlung (心入本尊三摩地). Diese drei entsprechen unseren menschlichen Aktivitäten. Durch das Ritual ist es somit möglich, vollkommene Einheit zwischen dem Buddha und dem Aspiranten zu erzielen, was zum „Eingehen des Buddha in einen selbst und das eigene Eingehen in den Buddha" (入我我入) führt; das aber bedeutet die Verwirklichung der Lehre von der Buddhaschaft in diesem körperlichen Dasein.

Der Große Sonnen-Buddha oder Mahavairocana, wie er auf Sanskrit heißt, ist offensichtlich verschieden von Sakyamuni Buddha; aber wenn esoterisch betrachtet, ist letzterer selbst ersterer, und der Bodhisattva Samantabhadra, der Sakyamuni begleitet, ist Vajrapani mit Hinblick auf den mystischen Buddha. Selbst der mystische Buddha weist zwei Aspekte auf und wird normalerweise durch zwei Buddhas repräsentiert.

Im Buddhismus wird ein Buddha, egal wie fern er zeitlich ist oder wie groß im Ursprung, immer ein Individuum sein; denn die Vollendung von Wissen und Weisheit ist die Vollendung der Persönlichkeit, und das wiederum ist ein Buddha. Eine persönliche, durch die drei Mysterien geschmückte Vollendung entspricht dem spirituellen Körper von Wissen und Weisheit (智法身三密荘厳). Die statische Natur des Buddha ist potentiell vollendet wie der Große Himmelskörper (das Diamant-Element), sie ist die Große Sonne (Mahavairocana) des Diamant-Wesens. Wir können es noch nicht verstehen, dass die alles-erleuchtende dynamische Kraft wie Wärme und Mitgefühl alle Wesen umhüllt, die sich in der Sphäre des natürlichen Prinzips (der Mutterschoß-Welt) befinden. Darum wird der spirituelle Körper des Prinzipiellen (理法身) so beschrieben, als ob die natürliche Welt, d.h. das gesamte Universum, erleuchtet wird und die Pracht vollkommener Weisheit annehmen soll. Dieser Buddha wird von der vollkommenen Harmonie der sechsfachen Größe beherrscht, d.h. Erde, Wasser, Feuer, Luft, Raum und Bewusstsein (六大無礙), und ist der Buddha Mahavairocana der Mutterschoß-Sphäre. Die kuriosen Namen der Sphären als „Diamant-Wesen" und „Mutterschoß" verweisen auf den unzerstörbaren Charakter persönlicher Weisheit, welche auch „Bereich der Wirkung" und „natürliche Quelle" aller Lebewesen (manchmal auch Bereich der Verursachung) genannt werden.

Diese beiden Aspekte des Buddha werden strikt unterschieden. Ich habe die Begriffe „statisch" und „dynamisch" mit Hinsicht auf die Person des

Buddha auf der Grundlage der Manifestation seiner umfassenden Kräfte gebraucht. Vom Standpunkt der Erlangung seiner vollkommenen Weisheit aus ist der Buddha der natürlichen Sphäre statisch und zeigt darum die *mudra* der Meditation, während der Buddha der Sphäre der Weisheit dynamisch ist, infolge der lebhaften Realisierung seiner Ideale, und darum die *mudra* der Weisheits-Faust (*chiken-in*) bildet. Nehmen wir an, ein Individuum entwickelt sich und erlangt Erleuchtung und schreitet so weit fort, bis es sich in Übereinstimmung mit dem universellen Prinzip befindet – dann wird es zum Buddha Mahavairocana der individuellen Sphäre (Diamant-Wesen). In Darstellungen wird er gezeigt, wie die linke Hand den Zeigefinger der rechten Hand umgreift, das Zeichen der Weisheits-Faust.[42]

Wenn hingegen das gesamte Universum erleuchtet wird und den Glanz der Weisheit annimmt, wird er zum Buddha Mahavairocana der natürlichen Sphäre (Mutterschoß). In Darstellungen wird er mit der Geste der Meditation über das Universum gezeigt: die rechte Hand auf der linken, die Daumen einander berührend.

Somit gibt es zwei Buddhas mit ein und demselben Namen, die sich in ihrer Manifestation voneinander unterscheiden, aber identisch sind hinsichtlich ihrer Qualität. „Sie sind zwei und doch nicht zwei (二而不二)." Wenn die sechs großen Elemente sich kreuzweise verbinden (dem Raum entsprechend), erhalten wir das Universum, d.h. den universellen Körper des Buddha der Mutterschoß-Sphäre. Wenn sich die sechs Elemente längs oder vertikal anordnen (entsprechend der Zeit), erhalten wir das Individuum der fünf Anhäufungen, d.h. den persönlichen Körper des Buddha aus der Diamant-Welt. Mystisch ausgedrückt sind die beiden Personen höchster Vollendung von ein und derselben Länge und Höhe.

Um die Sphären der Aktivität beider Buddhas zu illustrieren, wurde für beide ein Mandala entworfen, mit der gesamten Vorführung heiliger Wesen um den Buddha im Zentrum.[43]

---

[42] Die häufigere Darstellung ist eigentlich andersrum, d.h. die rechte Hand umfasst den Zeigefinger der linken Hand (siehe z.B. Saunders, *Mudra*).

[43] Die in der Vorlage folgenden beiden Abbildungen wurden ausgespart. Sie sind so erklärt:

Es gibt vier Arten von Mandala (四曼):

1. Die „Großen Mandala“ (*maha-mandala*) sind die Mandalas von Buddha und seinem Gefolge, dargestellt durch Bilder oder gemalte Figuren, d.h. ebene Darstellungen.
2. Die „symbolischen Mandala“ (*samaya-mandala*) sind die Mandala derselben Versammlung, dargestellt durch Symbole oder von den Buddhas bzw. Bodhisattvas getragenen Gegenständen. Sanskrit *samaya* meint das „ursprüngliche Gelübde“, welches hier jedoch durch einen spezifischen Gegenstand repräsentiert wird.
3. Die „Gesetzes-Mandala“ (*dharma-mandala*) sind Mandala, welche die heiligen Wesen durch Keimsilben (*bija-aksara*) darstellen.
4. Die „Kunsthandwerk-Mandala“ (*karma-mandala*) sind Mandala mit plastischen Figuren.

In Japan werden keine Mandalas mit plastischen Figuren verwendet. Es heißt, dass die Fülle der buddhistischen Bilder [Statuen] auf Java [Borobodur] zu dieser Gruppe gehört. Sanskrit *karma* ist eigentlich „Handlung“ oder „Arbeit“, hier meint es speziell die künstlerische Arbeit der soliden Gestaltung.

Die vier Arten von Mandalas verweisen auf die wirksame Kraft der drei Mysterien. Die Figuren, ob gemalt oder plastisch, zeigen das Mysterium des Körpers des Buddha; die Silben zeigen das Mysterium der Rede des Buddha; die Symbole zeigen das Ursprüngliche Gelübde, d.h. den Geist des Buddha.

Sphäre des Diamant-Wesens (金剛界九会): Dies ist der zentrale Teil von neun Abteilungen, welche die Diamant-Sphäre verkörpern. Die Anzahl der Darstellungen beträgt insgesamt 414 Buddhas.

Sphäre des Mutterschoßes (胎臟界十三大院): Jedes der vier Felder [oben, unten, links, rechts] hat einen Buddha, und jede der vier Ecken hat einen Bodhisattva, was zusammen mit dem zentralen Buddha ein Gruppe von neun ergibt. Die Anzahl der dargestellten heiligen Wesen beläuft sich auf insgesamt 1.461.

Die Shingon-Schule kennt das Ritual der Salbung (*abhiseka*) ebenso wie dasjenige der Ordination. Das Areal, an dem die Zeremonie der Salbung stattfindet, muss mit den Mandalas der beiden Welten geschmückt sein; alle rituellen Anforderungen müssen erfüllt sein. Manchmal werden die Mandalas auch ausgebreitet und damit das rituelle Areal gebildet. Auf diese Weise heißt das Gebiet ein „Mandala" (Kreis). Nur die korrekte Durchführung des Rituals führt zu einer wirksamen Evokation der Entfaltung der Kräfte eines Buddha.

Der Tradition zufolge haben Subhakarasimha und sein Schüler I-hsing die Mutterschoß-Lehren überliefert, während Vajrabodhi und sein Schüler Amoghavajra die Diamant-Lehren tradiert haben. Daher müssen wir annehmen, dass es zwei Traditionslinien gab, von denen beide für sich allein nicht komplett bzw. einseitig sind.

Jedoch machen die jüngsten Entdeckungen des *Tattva-samgraha* in Tibet durch Professor Tucci und des *Vajra-sekhara* (*Rita-sangraha*) in Japan durch Professor Oni die alten Traditionen weitgehend unhaltbar, da das in den „Fünf Versammlungen" (五部心観) repräsentierte *Vajra-sekhara* unzugänglich im Mii-Kloster in Ômi und im Shôrenin-Tempel in Kyoto aufbewahrt wurde. Die „Fünf Versammlungen" sind *buddha*, *padma* (Lotos), *ratna* (Juwel), *vajra* (Diamantzepter) und *karma*. Da dies die ursprünglichen Abteilungen der Diamant-Sphäre sind, ist es klar, dass wir [in Japan] von Anfang an den Text der von Subhakarasimha gebrachten Diamant-Lehre hatten. Es handelt sich in der Tat um die Überlieferung von Subhakarasimha. Daraus wird ersichtlich, dass seit der Zeit von Subharakasimha sowohl die Diamant- als auch die Mutterschoß-Lehren in China bestanden. Tuccis Text ist in Sanskrit verfasst, und Onos Text ist eine bildliche Darstellung ohne Erklärungen, ohne die eine genaue Überprüfung der Sanskrit-Version oftmals nicht möglich ist. Studierende der esoterischen Lehren können von dem Studium dieser beiden Texte eine echte Bereicherung erwarten.

XI. Die Zen-Schule

Meditations-Schule, Dhyana, Reiner Intuitionismus, Mahayana

(1) Buddhistische Schulen der Kamakura-Zeit (1185–1335)
Buddhismus war während der Nara-Zeit (710–794) eine Philosophie des [inneren] Forschens und Spekulierens, während der Buddhismus der Heian-Zeit (794–1185) nach außen hin einen Eklektizismus oder Synkretismus von shintoistischen und buddhistischen Ideen darstellt und nach innen eine Vereinigung der Theorie der universellen Immanenz (exoterischer Aspekt). Der Buddhismus dieser späteren Epoche übte aufgrund seiner Lehre von der Entfaltung der Kräfte (esoterischer Aspekt) großen Einfluss auf das soziale Leben und die Kultur in allen Bereichen aus. Während der Kamakura-Zeit war der spezifische Charakter des Buddhismus hauptsächlich praktischer Art, national und ausgesprochen enthusiastisch in der Verkündigung, exklusiv in seiner Lehre, einfacher und spezifischer als je zuvor, aber weit in der Anwendung oder Verwirklichung seines Ideals, da alle buddhistischen Schulen in dieser Zeit die Erlösung – d.h. den Weg zur Erleuchtung – für alle verkündeten, also Pansophismus.

Die religiöse Aktivität dieser Periode war in gewisser Weise ein starker Protest gegen die vorherigen orthodoxen Schulen, die in einer Darlegung entweder spekulativer Erlangungen oder ritueller Wirkungen zu enden schienen und in ihrem aristokratischen Pomp und zeremoniellen Vorführungen die schnell degenerierende Tendenz des philosophisch-religiösen Lebens im allgemeinen erkennen ließen. Die Bedeutsamkeit der Rückkehr zur monastischen und praktischen Religion von Prinz Shôtoku (574–622) wurde deutlich empfunden. Der Konsens hinsichtlich der leitenden Ideen und die Notwendigkeit spiritueller Reformen in der Bevölkerung brachten die Uniformität der religiösen Modelle jener Zeit hervor. Die für diese Zeit bezeugte Wiedererweckung der Erinnerung an Prinz Shôtoku in hohem Maße, die beträchtliche Zunahme an Bildern, Heiligtümern, Gedenkfeiern und sogar mit ihm verknüpfter Künstlergilden sind jedenfalls auffällig. Eine der zu dieser Zeit begründeten buddhistischen Schulen stiftete ihm einen Schrein als Patriarch von Japan.

Kamakura-Buddhismus, der Buddhismus der „All-Erleuchtung“, kann in sieben Schulen zusammengefasst werden:

1. Die Zen-Schule (禅宗) des meditativen Intuitionismus
    a) Die von Eisai (1141–1215) begründete Rinzai-Schule (臨済宗)
    b) Die von Dôgen (1200–1253) begründetet Sôtô-Schule (曹洞宗)
2. Die Fuke-Schule (普化宗) der introspektiven Askese, 1255 gegründet von Kakushin
3. Die Jôdô-Schule (浄土宗) des Amida-Pietismus, gegründet von Hônen (1133–1212)
4. Die Shin-Schule (真宗) des Amida-Pietismus, gegründet von Shinran (1173–1262)
5. Die Ji-Schule (時宗) des Amida-Pietismus, gegründet von Ippen (1239–1289)
6. Die Nichiren-Schule (日蓮宗) des Lotos-Pietismus, gegründet von Nichiren (1222–1282)
7. Die Shin-Ritsu-Schule (新律宗), die reformierte Schule der Eigengelübde-Disziplin, gegründet von Eison (1201-1290), dem Erneuerer der Schule der Disziplin

(2) Einleitung

Als ein Erbe der frühen arischen Rasse weist Indien in allen philosophischen ebenso wie in den religiösen Bewegungen die Angewohnheit der Meditation auf. Es gibt sechs Systeme der indischen Philosophie (*darsana*), von denen eines, der Yoga, sich ganz besonders der Meditation bzw. Versenkung widmet.

Das Yoga-System stellt die praktische Seite der dualistischen Samkhya-Philosophie dar. Im Samkhya können das Selbst (*atman*), welches blind ist, und die Natur (*prakriti*), die lahm ist, nicht funktionieren wenn sie nicht zusammenwirken. Das Selbst besitzt die geistige Funktion, kann aber ohne die physische Mitwirkung der Natur nicht tätig werden. Wenn sich die beiden miteinander verbinden, erkennen sie den Weg und bewegen sich dem Willen entsprechend. Das Selbst ist wie der Regisseur eines Theaterstücks, der dem Handeln seiner Kollegen einfach zusieht, aber irrtümlicherweise meint, dass er selber handelt, obwohl sich in Wirklichkeit nur die Natur bewegt und etwas bewirkt. Nur Selbst-Kultivierung führt zur Freiheit, d.h. der Unabhängigkeit des Selbst. Die Methode der Selbst-Kultivierung ist aber nichts anderes als das Yoga-System des Patanjali. Das Samkhya-System, welches ursprünglich als heterodox, weil atheistisch, galt, erkennt nur die Existenz des individuellen Selbst (*atman*) an, aber nicht die des Großen Selbst (*mahatman*, Brahman). Aber im Vollzug abstrakter Meditation war ein Objekt der Konzentration für das Selbst notwendig, und so nimmt die Lehre die Form eines Deismus (aber nicht eines Theismus) an. Am Ende der Meditation, wenn die vollständige Trennung des Selbst von der Natur erreicht ist, wird das Objekt der Meditation – Brahman, *parama-atman*, Gott [*isvara*] oder was auch immer – nicht mehr länger benötigt.

Die Bestandteile des Yoga-Wegs sind im Allgemeinen acht: 1. Zügelung (*yama*); 2. geringere Zügelung (*niyama*); 3. Sitzhaltung (*asana*); 4. Zurückhalten des Atems (*pranayama*); 5. Rückzug der Sinne (*pratyahara*); Aufrechterhaltung des Geistes (*dharana*); 7. Konzentration des Geistes (*dhyana*); 8. Sammlung der Gedanken (*samadhi*). Diese Yoga-Praktiken ähneln offensichtlich denen der Yogacara-Schule des Buddhismus (siehe Kap. VI.). Yogacara bedeutet „Praxis der Selbst-Konzentration“ und hat vieles mit der Yoga-Philosophie gemeinsam. Die Yogacara-Schule ist ein von Asanga gelehrter buddhistischer Idealismus, der von seinem Bruder Vasubandhu als Lehre der bloßen Ideation (*vijnaptimatrata*) systematisiert und in China durch Hiuen-tsang als Fa-hsiang-Schule (Hossô) eingeführt worden ist. I-tsing, dem berühmten Indien-Reisenden zufolge, war sie nur eine der beiden Mahayana-Schulen (Madhayamika und Yogacara).[44] Diese Tatsache wird gänzlich bestätigt durch Sayanas Kommentar zum *Vedanta-Sutra*, in dem diese beiden als die einzigen buddhistischen Systeme behandelt werden.

---

[44] [Fußnote im Original] Siehe meine Übersetzung *A Record of the Buddhist Religion as Practiced in India and the Malay Archipelago by I-tsing (A.D. 671–695)*; Oxford 1896, S.15.

Die in der Zen-Schule ausgeübte Meditation (*dhyana*) besteht aus zwölf Wegen der Versenkung, drei Graden mit je vier Arten: vier Meditationen des Bereichs der Form (*rupa-dhatu*), vier Meditationen des formfreien Bereichs (*arupa-dhatu*) und vier grenzenlosen Meditationen (*apramana-dhyana*). Die letzten, die grenzenlosen Meditationen, sind exakt identisch mit denjenigen des Yoga-Systems. Welches von welchem abhängt, können wir nicht sagen, da sie ziemlich buddhistisch aussehen. Es handelt sich um: 1. Güte (*maitri*, anderen Freude bereiten); 2. Fröhlichkeit (*mudita*, sich selbst glücklich bewahren); 3. Erbarmen (*karuna*, das Leiden anderer mildern); 4. Gleichmut (*upeksa*; die drei vorherigen transzendieren). Diese, obwohl subjektiv, haben alle Wesen als Objekte, während die Meditationen des Formbereichs und des formfreien Bereichs die Himmel der formhaften Sphäre und der formfreien Sphäre als Objekte haben. Es ist wohlbekannt, dass der Buddha in seiner Laufbahn die formlosen Versenkungen mit Arada Kalama ausübte, einem Asketen, der den geistigen Zustand des grenzenlosen Bewusstseins erreicht hatte, und mit Udraka Ramaputra, einem anderen Asketen, der die höchste Stufe von ‚weder Wahrnehmung noch Nicht-Wahrnehmung' erreicht hatte. Schließlich übertraf der Buddha seine Lehrer, und da er erkannte, dass er nichts mehr von ihnen lernen konnte, ging er seinen eigenen Weg ungeachtet ihrer dringenden Bitten, bei ihnen zu bleiben und seinerseits Schüler zu unterweisen.

Die Bedeutung der abstrakten Yoga-Meditation beruht auf der Entwicklung und Umkehrung der dualistischen Prinzipien und auf der finalen Befreiung des Selbst von der Natur, während die [Meditation] der idealistischen Yogacara-Schule des Buddhismus auf die Vereinigung der inneren und äußeren Welt ausgerichtet ist – auf die Synthese unserer ursächlichen und illusorischen Existenz – und so auf negative Weise den Zustand der Soheit (*tathata*) entdeckt.

Der Buddhismus hat natürlich eine spezielle Meditations-Lehre. Obwohl die Tiefe und Weite der Meditation vom persönlichen Charakter des Einzelnen abhängen, sind die Methoden und Inhalte der vom Buddha gelehrten Meditation im Hinayana und Mahayana ähnlich. Diese spezielle Meditation wird Tathagata-Meditation (如来禅) genannt, da sie einen Teil der heiligen

Lehren bildet. Die höchste Entwicklungsstufe hiervon zeigt sich in der vollkommenen „Ruhe und Einsicht“, *samatha-vipassana* (止観), der Tendai-Schule und in den mystischen Praktiken der Shingon-Schule.

(3) Geschichte

Um die Tathagata-Meditation verstehen zu können, muss man sich mit der Geschichte der meditativen Lehren des Buddha beschäftigen. Wenn wir von Tathagata-Meditation sprechen, setzen wir das Aufkommen patriarchaler Meditation (祖師禅) durch die Ankunft des Bodhidharma in China um 520 voraus.

(a) Tathagata-Meditation

Der Buddha lehrte anfänglich die dreifache Basis der Schulung (*trisiksa*): Höhere Disziplin (*adhi-sila*), Höhere Meditation (*adhi-citta*) und Höhere Weisheit (*adhi-prajna*). In der sechsfachen Vollendung der Weisheit ist Konzentration (*samadhi*) einer der wichtigsten Faktoren. Er lehrte weiterhin die Meditation als „Grundlage des Handelns“ (*karma-sthana*), so wie die Meditation auf die zehn universellen Objekte, auf Unreinheit, Unbeständigkeit, den Atem etc. Die Meditation mit dem Buddha als Objekt der Meditation scheint zuerst zur Erlangung von Geistesruhe und dann von Einsicht zu führen. Diese Ansicht ist dem Hinayana und dem Mahayana gemeinsam. Um die ursprüngliche Idee zu intensivieren und weiter anwenden zu können, scheint jede Schule spezielle Details in die Meditation eingeführt zu haben.

Im Allgemeinen wird die geistige Kultivierung im Buddhismus in drei Stadien unterteilt: 1. „Ansammlungs-Stadium“; 2. „Stadium des Sehens“; 3. „Pfad der Praxis“. Die Ausrichtung des eigenen Selbst, um so auf dem Pfad fortschreiten zu können – d.h. die Bemühungen des Anfängers –, stehen am Anfang. Der erste Pfad, den man beschreitet, ist das „Ansammlungs-Stadium“, in dem man sich der Praxis von Ruhe und Einsicht widmet. Es gilt zu üben:

(b) Ruhe

A. Fünffache Zügelung des Geistes

1) Meditation über die Unreinheit des weltlichen Daseins, um den Geist mit Hinsicht auf Leidenschaft und Habsucht auszurichten [d.h. diese abzuwenden]. (individuell)
2) Meditation über Erbarmen, um das Konzept des Mitgefühls für andere zu kultivieren und die Neigung zum Ärger zu stoppen. (universell)
3) Meditation über die Verursachungen, um frei zu werden von der Unwissenheit. (individuell)
4) Meditation über die Verschiedenheit der Daseins-Bereiche, um die Unterschiede in den Standpunkten zu verstehen und frei zu werden von selbstbezogenen Ansichten. (universell)
5) Meditation über den Atem, die zur Konzentration führt, um die Neigung zur geistigen Zerstreuung zu korrigieren. (individuell)

Wenn der fehlerhafte Geist ausgerichtet und Ruhe erlangt wurde, fährt man mit der nächsten Übung fort.

(c) Einsicht

B. Vierfache Zügelung des Geistes

1) Die Unreinheit des Körpers wird betrachtet und vollständig erkannt.
2) Der Schaden durch die Sinneseindrücke wird betrachtet und vollständig erkannt.
3) Die Flüchtigkeit bzw. Unbeständigkeit von Geist und Gedanken wird betrachtet und vollständig erkannt.
4) Die Wandelbarkeit aller Phänomene oder Selbstlosigkeit wird betrachtet und vollständig erkannt.

Im Hinayana-Buddhismus werden diese Übungen „Grundlagen des Handelns“ (*kammatthana*) genannt und bilden einen Bereich der analytischen Meditation. Ganze vierzig solcher Meditationen werden im *Visuddhi-magga* angeführt: vier grenzenlose Zustände, zehn Unreinheiten [Leichenbetrachtungen], vier formfreie Sphären, zehn Universelle [*kasina*], zehn Erinnerungen [Buddha, Dharma etc.], ein Zeichen [Analyse der vier Elemente] und eine geistige Spiegelung [Ekel der Nahrung]. Wir müssen nicht detailliert auf jede dieser Meditationen eingehen.

Die übliche Meditationsanweisung lautet wie folgt:

> Richte deinen Platz her, sitze aufrecht, mit gekreuzten Beinen, die Augen weder ganz geschlossen noch ganz geöffnet, den Blick etwa 2 oder 3 Meter vor dir [zum Boden]. Du solltest genau sitzen, doch wird sich dein Körper mit deinem Atem bewegen. Um solche Bewegungen zu korrigieren, zähle Ein- und Ausatmen als „Eins", und zähle langsam bis zehn, aber nie darüber hinaus.
>
> Obwohl dein Körper aufrecht und ruhig werden wird, werden deine Gedanken umherwandern. Du musst daher über die Unreinheit des menschlichen Daseins durch Krankheit, Tod und Wiedergeburt meditieren.
>
> Wenn du gut auf die Meditation vorbereitet bist, fängst du an, dich in der Konzentration auf die zehn Universellen zu üben. Dabei handelt es sich um eine meditative Vereinigung unterschiedlicher Phänomene mit einem der zehn Universellen, d.i. Blau, Gelb, Rot, Weiß, Erde, Wasser, Feuer, Luft, Raum, Bewusstsein. Dabei musst du über das ganze Universum solange meditieren, bis es zum Eindruck einer einzigen Farbe oder einem elementaren Aspekt wird. Wenn du auf das Wasser meditierst, wird die Welt um dich herum nur noch fließendes Wasser sein.

So ein Meditations-Prozess ist allen buddhistischen Schulen gemeinsam, dem Hinayana ebenso wie dem Mahayana, und stellt das Charakteristikum der Tathagata-Meditation dar.

(d) Patriarchale Meditation

Die Geschichte des Zen ist von mythischer Art. Es heißt, dass eines Tages der Gott Brahma zum Buddha kam, der sich auf dem Geier-Gipfel (Rajagriha) aufhielt, ihm eine Kumbala-Blume darbot und ihn bat, die Lehre zu verkündigen. Der Buddha erhob sich von seinem Löwensitz, nahm die

Blume und drehte sie zwischen den Fingern, ohne ein Wort zu sagen. Niemand in der Versammlung verstand die Bedeutung; allein der Ehrwürdige Mahakasyapa lächelte voller Freude. Der Weltgeehrte-Eine sagte: „Die Lehre des Auges des Wahren Gesetzes wird hiermit dir anvertraut, oh Mahakasyapa. Nimm sie an und überliefere sie der Nachwelt." Als Ananda einmal Mahakasyapa fragte, worin die Überlieferung des Buddha bestehe, sagte dieser: „Geh und hole das Banner herunter!"[45] Ananda verstand ihn augenblicklich. Auf diese Weise wurde das Geist-Siegel (心印) weitergegeben. Die Lehre wurde fortan die „Schule des Buddha-Geistes" genannt (仏心宗).

Der 28. Patriarch war Bodhidharma. Er war der dritte Sohn von König Kancipura in Südindien. Der Anweisung seines Lehrers Prajnatara Folge leistend, brach er gen Osten auf und erreichte China im Jahr 520. Der Kaiser Wu-ti lud ihn nach Nanking zu einer Audienz ein. Der Kaiser sagte: „Seit meiner Krönung habe ich viele Klöster gegründet, viele heilige Schriften kopieren lassen und zahlreiche Mönche und Nonnen ordiniert. Wie groß ist der Verdienst, den ich mir damit erworben habe?" – „Überhaupt keiner." – „Was ist der eigentliche Sinn der Edlen Wahrheiten?" – „Sie sind leer, nichts Vornehmes irgendwo." – „Wer ist es dann, der mir gegenüber steht?" – „Ich habe keine Ahnung, Herr." Der Kaiser verstand ihn nicht. Bodhidharma ging fort, überquerte den Yangtze-Fluss und erreichte die Hauptstadt Loyang von Nord-Wei. Nach einem Aufenthalt begab er sich zum Berg Wu-t'ai und ließ sich im Shaolin-Kloster nieder, wo er neun Jahre in stiller Meditation gegenüber einem Felsen hinter der Klosteranlage saß.

Ein willensstarker konfuzianischer Gelehrter, Hui-k'o, kam zu Bodhidharma und bat ihn um Unterweisung. Er erhielt keine Antwort. Daraufhin stellte er sich in den Schnee und schnitt sich seinen linken Arm ab, um so seine Ernsthaftigkeit und sein Verlangen zu beweisen. Bodhidharma nahm ihn als Schüler an und übergab ihm eine Robe und eine Schale als Zeichen der Übertragung. Damit war die Linie der patriarchalen Übertra-

[45] [Fußnote im Original] Das Aufgezogensein des Banners außerhalb des Tempels war ein Hinweis darauf, dass die Lehre verkündet wurde. Das Banner einzuholen bedeutete, mit dem Verkünden in Worten aufzuhören.

gung begründet. Der fünfte Patriarch, Hung-jen, hatte zwei begabte Schüler. Die reguläre Nachfolge wurde einem von ihnen, Hui-neng, übertragen, welcher der Begründer der südlichen Meditations-Schule wurde. Sein Ziel war das plötzliche Erreichen der Erleuchtung (頓悟禅), und seine Schule wird die südliche Schule des plötzlichen Erwachens genannt. Er ist der sechste Patriarch des Zen. Der andere begabte Schüler war Shen-hsiu, der im Norden blieb und das Zen der patriarchalen Meditation gewissenhaft verkündete. Seine Schule wurde die nördliche Schule des Zen genannt. Seine Lehre war die eines schrittweisen Erreichens der Erleuchtung, und wurde die nördliche Schule des schrittweisen Erwachens genannt. Da die nördliche Schule auch die Tathagata-Meditation lehrte, heißt es, dass Dengyô Daishi ihr zugehörig war. Alle japanischen Zen-Schulen gehören der südlichen Richtung an.

(e) Japanisches Zen

Zen wurde mehrere Male nach Japan gebracht. Dôshô, ein Schüler von Hiuen-tsang, ging 654 nach China und unterrichtete Zen erstmals in der Zen-Halle des Gangôji in Nara. Als nächstes kam Tao-hsüan, ein chinesischer Vinaya-Meister, um 710 nach Nara und lehrte das Zen der nördlichen Schule. Er gab es 733 an Gyôhô weiter, der seinerseits Saichô unterrichtete.

Giku, ein besonderer Zen-Lehrer der südlichen Schule und ein Schüler von Ch′i-an, hielt sich in Kyoto auf und unterrichtete von 851–858 im von der Kaiserin Danrin errichteten Danrin-Tempel. In all den oben angeführten Fällen wurde die Verkündigung vom Hof unterstützt, hielt aber nicht lange an. Der zuletzt erwähnte Lehrer kehrte 858 enttäuscht in seine Heimat zurück, wobei er ein Denkmal am Rashômon [südliches Stadttor in Kyoto] mit der Inschrift hinterließ: ein Bericht der Verkündigung des Zen in Japan.

Die Parole des Zen in China war, „selbst einem Prinzen oder König keinen Respekt zu erweisen“ (沙門不敬王者). Solch eine Haltung vertrug sich nicht mit dem nationalen Geist Japans. Während der Kamakura-Zeit wurden viele chinesische Lehrer eingeladen oder von der Shogunats-Regierung begrüßt. Tao-lung Lan-hsi (Dôryû Rankei, Gründer des Kenchôji in Jahr 1249), Tsu-yüan W′u-hsüeh (Sogen Mugaku, Gründer des Engakuji im Jahr

1237) und I-ning I-shan (Ichinei Issan, nicht extra eingeladen, kam 1299 zum Shuzenji) kamen nach Kamakura und machten sich für die Verbreitung des Zen stark. Wir müssen jedoch daran denken, dass die chinesischen Lehrer erst nach der famosen Wegbereitung durch die fähigen Begründer des japanischen Zen, Eisai und Dôgen, auf der Bühne erschienen. Eisai, der den Kenninji in Kyoto gründete, schrieb eine Abhandlung mit dem Titel *Kôzen Gokoku-ron*, „Die Verkündigung des Zen zum Schutz des Landes", in welcher er die Ansicht vertrat, dass die Verbreitung der Zen-Lehre dem Schutz und Wohlergehen des Reichs dienen würde. Er hatte insofern Recht, als die neue Religion viel dazu beitrug, die Gemüter der Krieger zu beruhigen und zu stärken. Zen lehrt, dass selbst Krieger reflektieren und moralische Verantwortung auf sich nehmen müssen. Dôgen wollte das abnorme Regierungssystem korrigieren und ging so weit, Tokiyori, dem *de-facto* Herrscher, zu raten, die Regierungsgewalt an den Thron [d.h. den Kaiser] zurückzugeben. Als sein Vorschlag kein Gehör fand, verließ er Tokiyori und zog sich in die Provinz Echizen zurück, wo er den Eiheiji errichtete. Dies verstärkte die Achtung des Herrschers vor ihm, und einer von Dôgens Schülern in Kamakura wurde überzeugt, seinem Lehrer die Urkunde über eine großzügige Landschenkung zu überbringen, ein Auftrag, den er gerne ausführte. Als er Dôgen die Urkunde überreichte, geriet dieser so in Rage, dass er seinen Schüler abrupt wegschickte. Er befahl den Stuhl, auf dem sein Schüler gesessen hatte, zu zerstören; die Erde unterhalb des Stuhles sollte drei Fuß tief ausgegraben und fortgeworfen werden. Nach diesem Vorfall wurde Dôgen noch mehr als je zuvor bewundert, und die Zen-Übung wurde bei allen populär.

Die zweite Zen-Schule, die Fuke-Schule, wurde von Kakushin gegründet, der wie Dôgen und Eisai 1249 nach China reiste und sich dort unter Fu-yen (Butsugen) schulte, einem bedeutenden Lehrer der Fuke-Schule. Bei seiner Rückkehr nach Japan 1255 gründete er die Schule der heimatlosen Bettelmönche, in der Regel *komusô* oder „Mönche des Nichts" (虚無僧) genannt, in der es heißt dass die Mitglieder „auf Tau schlafen und Luft essen". Die Schule wurde schließlich zu einer Gemeinschaft von herrenlosen

Samurai (*rônin*) und unterstützte die Regierung sowie das Volk in vielfacher Weise. Sie wurde nach der Meiji-Restauration im Jahre 1868 verboten.

Innerhalb des Zen-Buddhismus haben wir gegenwärtig drei Hauptschulen: 1. die Rinzai-Schule, erstmalig 1191 von Eisai aus China eingeführt und dann erneut 1242 von Enni Benen; 2. die Sôtô-Schule, 1227 eingeführt von Dôgen; 3. die Ôbaku-Schule, von Ingen 1654 nach Japan gebracht. Diese letzte Schule besitzt trotz ihrer späten Einführung 640 Klöster.

(4) Philosophie

Zen hat viel Philosophisches an sich, ist aber keine Philosophie im eigentlichen Sinne des Wortes. Es ist die am stärksten religiöse Schule von allen und doch keine Religion im gewöhnlichen Sinne des Wortes. Es verwendet keine der auf Buddha zurückgehenden Schriften, noch erkennt es eine vom Buddha gelehrte Disziplin an.

Ohne Lehrreden (*sutra*) oder Ordensregeln (*vinaya*) kann keine Schule bzw. Sekte als buddhistisch gelten. Nichtsdestotrotz können der Sicht des Zen zufolge diejenigen, welche an Worten, Schriften oder Regeln hängen, die Absicht des Sprechers niemals vollständig verstehen. Das vom Buddha erkannte Ideal bzw. die von ihm erkannte Wirklichkeit muss sich notwendigerweise von dem von ihm Gelehrten unterscheiden, da es durch die Sprache sowie die Umgebung, in der sich Sprecher und Zuhörer befinden, begrenzt ist. Worauf Zen abzielt, ist die reine, ideale und unbedingte Wirklichkeit des Buddha. Darum wird die Schule auch „Schule des Buddha-Geists“ (仏心宗) genannt. Der Geist des Buddha ist trotz allem ein menschlicher Geist. Nur eine Untersuchung des menschlichen Geistes allein kann einen Aspiranten zur vollkommenen Erleuchtung führen. Aber wie?

Der grundlegende Inhalt des Buddhismus besteht darin, den Menschen zur rechten Erkenntnis und zum rechten Handeln zu bringen. Der Weg des Sehens (*darsana-marga*) unterscheidet sich vom Weg des Handelns (*bhavana-marga*). Die Menschen handeln oft, ohne den Weg zu sehen. Religionen betonen für gewöhnlich die Praxis, d.h. das Handeln, vergessen jedoch, die geistige Aktivität zu lehren, durch welche der rechte Weg erkannt werden kann, d.h. das Sehen. Um entscheiden zu können, ob der Weg, den wir einschlagen wollen, richtig oder falsch ist, ist zuallererst Wissenschaft notwendig; aber wenn wir fortschreiten, entdecken wir, dass Philosophie wichtiger ist als alles andere. Für den Fall, dass Wissenschaft und Philosophie zu keinem zufriedenstellenden Ergebnis führen, müssen wir auf die meditative Methode des Zen zurückgreifen, um Einsicht in irgendein Problem zu erlangen.

Zuerst finde deinen Weg und beginne zu laufen. Die in der Meditation erworbenen Füße können einen durch das Auf und Ab des menschlichen Daseins tragen, bis zu den himmlischen Sphären und darüber hinaus, bis man schließlich zur vollkommenen Erleuchtung gelangt wie der Buddha. Versenkung ist das Auge, welches Einsicht schenkt und zur gleichen Zeit die Beine, die ein richtiges Gehen ermöglichen. Zen (Meditation und Konzentration) ist die Linse, auf der sich die diversen äußeren Objekte sammeln und durch die sie auch dem darunterliegenden Negativ eingeprägt werden. Die Schärfe der Linse selbst ist Konzentration (*samadhi*), und je tiefer die Versenkung ist, umso schneller kommt es zum Erwachen des intuitiven Intellekts. Der weitere Eindruck auf das Negativ ist Weisheit (*prajna*), und diese ist die Grundlage der intellektuellen Tätigkeit. Durch das Licht der Reflexion (*prajna*) sehen und wiedererkennen wir die Welt der Unterscheidungen erneut, um in Übereinstimmung mit dem tatsächlichen Leben wirken zu können.

Die Meditation des patriarchalen Zen ist demnach keine analytische Methode wie die Wissenschaft und auch keine synthetische Methode wie die Philosophie. Es ist eine Methode des Denkens, aber nicht des gewöhnlichen Denkens, die alle Verfahren logischer Argumentation übersteigt. Zu denken ohne jede Methode des Denkens bedeutet, dem Erwachen intuitiven Wissens oder intuitiver Weisheit eine Möglichkeit zu geben. Alle Methoden der Meditation wie die des Hinayana, des Yogacara (Quasi-Mahayana), die Methode des abrupten Anhaltens und der Einsicht (*shi-kan*) des Tendai, oder der mystische Yoga des Shingon können verwendet werden, wenn es der Aspirant möchte; aber sie sind nicht zwingend notwendig.

Die dem Zen eigenen Ansichten können wie folgt umrissen werden: „Übertragung von Geist zu Geist“ (以心伝心), „nicht mit Worten und Schriften ausdrückbar“ (不立文字), „eine besondere Überlieferung außerhalb der orthodoxen Lehre" (教外別伝); „direktes Verweisen auf den Geist des Menschen" (直指人心), „die Selbst-Natur erkennen und ein Buddha werden" (見性成仏). Oder: „der unmittelbare Geist ist Buddha" (此心即仏). Diese Idee wird sehr gut ausgedrückt in Hakuins Hymne übers Sitzen und Meditieren: „Alle Wesen sind im Grunde Buddhas, wie Eis (welches unsere gegenwärtige Bedingtheit verkörpert) und Wasser (welches für unsere immanente Buddha-Natur steht): ohne Wasser gibt es kein Eis. … Diese Erde ist das Reine Land und dieser Körper ist der Buddha."

Das grundlegende Konzept ist die Identität von Sein (*ens*) und Nicht-Sein (*non-ens*). „Der wahre Stand ist kein besonderer Stand" (実相無相); „das Tor der Wahrheit ist kein Tor" (法門無門); „heiliges Wissen ist kein Wissen" (聖智無智). Die wechselseitige Identifizierung zweier gegensätzlicher Ideen, so wie Schwarz und Weiß, Gut und Böse, Rein und Unrein, erwächst aus tiefer Versenkung. „Der wahre Körper ist ohne Form, kann aber jede Form hervorbringen." – „Der goldene Mund hat kein Wort, doch alle Worte können aus ihm hervorkommen." Ähnlichen Ansichten begegnet man an vielen Stellen.

Es gibt allerdings einen besonderen Prozess im Zen. Um den Geist in stiller Meditation zu sammeln und um seine Eignung hinsichtlich des Erleuchtungswegs zu testen, wird dem Aspiranten ein *kôan* gegeben. Nachdem man sein *kôan* erhalten hat, sitzt man ruhig in der Zen-Halle. Man soll bequem sitzen, mit überkreuzten Beinen und aufrechtem Oberkörper, die Hände in der Meditationsgeste [*dhyana-mudra*], die Augen weder ganz geöffnet noch ganz geschlossen. Dies wird „Sitz-Meditation" (*za-zen*) genannt und kann mehrere Tage und Nächte andauern. Das tägliche Leben – Logieren, Essen, Schlafen, Schwimmen oder Baden – sollte sorgfältig geregelt werden. Ruhe ist strikt benötigt und wird auch eingehalten, d.h. während des Meditierens, Essens oder Waschens wird kein Wort gesprochen und es wird kein Lärm verursacht. Zuweilen werden öffentliche Dialoge abgehalten, an denen die „Wolken und Winde" [*unsui*] – ein Ausdruck für die umherreisenden Schüler – dem Lehrer Fragen stellen können und dieser antwortet, Hinweise gibt oder tadelt. Wenn ein Student meint, dass er für die Lösung seines *kôan* bereit ist, ersucht er um einen privaten Besuch in den Gemächern des Meisters, erläutert, was er verstanden hat, und bietet seine Lösung des Problems an. Wenn der Lehrer zufrieden ist, gewährt er Anerkennung; wenn nicht, muss der Schüler mit seiner Meditation fortfahren.

Dieses Zen, welches normalerweise in einer Wald-Einsiedelei ausgeübt wird, scheint fern von der realen Welt zu sein; aber im allgemeinen ist die geistige Verfassung der Zen-Anhänger immer auf eine strikte Einhaltung der Regeln und eine minutiöse Erfüllung der disziplinarischen Anforderungen ausgerichtet. Ihre Ideale kommen unmittelbar in ihrem täglichen Leben und persönlichen Erfahrungen zum Ausdruck. Sie sind in der Regel sehr praktisch. Berühmte Aussprüche der Zen-Meister, wie z.B. „keine Arbeit, kein Brot" („ein Tag ohne Arbeit, ein Tag ohne Brot"), „der alltägliche Geist ist der Weg", „das Leben, die Lehre" („Gehen und Stehen, Sitzen und Liegen sind die heilige Lehre") illustrieren ihre praktische Umsetzung dieser Ideale. Wir können ohne zu Zögern sagen, dass es des Trainings bedarf, um eine Stimme in der Stille zu vernehmen, Aktion im Nicht-Handeln zu entdecken, Bewegung in der Ruhe, oder im Frieden festzustehen und furchtlos im Angesicht des Todes zu sein. Solche Tendenzen müssen für die Kriegerkaste attraktiv gewesen sein, und so haben sie schließlich zur Ausbildung des Wegs des Kriegers (*bushidô*) beigetragen.

Wenn wir aber den Einfluss des Zen so deutlich erkennen können – in der Literatur (Gedichte etc.), im Drama (*Nô*), in der Malerei (Porträtkunst, *monochrome*), in der Architektur (Tempel, Papierfenster, Tee-Häuser), in den industriellen Künsten (Lacke etc.), im sozialen Leben (Tee-Zeremonie, vegetarische Küche, Blumen-Arrangements, Inneneinrichtung) und in der Gegenwart im Erziehungsprogramm – dann können die Ideen des Zen wohl als fast untrennbar vom japanischen Dasein angesehen werden. Vermutlich findet das nationale Ideal der Einfachheit, Reinheit und Aufrichtigkeit seinen passendsten Ausdruck in der Praxis des Zen-Buddhismus.

XII. Die Jôdo-Schule

Reine-Land-Schule, Sukhavati
Amida-Pietismus, Mahayana

(1) Einleitung

Die allgemeine Bezeichnung für Amida-Frömmigkeit lautet *Jôdo*, was „Reines Land" bedeutet und eine Übersetzung von Sanskrit *Sukhavati* („Land der Glückseligkeit") ist. Diejenigen, welche an den Buddha Amida glauben, werden im Reinen Land geboren, um dort die Buddhaschaft zu erlangen.

Die Idee der Erlösung gilt normalerweise als eine Neuerung im Buddhismus. Aber schon König Milinda (Menandros, eine griechischer Herrscher in Sagara um 115 v.Chr.) befragte den gelehrten Mönch Nagasena zu der Aussage, dass es unvernünftig sei zu glauben, ein Mensch mit unlauterem Lebenswandel könne erlöst werden, wenn er am Vorabend seines Todes sich dem Buddha zuwende. Nagasena antwortete: „Ein Stein, egal wie klein, wird im Wasser sinken; aber selbst ein Stein von 100 Tonnen Gewicht wird auf dem Wasser treiben, wenn er auf einem Schiff ist." Nagarjuna bestätigte erneut, dass es zwei Wege zum Erlangen der Buddhaschaft gibt; einen schweren und einen leichten. Der eine ist vergleichbar mit einem Fußmarsch, der andere mit einer Bootsreise. Die Idee eines Bootes oder Fahrzeugs, die hier zum Ausdruck kommt, lässt an die Bezeichnungen Hinayana und Mahayana denken, das Kleine und das Große Fahrzeug, auch wenn die Begriffe nicht von Nagarjuna selbst eingeführt worden sind. Amida-Frömmigkeit will das größte aller Fahrzeuge sein, um diejenigen zu führen, welche eines solchen Mittels bedürfen.

Es gibt zwei Originaltexte auf Sanskrit, das Große[46] und das Kleine[47] Sukhavati-vyuha-Sutra, die beide ins Chinesische übersetzt worden sind.

[46] [Fußnote im Original] Taishô Nr. 360 (大無量寿経). Englische Übersetzung von F. Max Müller: *The Land of Bliss*, in Sacred Books of the East, Vol. XLIX, The Clarendond Press, 1894.

Zwischen 147 und 713 entstanden insgesamt zwölf chinesische Übersetzungen, von denen aber nur noch fünf erhalten sind.

Aufgrund der oben angeführten Aussagen kann man die Entstehung der Lehre von der Erlösung durch Amida nur schwer anzweifeln. Da dieser Glaube für einige Menschen zu fremdartig erschien, wurden zahlreiche Ansichten und Lehren hierzu vorgeschlagen. Einige haben behauptet, dass er vom Christentum entliehen sei, hauptsächlich durch die Legende der Thomas-Mission in Indien (Dahlmann).[48] Andere haben gewisse Übereinstimmungen zum *Avesta* oder Manichäismus betont (Eliot).[49] Wieder andere sind so weit gegangen zu behaupten, dass er auf dem Wege von Zentralasien in den Osten gelangt sei (Reischauer).[50]

Diese Autoritäten haben sich ihre Ansichten jedoch in der Regel aufgrund äußerer Ähnlichkeiten gebildet, ohne sich mit der internen Entwicklung der Mahayana-Lehren selbst befasst zu haben. Der Glaube an Amida war einfach das Ergebnis weitreichender Kontemplation über die Buddha-Natur. Wenn man alle äußeren Facetten von Sakyamuni und alle Bedingtheiten seines Lebens in Indien abzieht, findet man einen perfekten Buddha mit einer perfekten Erleuchtung. Genauer gesagt, wenn wir das Bild eines Buddha auf der Grundlage der vollkommenen Erleuchtung zeichnen, kommen wir zu einer vollkommenen Buddhaschaft, d.h. dem Buddha des Unermesslichen Lichts und Unermesslichen Lebens. Wenn die Wahrheit des Nirvana, welches zeit- und raumlos ist, frei von Geburt und Tod, unwandelbar und unbewegt, verwirklicht wird, ist es nichts anderes als das Unermessliche (d.h. Amida oder Amitabha). Die Schilderung des Lands der

---

[47] [Fußnote im Original] Taishô Nr. 362 (阿彌陀経). Englische Übersetzung von F. Max Müller: *The Smaller Sukhavati-vyuha*, in Sacred Books of the East, Vol. XLIX, The Clarendond Press, 1894.

[48] Joseph Dahlmann SJ (1861–1930) war ein deutscher Theologe, Indologe und Orientalist. Zu seinen Werken gehören u.a. *Nirvana – Eine Studie zur Vorgeschichte des Buddhismus* (1896) und *Der Idealismus der indischen Religionsphilosophie im Zeitalter der Opfermystik* (1901).

[49] Charles Eliot (1862–1931) war ein britischer Kolonialbeamter und Diplomat. Er ist Autor eines Werks zum Buddhismus in Japan (*Japanese Buddhism*).

[50] Edwin O. Reischauer (1910–1990) war ein amerikanischer Japanologe; zu seinen diversen Werken gehört u.a. *Studies in Japanese Buddhism* (1917).

Glückseligkeit, die Namen Unermessliches Leben und Unermessliches Licht und die erleuchtete Person der grenzenlosen Weisheit und Güte sind nichts weiter als Interpretationen dieses Unendlichen.

(2) Geschichte

Nagarjunas *Dasabhumi-Sutra* und Vasubandhus Kommentar dazu sind die von der Jôdo-Schule anerkannten indischen Autoritäten. Der einfache Weg und die „Kraft des Anderen" werden bereits von ihnen angedeutet. In China gibt es zahlreiche Autoritäten, aber die folgenden vier Übertragungslinien sind allgemein anerkannt:

1. Fu-t'u-ch'eng aus Indien, in China zwischen 310 und 348 → Tao-an (Dôan, 584–708) → Hui-yüan (Eon)
2. Bodhiruci aus Indien, in China zwischen 503 und 535 → Hui-ch'ung (Eryû) → Tao-ch'ang (Dôjo) → T'an-luan (Donran, 476–542) → Ta-hai (Daikai) → Fa-shang (Hôjô, 495–580)
3. Bodhiruci → T'an-luan (s.o.) → Tao-ch'o (Dôshaku, ca. 645) → Shan-tao (Zendô, gest. 681) → Huai-kan (Ekan) → Shao-k'ang (Shôkô)
4. Tz'u-min (Jimin), reiste während der Tang-Zeit (618–907) nach Indien und lernte den Amida-Buddhismus in Gandhara kennen

Die entscheidenden Autoritäten, welche Shinran ausgewählt hat, sind T'an-luan, Tao-ch'o und Shan-tao, von denen die Einzelheiten des einfachen Wegs und die vollkommene Hingabe an die Macht des Buddha minutiös erläutert werden. In Japan gibt es viele Autoritäten (die Geschichte dieses Glaubens ist sehr lang), obgleich Genshin (942–1017) und Hônen (1133–1212) die vorherrschenden Verkünder dieser Lehre sind. Prinz Shôtoku soll zur Regierungszeit von Kaiserin Suiko (593–628) an Amida geglaubt haben; zumindest findet sich ein Hinweis auf das Westliche Paradies in einem seiner Kommentare. E-in, ein koreanischer Priester, hat etwa 640 Lesungen über das Amida-Sutra am kaiserlichen Hof gehalten. Während der Nara-Zeit (710–784) soll Gyôgi herumgereist sein und diesen Glauben unter den einfachen Menschen verkündet haben. Kanjin, ein chinesischer Gelehrter der

Ordensregeln (*vinaya*), der im Jahr 754 nach Nara gekommen war, übermittelte am Vorabend seines Todes nahe von Kuangtung die Verehrung von Amida seinem japanischen Schüler Eiei.

Während der Nara-Zeit wurde die Amida-Gläubigkeit jedoch nicht systematisch gelehrt, obwohl es einige Anhänger gegeben haben muss, welche ihr im Privaten nachgingen. In der Tendai-Schule wurde die Amida-Verehrung aufgegriffen und als ein alles-umfassender Glaube verkündet. Es war Jikaku Daishi (Ennin), der dritte Patriarch, der die beiden Arten der Rezitation (stehend und sitzend) der Amida-Formel etablierte und eine dazugehörige Musik einführte. Noch heute lesen die Anhänger das kleine Sukhavati-Sutra in jeder Andacht. In diesem Zusammenhang war ihr Widerstand gegen Hônens Gründung einer neuen und exklusiven Schule der Amida-Frömmigkeit außergewöhnlich heftig. Ein Verbot der Jôdo-Schule ging ihnen nicht weit genug, und sie versuchten sogar, den Körper von Hônen zu schänden, nachdem er bereits beerdigt worden war. Auf dem Hiei-Berg gab es aufrichtige Anhänger des Amida-Pietismus, welche ihr Leben dem Studium und der Praxis dieser Schulrichtung widmeten. Ein brillanter Vertreter hierfür ist Genshin, auch als Eshin bekannt, der neben vielem anderen einen wichtigen Text zu diesem Glauben schrieb sowie eine besondere Bildkunst des Paradieses und Amidas, der die Gläubigen begrüßt, einführte. Einer seiner gebildeten Anhänger, Ryônin, begründete eine eklektische Richtung aus der Tendai-Schule und den Jôdo-Schulen mit dem Namen Yûzûnembutsu („Alles-durchdringender Glaube an den Buddha Amida"), welche im Grunde genommen einen Mittelweg zwischen der Tendai-Schule und der Amida-Frömmigkeit darstellt. Er soll von Amida selbst zu der Erkenntnis der Wahrheit von „Eins in allem, alles in Einem; Einer handelt für Alle, Alle handeln für Einen" inspiriert worden sein. Es handelt sich um die Idee der Erlösung durch die Kraft eines anderen, wobei gegenseitige Hilfe die grundlegende Anschauung ist. In diesem Sinne ist ein Akt der Verehrung Buddhas durch eine Person eine Hilfe für eine andere Person. Ihre Glaubenspraxis zielt nicht nur auf einen selbst und den anderen, sondern auf die Rettung der Gesellschaft als Ganzes. Diese Glaubensrichtung verschwand bald nach dem Tod von Ryônin, wurde jedoch von

Hômyô, einem seiner Anhänger, im Jahr 1321 wiederbelebt. Obwohl die Gruppe dem Amida-Pietismus zugehört, verwendet sie auch das Lotos-Sutra und das Avatamsaka-Sutra. Daher können wir sie eher dem „Pfad der Heiligkeit" als solchen zurechnen denn dem Reinen Land. Das Hauptzentrum dieser Schule ist der Dainenbutsuji in Hirano nahe von Osaka, wo etwa 357 Klöster unterhalten werden.

An dieser Stelle sollten wir uns daran erinnern, dass es in der Tendai-Schule selbst eine Untergruppe namens Shinsei gibt, die um 1780 in der Tokugawa-Zeit gegründet wurde und sich in über 400 Klöstern der Verehrung von Amida widmet, während die beiden Gruppen Sammon und Jimon mehr als 3000 bzw. 800 Klöster aufweisen. Die Verehrung von Amida dominierte im Shingon-Zentrum, dem Koya-san, ebenso wie im Tendai-Zentrum, dem Hiei-Berg. Wir können nicht sagen, inwieweit die Schule in der Anfangszeit studiert und praktiziert wurde, jedoch haben von den 66 Tempeln auf dem Koya-san die älteren Bauwerke Buddha Amida als kultisches Hauptobjekt. Gegen Ende der Heian-Zeit widmete sich Kakuban, ein angesehener Priester des Daidenpô-in und der spätere Begründer der neuen Shingon-Schule, hingebungsvoll dem Glauben an Buddha Amida und strebte nach einer Wiedergeburt in seinem Land der Glückseligkeit im folgenden Dasein. Daraus können wir folgern, dass die Schule in einflussreichen Kreisen Aufnahme gefunden hat.

Ryôhen, ein gelehrter Priester des Kongôsammai-in und erklärter Gläubiger von Amida, reiste nach Tanabe in Kii und bekehrte das Oberhaupt des dortigen Fischerdorfs. Den Anweisungen seines Lehrers folgend begab sich der frisch Bekehrte zum Koya-san und errichtete die Karukaya-Halle („Grasdach-Halle"), welche zum Hauptquartier des Amida-Glaubens wurde. Praktisch alle Heiligen (*hijiri*) des Koya-san waren Amida-Gläubige, welche die Provinz bereisten und für den Koya-san Werbung machten. „Wohin auch immer wir gehen, ist die Stimme von Amida zu vernehmen", heißt es in einer der Gedenkschriften, welche dem Hof vorgelegt wurden. „Vor und hinter den Klöstern, unter den Dächern und neben den Wegen wird die heilige Stätte so laut, dass niemand mehr in Ruhe meditieren oder seinen Geist sammeln kann." Ieyasu ordnete schließlich an, dass die Anrufung von Amida nur noch in der Karukaya-Halle stattfinden sollte.

Kûya war der erste Amida-Anhänger, der öffentlich an einer Verkündigung des Glaubens arbeitete. Es heißt, dass er ein Sohn von Kaiser Daigo war, oder zumindest ein Spross der kaiserlichen Familie. Er bereiste das Land und ließ, wo immer notwendig, Brücken errichten oder Brunnen ausheben. Im Jahr 938 kam er nach Kyoto und streifte durch die Straßen, wobei er lautstark von ihm selbst entworfene Amida-Hymnen wiedergab, seine Stimme zur Musik machte, auf einen Topf schlug und tanzte. Die Menschen nannten ihn den „Heiligen der Straße". Er ließ das Kloster Rokuhara wiedererrichten, in dem er eine große Statue des elfköpfigen Kannon platzierte, sowie eine Kopie der Tipitaka-Texte. Taira no Sadamori folgte ihm aus großer Bewunderung für seine Person. Er wanderte weiter bis zu den Ainu-Gebieten, und die buddhistische Lehre wurde ein Zeitlang von den Ureinwohnern akzeptiert. Die Anrufung von Amida nach seinem Gepräge wird *Kûya-nembutsu* genannt, und der Tanz wird als *hachi-tataki* („eine Schüssel schlagen") bezeichnet. Seine Lehren wurden als Kûya-Schule berühmt. Das Kôshô-Kloster (Kôshô war ein Priestername von Kûya), normalerweise Kûya-Halle genannt, steht noch immer in Shijô in Kyoto, und die Straße selbst heißt nach seinem Tanzstil Tataki-chô. Nach seinem Tod starb seine Schulrichtung aus, bis die Ji-Schule sie wiederbelebte und Kûya als ihren fernen Gründer ehrt. Sie unterhält gegenwärtig 486 Klöster.

(3) Philosophie

Amida-Frömmigkeit, wie sie von der Jôdo-Schule des Hônen, der Shin-Schule des Shinran und der Ji-Schule des Ippen repräsentiert wird, lässt einzigartige Aspekte des Buddhismus erkennen. Während alle anderen Schulen des Mahayana auf der Selbst-Erleuchtung beharren, lehren diese Schulen das völlige Vertrauen auf die Kraft des Buddha. Der Buddha aller anderen exoterischen Schulen ist Sakyamuni, während der Buddha dieser Schulen Amida bzw. Amitabha („Unermessliches Licht") oder Amitayus („Unermessliches Leben") ist, deren Land der Glückseligkeit (*Sukhavati*) im Westen gedacht und häufig als „Reines Land" (Jôdo) bezeichnet wird.

Die kritische Einteilung der Lehren Buddhas, welche von Hônen aufgegriffen wurde, war diejenige in die zwei Lehren des Heiligen Pfades und des Reinen Lands, welche ursprünglich von Tao-ch´o (Dôshaku) aus China um 645 vorgenommen wurde. Ersterer ist der schwierige Weg der Überquerung [des Daseinsstroms], während letzterer der einfache, von Nagarjuna vorgezeichnete Weg ist. Es gibt eine noch andere Erklärung von Vasubandhu, die von Tao-ch´o weiter ausgeführt wurde; nämlich die beiden Wege der Selbst-Kraft und der Fremd-Kraft. Fremd-Kraft meint in diesem Fall die Macht von Buddha Amitabha, nicht irgendeine andere Kraft wie die des Yûzûnembutsu. Diejenigen, welche dem Heiligen Pfad folgen, können Buddhaschaft in diesem Leben erlangen, wenn sie dazu geeignet sind; während diejenigen, welche nach dem Reinen Land trachten, Buddhaschaft nur dort, d.h. in Sukhavati, erlangen können.

Was ist nun Sukhavati, und wer ist Amitabha oder Amitayus? Wir haben bereits festgestellt, dass Amitabha oder Amitayus eine idealisierte Form des historischen Buddha Sakyamuni ist. Wenn der Buddha völlig idealisiert wird, ist er einfach das grundsätzlich Unermessliche. Das Unermessliche ist dann identisch mit der Soheit. Wenn das Unermessliche mit Bezugnahme auf den Raum dargestellt wird, ist es das Unermessliche Licht, und mit Bezugnahme auf die Zeit das Unermessliche Leben. Das ist der „Körper der Wahrheit" (*dharma-kaya*). Dieser Wahrheits-Körper ist der „Vergeltungs- bzw. Genuss-Körper" (*sambhoga-kaya*), wenn der Buddha als ein Buddha betrachtet wird, der „in die Welt herabsteigt". Wenn er als ein Bodhisattva gesehen wird, der zur Buddhaschaft aufsteigt, ist er ein zukünftiger Buddha wie der sich plagende Bodhisattva (Sakyamuni). Es ist Sakyamuni selbst, der im *Sukhavati-Sutra* die Aktivitäten des zukünftigen Buddha Dharmakara schildert, so als ob es in einem seiner früheren Leben gewesen wäre.

Das Gelübde des zukünftigen Buddha oder sogar von Sakyamuni selbst wird vollständig in Form von 48 Paragraphen im Text ausgeführt. Die Gelübde Nr. 12 & 13 beziehen sich auf das Unermessliche Licht und das Unermessliche Leben. „Wenn sie [die Wesen] nicht solche Wirkungen wie Unermessliches Licht und Unermessliches Leben erlangen, werde ich nicht die Buddhaschaft antreten." Wenn er ein Buddha wird, kann er ein Buddha-

Land nach seinen Vorstellungen errichten. Ein Buddha befindet sich natürlich im „Nirvana des Nicht-Verweilens“ und kann daher überall und an jedem Ort sein. Sein Gelübde besteht darin, ein Glückseliges Land zum Wohl der Wesen zu errichten: ein idealer Bereich, mit Zierden, idealer Flora und Fauna und was sonst alles gläubige Aspiranten anzieht. Das 18. Gelübde, welches als wichtigstes gilt, verspricht allen eine Geburt in seinem Land der Glückseligkeit, die vollkommenes Vertrauen in ihn setzen, mit heiterem Herzen glauben und seinen Namen anrufen. Das 19. Gelübde verheißt ein Begrüßt-Werden durch Amida selbst zum Zeitpunkt des Todes für diejenigen, welche verdienstvolle Taten ausführen. Das 20. Gelübde erklärt weiter, dass all die, welche seinen Namen anrufen mit der Absicht, in sein Land hinübergeboren zu werden, ebenfalls dorthin gelangen.

Was die Deutung dieser drei Gelübde angeht, gibt es unter den Schulen Abweichungen. Im Allgemeinen versteht die Jôdo-Schule die Gelübde so wörtlich wie möglich, während die Shin-Schule ihre Bedeutung eher frei interpretiert, um so allen Stellen des Textes zu entsprechen. Der Jôdo-Schule zufolge sollen diese drei Gelübde als eigenständig voneinander angesehen werden, wenngleich sie sich in ihrer Wichtigkeit unterscheiden.

Für die Shin-Schule sind sie unabhängig voneinander. Das 18. ist das elementare Gelübde. Das 19. und 20. sind untergeordnete Gelübde. Obwohl das 18. alleiniges Vertrauen in den Buddha verlangt, werden die Anhänger des 19. und 20. Gelübdes durch ihre Handlungen beeinflusst, erstere durch ihre verdienstvollen Taten und letztere durch die Anrufung des Buddha. Sie verlassen sich nicht vollständig auf die Kraft des Buddha, darum können sie nicht im Reinen Land selbst wiedergeboren werden. Sie müssen nach Shinran eine gewisse Läuterung durchmachen, welche „getrennter Bereich“ genannt wird oder das „Reich der Missachtung“, auf das in anderen Stellen des Textes Bezug genommen wird. Doch sie werden gewandelt und erlangen schließlich Zugang zum Land der Glückseligkeit.

Was das Erscheinen von Amida oder Amitabha betrifft, gibt es ebenfalls unterschiedliche Ansichten. Es heißt, dass es zehn Zeitalter (*kalpa*) her sein soll. Die Jôdo-Schule versteht das wörtlich, während die Shin-Schule der Meinung ist, „vor zehn Zeitaltern“ bedeutet so viel wie „vor langer Zeit“

und kann sich auf ein zweites oder drittes Erscheinen beziehen. Der ursprüngliche Buddha kann einer noch weiter entfernten Zeit entstammen. Dadurch wird die Tendai-Lehre hier auf die Amida-Frömmigkeit angewendet.

Die kurze Version des *Sukhavati-vyuha* ist eine Zusammenfassung oder gekürzte Version des langen Textes. Der letzte der drei Texte, das *Amitayurdhyana-Sutra*, berichtet uns vom Ursprung der Reinen-Land-Lehre, wie sie von Sakyamuni verkündet wurde. Ajatastru, der königliche Thronanwärter von Rajagriha, revoltierte gegen seinen Vater Bimbisara und ließ ihn einsperren. Sein Begleiter Vaidehi wurde ebenfalls in ein Zimmer gesperrt. Daraufhin bat die Königin den Buddha, ihr einen besseren Ort zu zeigen, an dem ihr nicht ein solches Unglück begegnet. Der Weltgeehrte-Eine erschien vor ihr und zeigte ihr all die Buddha-Länder, und sie wählte das Land von Amida als das Beste von allen aus. Der Buddha lehrte sie dann, darüber zu meditieren, um schließlich dorthin zu gelangen. Er unterwies sie gleichzeitig mit seiner eigenen Lehrweise und in der besonderen Lehre von [der Anrufung des] Amida. Dass beide Lehren am Ende identisch waren, erkennen wir an den Worten, die er am Ende seiner Predigt zu Ananda sprach: „Oh Ananda! Erinnere dich an diese Predigt, trage sie der Versammlung auf dem Geiergipfel vor. Mit dieser Predigt meine ich den Namen von Amitabha.“ Daraus können wir folgern, dass den Gegenstand der Predigt die Verehrung von Amida bildete. Dies bedeutet, dass die Lehre von Sakyamuni sich im Grunde genommen nicht von derjenigen Amidas unterscheidet.

Der grundsätzliche Unterschied der Jôdo-Schule von der Shin-Schule besteht in der Behandlung der Wiederholung des Namens von Amida. Für die Jôdo-Schule ist die hingebungsvolle Rezitation des Namens von Amida eine notwendige Handlung des Gläubigen, um den Glauben zu vertiefen, ohne den die Erlösung nicht vollständig ist; für die Shin-Schule ist es hingegen nur eine freiwillige Handlung oder ein Ausdruck der Danksagung, nachdem man erkannt hat, dass der Buddha einem seine Gnade gewährt hat. Die Shin-Schule vertritt eine ausschließliche Verehrung von Amitabha und macht nicht einmal für Sakyamuni eine Ausnahme; sie vertritt weiterhin ein striktes Verbot von Gebeten jeglicher Form für persönliche Interessen, sowie die Abschaffung aller Ordensregeln und des geistlichen bzw. klösterlichen Lebens, um eine Gemeinschaft reiner Laienanhänger zu bilden, d.h. Hausväter. Da die orthodoxe Jôdo-Schule und alle verwandten Schulen an dem priesterlichen bzw. klösterlichen Leben festhalten, unterscheiden sie sich in diesem Punkt wesentlich von der Shin-Schule.

Die Ji-Schule des Amida-Pietismus ist etwas anders. Sie wurde 1276 von Ippen (1238–1289) gegründet. Er setzte die Anweisung fort, sechsmal am Tag die Hymnen von Shan-tao (Zendô) zu rezitieren – daher der Name „Zeit-Schule“. Theoretisch leitete er seine Ansichten aus dem Lotos-Sutra ab, ebenso wie es Ryônin mit seinem Yûzûnembutsu getan hatte; praktisch jedoch folgte er Kûya, der einen populären Tanz einführte, um den Amida-Glauben zu verbreiten. Auf diese Weise hat die Schule ein gänzlich anderes Erscheinungsbild als die anderen Amida-Schulen. Es heißt, dass Ippen 1275 den Kumano-Schrein in Kii besucht habe, wo er durch einen heiligen Vers in vier Zeilen inspiriert worden sei, von dem er glaubte, dass er von der Gottheit des Schreins stamme. Jede der ersten drei Zeilen wurde von einer Zahl eingeleitet, 6, 10 und 10.000, und die letzte Zeile von „Menschen“, was zu einer Summe von „600.000 Menschen“ führt. Er fasste sofort den Entschluss, diese Anzahl von Menschen durch die Verkündigung des Amida-Glaubens zu retten. Heutzutage haben die Amida-Schulen mit all ihren Sekten mehr als die Hälfte aller Japaner als Anhänger.

Amida-Frömmigkeit hat vier Aspekte:

1. Den von Tendai und Shingon, wo Amida einer der fünf Weisheits-Buddhas (*dhyana-buddha*) ist, der über das westliche Land herrscht, mit Mahavairocana (Dainichi Nyorai) im Zentrum.
2. Den des Yûzûnembutsu, wo der Verdienst des Glaubens an Amida auf andere Wesen übertragbar ist und umgekehrt; d.i. eine Religion der wechselseitigen Unterstützung durch den Glauben.
3. Den der Jôdo-Schule, in welcher der Glaube an Amida ausschließlich in Übereinstimmung mit den drei *Sukhavati*-Texten gelehrt wird, v.a. mit Bezugnahme auf die Gelübde des Buddha.

4. Den der Shin-Schule, in welcher der Glaube in strikter Entsprechung zum 18. Gelübde des Buddha verstanden wird, wie es im Längeren Sukhavati-Sutra beschrieben ist. Sowohl in der Jôdo- als auch in der Shin-Schule ist Amida mehr als nur einer der fünf Buddhas; auch wenn sein Land als im Westen liegend gesehen wird, befindet er sich im eigentlichen Zentrum.

Von diesen vier Aspekten stammt der erste aus der Mystik [meditativen Erfahrungen], der zweite ist von den Lehren des Lotos-Sutra beeinflusst, der dritte gründet sich hauptsächlich auf die Gelübde 18–20, und der vierte basiert v.a. auf dem 18. Gelübde des Amida.

Nun erkennen wir die Lehren der Amida-Schule hinsichtlich der buddhologischen Prinzipien im Mahayana. Entsprechend der Lehre von der grundlegenden Immanenz der Tendai-Schule und der Zwei-Wesenheit (zwei Wesen in Einem) der Shingon-Schule können die Grundsätze des „Eines ist Alles und Alles ist Eines" schon zugestanden werden. Von den fünf Meditations-Buddhas kann Amitabha im Westen identisch mit Mahavairocana sein, dem Buddha der Identität von Mensch und Kosmos. Ohne Bezugnahme auf die Mystik [des Shingon] werden in den Sukhavati-Texten Amitabhas Gelübde, seine Erlangung der Buddhaschaft als Unermessliches Leben und Licht sowie seine Errichtung eines Lands der Glückseligkeit vollständig geschildert. Es ist nur natürlich, dass Sakyamuni – der seinen Schülern im Lotos-Sutra den Hinweis gab, ihn nicht als einen Buddha von 80 Jahren mit kleiner Statur anzusehen, da er in Wirklichkeit ein Buddha uralter Zeiten ist und alle Welten durchdringt – als identisch mit dem Buddha des Unermesslichen Lebens und Lichts verstanden wurde. Ein vollständiges Vertrauen auf die Kräfte eines solchen Buddha ist das vernünftige Ergebnis seiner Lehren. Shinran repräsentiert besonders das letzte Stadium dieser Ansicht. Er beharrte auf dem absoluten Glauben an Amida, ohne auch nur den geringsten Versuch zu machen, aus eigenen Kräften die Erleuchtung zu erlangen. Man solle ganz und ausschließlich auf Amida vertrauen, denn Glaube allein ist die Ursache für Erlösung. Seiner Ansicht nach ist der Glaube selbst eine Gnade des Buddha, und die Erinnerung oder Anrufung seines Namens ist nur ein Zeichen der freiwilligen Dankbarkeit, welche man dem Buddha bezeugt.

XIII. Die Nichiren-Schule

Lotus-Pietismus, Mahayana

(1) Einleitung

Seitdem das *Lotos-Sutra vom Wunderbaren Gesetz* von Kumarajiva übersetzt und erläutert wurde, war es eines der populärsten Objekte buddhistischer Studien, zusammen mit den *Prajnaparamita*-Schriften und dem *Nirvana-Sutra.* Als die Philosophie der Immanenz oder die phänomenologische Lehre auf der Grundlage des Lotos-Sutra von Chih-i [Zhiyi] verkündet wurde, war sie allgemein als T'ien-T'ai-Schule bekannt. Es war Saichô (Dengyô Daishi, 767–822), der nach China ging, dort diese Lehre empfing und bei seiner Rückkehr nach Japan im Jahr 804 die Tendai-Schule begründete. Seine theoretische Erläuterung der Lehre des Lotos-Sutra unterscheidet sich nicht wesentlich von den Originallehren in China; aber hinsichtlich der praktischen Bedeutung scheinen die Bezugnahme auf den nationalen Kult und die Unterordnung aller anderen buddhistischen Schulen unter seine eigene neue, von ihm selbst hinzugefügte Aspekte zu sein. Neben dem Lotos-Sutra bekannte er sich auch zu den mystischen Shingon-Lehren, Amida-Pietismus, dem kontemplativen Zen sowie zu der Ordensregel des Mahayana. Sie waren für ihn untergeordnete Lehren des Lotos-Sutra oder jedenfalls mitwirkende Systeme, um die eigentliche Hauptlehre zu vervollständigen. Jedoch gab es im Lauf der Zeit unter seinen Anhängern leidenschaftliche Spezialisten in jedem einzelnen dieser Systeme, und das führte ab und an zu Aufspaltungen. Während der Heian-Zeit (781–1183) waren es die von seiner Schule ausgeführten geheimnisvollen Rituale und zeremoniellen Darbietungen, welche gemeinsam mit der Shingon-Schule den Tag ausfüllten und die Gelüste der Aristokraten jener Zeit stillten. Mit der Zeit entstand eine fromme Amida-Richtung, welche ebenfalls am Busen der Tendai-Schule gedieh. Durch die Wirkung von zwei Strömen religiöser Aktivität erfolgte eine große buddhistische Umwandlung im Leben und Denken der Japaner jener Zeit.

Die Verfeinerung umgangssprachlicher Literatur, die Mystifizierung der schönen Künste, die Entwicklung nationaler Architektur und industrieller

Fertigkeiten und die anmutigen Sitten und Gebräuche der gebildeten Klasse verdanken sich alle dem Einfluss der buddhistischen Kultur. Vermutlich sind die japanische Wertschätzung von Allgemeingültigem, Toleranz und die Ernsthaftigkeit im Erforschen zu einem großen Teil dem buddhistischen Training zu verdanken. Jedoch führt Frieden oftmals zu Verweichlichung. Politische Korruption und soziale Degeneration lassen sich nicht gänzlich kontrollieren. So tat sich die Gelegenheit für eine militärische Machtergreifung auf, und Feindschaft und Zerrissenheit der höfischen Aristokratie, Sippen und Territorialherren waren stärker als wir es vermuten. Bereits gegen Ende der Heian-Zeit waren alle Menschen des Kämpfens und der Unruhen müde. Mit der Errichtung der Militärregierung in Kamakura erwarteten die Menschen Frieden und eine Wiederherstellung der Ordnung, aber vergeblich. Intrigen und Kampf gingen stärker als zuvor weiter. Das Heraufdämmern des „Endzeitalters" der Religion wurde nun im öffentlichen Leben der Nation empfunden. Eine grundlegende Reformation sowohl im politischen als auch im religiösen Leben schien eine dringliche Angelegenheit. Die Autorität der Tendai- und Shingon-Schule war im Schwinden begriffen, zumindest teilte sie das gleiche Schicksal wie die aristokratische Klasse. Die neue Amida-Frömmigkeit des Hônen konnte zwar bei der breiten Bevölkerung Land gewinnen, übte jedoch keinen bedeutenden Einfluss auf die herrschende Klasse aus. Die Zen-Schule dieser Zeit schien zwar geeignet für das ritterliche Training der kämpfenden Klasse, hatte jedoch noch keine Macht hinsichtlich politischer Geschehnisse. Ein Mann von scharfer Auffassungsgabe und starkem Charakter wie Nichiren (1222–1282), der auch noch eine feste religiöse Überzeugung hatte, konnte nicht unwidersprochen bleiben.

Um Nichiren und seine Lehre zu verstehen, müssen wir zuerst das Lotos-Sutra kennen, auf dem alle seine Ansichten und Argumente basieren. Was ist das Lotos-Sutra? Eine Textkritik zeigt, dass das Lotos-Sutra ursprünglich aus 21 Abschnitten bestand und später durch Teilungen und Hinzufügungen auf 28 Abschnitte ausgedehnt wurde. Die früheste Übersetzung erfolgte durch Dharmaraksa um 286, die zweite durch Kumarajiva im Jahr 406 und die dritte und vollständige durch Jnanagupta und Dharmagupta im Jahr 601. Von diesen dreien war die zweite die beste hinsichtlich des Chinesischen und wurde von den Autoritäten als die maßgebliche angesehen [s. Kap. IX.1]. Trotz des späteren Datums repräsentiert sie eine frühere Version des Textes als die erste Übersetzung, wie sich aus einigen textinternen Anhaltspunkten schließen lässt, wie z.B. ein Zitat von Nagarjuna und dergleichen. Davon abgesehen sind Fragmente der zusätzlichen oder aufgeteilten Abschnitte in der ursprünglichen Version in 21 Abschnitten enthalten. Jedenfalls wurde der Text in 28 Abschnitten von Chih-i, Saichô und Nichiren herangezogen. Es ist die einzige Übersetzung, welche in Japan verwendet wird, sowohl innerhalb als außerhalb der Nichiren-Schule. Wir wollen nun die Inhalte des Textes und Nichirens Sichtweise dazu untersuchen.

(2) Geschichte

Was bei den anderen Schulen die historischen Umstände sind, ist bei Nichirens Lotos-Frömmigkeit sein persönlicher Umstand, denn es ist Nichirens Persönlichkeit, welche das Charakteristische der Schule ausmacht. Es ist kein Zufall, dass die Schule nach ihrem Gründer benannt wurde. Nichiren wurde 1222 als Sohn eines Fischers von Kominato in Awa, im Südosten Japans, geboren. Er wurde nach Kiyozumi, ein Berg in der Nähe seiner Heimat, geschickt, um als Novize ins Kloster einzutreten, und mit fünfzehn ordiniert. Sein frühes Problem, „Was ist die vom Buddha verkündete Wahrheit?", fand dort keine Lösung. Er reiste auf seiner Suche nach der Wahrheit weiter nach Kamakura und später zum Hiei-Berg. Sein dortiges zehnjähriges Studium brachte ihn zu der Überzeugung, dass eine Wiederbelebung der Tendai-Philosophie der geeignetste Zugang zur Wahrheit sei.

Mit der Tendai-Philosophie meinte Nichiren aber nicht, was er seinerzeit dort vorfand, sondern was von Dengyô Daishi selbst gelehrt worden war. Die ursprüngliche T'ien-T'ai-Lehre von Chih-i war sehr theoretisch, wohingegen die japanische Tendai-Lehre von Dengyô Daishi sowohl praktisch als auch theoretisch ausgerichtet war. Aber nach den beiden großen Meistern Jikaku und Chishô bestand die praktische Seite der Tendai-Schule entweder in mystischen Ritualen oder in Amida-Frömmigkeit, diese beiden Aspekte schienen am bedeutendsten. Die grundlegende Wahrheit des Lotos-Sutra schien zweitrangig geworden zu sein, nicht mehr als eine philosophische

Spielerei. Nichiren konnte diese Einstellung nicht akzeptieren und kehrte so im Jahr 1253 in sein altes Kloster in Kiyozumi zurück, wo er seine neue Lehre verkündete, dass allein das Lotos-Sutra die Menschen im Zeitalter des Niedergangs retten könne. Als essentielle Formel hierfür verwendete er „Ehre dem Lotos-Sutra der Wahrheit“ (*namu myôhô renge-kyô*). Es handelt sich um „Gedenken der Lehre“ (*dharma-smriti*), und nicht um „Gedenken an Buddha“ (*buddha-smriti*) wie bei der Amida-Formel (*namu amida butsu*). *Dharma* ist die vom ursprünglichen Buddha verwirklichte Wahrheit. Alle Wesen werden durch Hingabe an die Wahrheit des Lotos-Sutra errettet, und nur dieses, so erklärte Nichiren, sei die endgültige und wahre Lehre des Buddha.

Der Abt und alle anderen waren jedoch gegen ihn, und er musste nach Kamakura flüchten, wo er sich eine Unterkunft baute und für eine Zeitlang blieb. Er verkündigte seine Lehre in Parks und auf den Straßen und griff die anderen Lehren ungebrochen heftig an. Er schrieb eine Abhandlung über die „Errichtung der Rechtschaffenheit als Bollwerk des Reichs“ (立正安国論), welche er den Hôjô-Regenten 1260 vorlegte. Seine Hauptargumente richteten sich gegen die Amida-Frömmigkeit von Hônen, welchen er besonders für die Übel und das Unglück innerhalb und außerhalb Japans verantwortlich machte. In seinem Traktat verdammt er Hônen als Feind aller Buddhas, aller Schriften, aller Heiligen und aller Menschen. Es sei die Pflicht der Regierung, dessen Häresie zu beenden, wenn nötig mit Gewalt. Seine Idee der Gleichsetzung von rechter Religion mit dem Wohlergehen der Nation durchzieht das gesamte Werk.

Nichirens Datierung der „Endzeit“ (*mappô*) beginnt im Jahr 1050, entsprechend der traditionellen Bestimmung des Zeitpunkts von Buddhas Eingang ins Nirvana. Die letzte der sieben Katastrophen, die Invasion durch Fremde [die Mongolen] wurde darin vorhergesagt. Er behauptete, dass Wohlergehen und Frieden im Reich nur durch die Vereinigung aller buddhistischen Schulen unter der Führung der Lotos-Lehre zu erreichen seien. Später griff er die noch verbleibenden Schulrichtungen an und formulierte seine Sicht folgendermaßen: Jôdo (Amida-Frömmigkeit) entspricht der Hölle, Zen (meditativer Intuitionismus) entspricht dem Teufel, Shingon (Mystik) bedeutet nationalen Ruin und Ritus (Ordensregel) ist verräterisch. Diese vier decken praktisch alle bestehenden Schulen seiner Zeit ab und sind Lehren, die der Tendai-Schule untergeordnet sind.

Der Amida-Glaube, wie er von Hônen, Shinran und anderen verkündet wurde, hatte unter den Menschen den größten Einfluss, gefolgt von der Zen-Richtung, welche besonders für die herrschende Militäraristokratie attraktiv erschien. Infolge der Aktivitäten von Eisai, Dôgen und Enni Benen in Kyoto sowie den chinesischen Meistern Rankei, Sogen und Ichinei in Kamakura war die Zen-Schule fest im Leben und der Kultur des Reichs verankert. Was die Shingon-Schule und die von ihr gepriesene mystische Kraft anbelangt, so verlor sie nie ihren Halt im Denken der Menschen; die Shingon-Schule war in ganz Japan bedeutsam. Die Ritsu-Schule war eine Lehre der Ordensdisziplin (*vinaya*), die von Eison reformiert wurde, welcher auf kaiserlichen Auftrag hin am Shinto-Schrein von Iwashimizu gegen die Mongolen-Invasion betete, als Kaiser Kameyama selbst zugegen war und schwor, sein Leben für die Sicherheit des Landes hinzugeben. Insofern muss die Ritsu-Schule am Hof ziemlich einflussreich gewesen sein.

Nichirens Attacken gegen diese Schulen wurden heftiger denn je, als er beleidigt, angegriffen und im Jahr 1261 nach Izu verbannt wurde. Selbst nach seiner Rückkehr nach Kamakura und zu seinem Heimatort, um seine sieche Mutter zu sehen, ließ er nicht von seinem gewaltsamen Protest gegen die Regierung und die bestehenden Religionen ab. Er ging sogar so weit zu behaupten, dass Tokiyori, der Hôjô-Regent, der ein Zen-Anhänger war und die Mönchsrobe angezogen hatte, sich schon in der Hölle befände, und dass der nachfolgende Regent Tokumune sich auf dem besten Weg dahin befinde. Mit der Ankunft der mongolischen Gesandten, die Tribut forderten, drängte er erneut die Regierung, die Ketzereien zu unterdrücken und die Lotos-Lehre als einzigen Weg zur Sicherung des Reichs zu ergreifen. 1271 wurde er festgesetzt, verurteilt und mit dem Tod bestraft. Auf wunderbare Weise entkam er jedoch der Hinrichtung und wurde daraufhin auf die entlegene Insel Sado verbannt.

Trotz der Entbehrungen und Unruhen, die ihm dort widerfuhren, schrieb er zahlreiche Abhandlungen. In seinem Werk „Öffnung der Augen“,

Kaimoku-shô (開目鈔), finden sich seine berühmten Gelübde: „Ich werde die Augen Japans sein; ich werde das Gefährt Japans sein." Hier erkannte er sich selbst als den Bodhisattva Visistacarita (*Jôgyô*), „Erhabenes Handeln" (上行), den der Buddha mit der Aufgabe betraut hat, seine Wahrheit zu erhalten.

Nach drei Jahren, 1274, wurde ihm erlaubt nach Kamakura zurückzukehren. Trotz eifriger Bemühungen seitens der Regierung zeigte er keinerlei Mäßigung, Kompromissbereitschaft oder Toleranz. Er zog sich auf den Berg Minobu südwestlich des Fuji zurück und lebte friedlich. 1282 starb er in Ikegami nahe Tokyo.

Nichirens militanter Geist wurde von seinen Schülern aufrechterhalten, von denen sechs ernstzunehmende Propagandisten waren. Einer von ihnen, Nichiji, ging 1295 nach Sibirien, aber es gibt keine weiteren Berichte über ihn. Die Schule, die immer einen kämpferischen Anstrich hatte, hatte viele Auseinandersetzungen mit den anderen religiösen Einrichtungen. 1532 beispielsweise kam es zu einem Konflikt mit der Tendai-Mutterschule, welcher „Krieg von Tembun" genannt wurde. Eine der Nichiren-Sekten mit dem Namen Fujufuse-Sekte („kein Geben, kein Nehmen") verweigerte die Einhaltung der Gemeindeverwaltung durch die Regierung und wurde gemeinsam mit dem Christentum 1614 vom Tokugawa-Shogunat verboten. Derzeit gibt es acht Nichiren-Sekten, von denen zwei von Bedeutung sind: 1. Die eigentliche Nichiren-Schule (日蓮宗) mit dem Hauptsitz in Minobu und 3600 dazugehörigen Klöstern; 2. Die Kenpon-Hokke-Schule (顕本法華宗), auch Myômanji-Schule genannt, mit 580 Klöstern.

(3) Philosophie

So wie die Persönlichkeit von Nichiren die Nichiren-Schule ausmacht, deren Wesen in der Anrufung „Ehre sei dem Lotos-Sutra" besteht, so ist es die Person des Buddha, welche sich im Mittelpunkt der Lehren des Lotos-Sutra befindet. Man kann das ganze Lotos-Sutra als ein Schauspiel verstehen, wie es Professor Kern tat;[51] aber der Buddha ist nicht der einzige Darsteller in

[51] Heinrich Kern (1833–1876), bedeutender Sprachforscher und Orientalist.

dem Stück. Die Wahrheit des Lotos-Sutra ist keine unpersönliche, tote Wahrheit; es ist das Ideal, die blühende Wahrheit, duftend und Früchte tragend wie der Lotos, die aktive Wahrheit, die durch den Buddha verkörperte Wahrheit, der Wahrheits-Körper, die Erleuchtung selbst, die Vereinigung von Erleuchtendem, Erleuchtetem und Erleuchtung. Der eigentliche Buddha des Textes ist also nicht der körperliche Buddha, welcher unter dem Bodhi-Baum zu Erleuchtung gelangte, erstmals im Hirschpark von Benares die Lehre verkündete und im Alter von 81 Jahren im Sala-Hain von Kusinagara ins Nirvana einging. Der eigentliche Buddha ist der Buddha der unzähligen vergangenen Zeitalter, der immerwährend als Erleuchtender wirkt. Indem er alle Wesen zur Erleuchtung führt, lässt er sie seine Wohltätigkeit spüren. Aus seinem Mitgefühl heraus lehrt er sie alle den Umständen entsprechend. Er ist in Wahrheit der Organisator des Schauspiels, indem er zugleich eine Hauptrolle einnimmt und alle Mitwirkenden führt, selbst die weniger geeigneten, welche erst in einiger Zeit fähig sind, eine wichtige Rolle zu spielen. Aber alle drei Fahrzeuge, ebenso wie der Verräter Devadatta und das Schlangenmädchen Naga, gehören zu seiner Erleuchtung. Die Welt der Erleuchtung des fernen Buddha wird das „Reich des Ursprungs“ (本門) genannt, und die Welt der Erleuchtung des inkarnierten Buddha heißt das „Reich der Spuren“ (迹門). Ich verwende den Begriff „Reich“, aber damit ist kein separater Ort ober Bereich gemeint. Er verweist einfach auf die „Tätigkeit des ursprünglichen Buddha“ (本門本化) oder die „Spuren hinterlassenden Manifestationen des Buddha“ (迹門迹化). „Ursprünglicher Bereich“ und „manifestierte Spur“ sind lang diskutierte Begriffe in der Lotos-Schule und konzentrieren sich beide auf das Wesen des Buddha. Dies ist eine buddhologische Frage. Wenn sie mit Bezug auf das Lotos-Sutra gestellt wird, lautet sie: „Welcher Buddha verkündet die Wahrheit?“.

Es wird allgemein akzeptiert, dass die ersten vierzehn Abschnitte des Textes mit einer Einleitung, einem Hauptteil und einer Zusammenfassung sich auf das Reich der Manifestation beziehen, während die letzten vierzehn Abschnitte – ebenfalls mit einer Einleitung, einem Hauptteil und einer Zusammenfassung – Bezug zum ursprünglichen Reich haben. Das Thema des Lotos-Sutra als Ganzes ist die Enthüllung der Wahrheit. In den vorderen

Teilen, besonders im Abschnitt zu den „Geschickten Mitteln" (*upaya*), enthüllt der Buddha, dass das, was er mehr als vierzig Jahre lang verkündet hat, nur ein geschicktes Mittel war – genauer gesagt die Lehren für die Hörer (*sravaka*), die Selbst-Verwirklicher (*pratyeka-buddha*) und die Bodhisattvas der unteren Stufen. D.h. die Lehren der Drei Fahrzeuge waren den Umständen angepasste Lehren, welche klar darauf hinauslaufen, dass das „Eine Fahrzeug" (*ekayana*) die Wahrheit ist (開三顕一). In späteren Abschnitten, besonders im Abschnitt des „Langen Lebens", spricht der Buddha von seinem eigenen Wesen und erklärt, dass die historische Existenz, welche er jetzt beinah vollendet hat, nicht sein wahrer Körper ist, sondern dass der Wahrheits-Körper (*dharma-kaya*) die eigentliche Verwirklichung vergangener Zeitalter ist (開近顕遠).

Die früheren Abschnitte beziehen sich auf die Lehre, welche die Wahrheit offenbart; Angepasstheit wird als Angepasstheit gelehrt und Wahrheit als Wahrheit. Die späteren Abschnitte hingegen beziehen sich auf die Person, durch welche der Buddha selbst offenbart wird – der jüngste als manifeste Person und der älteste als die wahre und ursprüngliche Person. Soweit stimmt Nichiren mit Dengyô Daishi überein. Nichiren aber, der auf der Seite der Lehre der Person steht, behauptet dass alle Lehren vor dem Lotos-Sutra und auch die früheren Abschnitte des Lotos-Sutra die „hinweisenden Lehren des vorläufigen Buddha" (迹門迹化) und nur die späteren Abschnitte die „echten Lehren des ursprünglichen Buddha" (本門本化) sind. Er errichtete seine Schule auf der Grundlage des ursprünglichen Lotos-Sutra [d.h. der späteren Abschnitte]. Darum wird seine Schule entweder nach ihm als Nichiren-Schule bezeichnet oder als „Lotos-Schule der ursprünglichen Lehre" hinsichtlich seiner Doktrin.

Der Unterschied der Lehren von Dengyô Daishi und Nichiren zeigt sich weiterhin in der Behandlung der Kerninhalte des Lotos-Sutra. Die Lotos-Lehre geht von zehn Regionen aus, zehn Soheits-Aspekten und drei Sphären. Dengyô Daishi legt Wert auf das Prinzip der Sphäre der Manifestation. Die Sphäre der Manifestation behandelt nur neun Sphären, indem sie die ursächlichen Zustände lehrt (従因門) und Geist und Denken als wichtige Faktoren der Schulung ansieht; schließlich rechnet sie alle phänomenalen

Bereiche der Lehre der reinen Ideation zu. Die dreifache Sicht des einen Geistes und die 3.000 in einem Gedanken-Augenblick immanenten Welten werden ausführlich dargelegt. Für die Nichiren-Schule hängt die Tendai-Schule zu sehr an der theoretischen Seite der Wahrheit und vergisst darüber die praktische Seite. Nichiren vertritt die Ansicht, dass die Sphäre des Ursprünglichen den praktischen Zustand der Erleuchtung lehrt (観化門) und dass die Person des Buddha das Zentrum der Wahrheit ist; die Wirklichkeit der phänomenalen Welten gründet in der Person des Buddha und alle Aspiranten sollten dahingehend geführt werden, dass sie den Wahrheits-Körper des Buddha verwirklichen.

Der Lotos-Text enthüllt den ursprünglichen Buddha, dessen Wesen und Wirken vollständig in den originalen Abschnitten des Textes erklärt werden. Was Nichiren für wichtig hält, ist das Wirken des Buddha, nicht sein Wesen. Wer das Wirken des Buddha versteht und ihm nachfolgt, ist ein Anhänger oder Verwirklicher des Lotos-Sutra, so wie Visistacarita (上行), der Bodhisattva des Höchsten Handelns, die höchste Stellung im Text einnimmt. Die Buddhaschaft (die höchste Erleuchtung) eines solchen Adepten findet noch in seinem Körper statt (即身成仏).

Der ursprüngliche Buddha ist wie der Mond am Himmel, und alle anderen Buddhas des Blumengirlanden-Sutra, der Agamas, der Vaipulya-Texte, der Prajnaparamita-Texte, des Goldenen Lichts (*Suvarnaprabhasa*), des Reinen Landes (*Sukhavati*) und der Großen Sonne (*Dainichi-kyô*) sind allesamt Spiegelungen des Mondes im Wasser und nur Reflexionen des einen wahren Mondes. Nur ein Narr würde versuchen, die Reflexion eines Mondes zu ergreifen.

Der Titel des Lotos-Sutra fasst alle diese Prinzipien und Praktiken des ursprünglichen und manifestierten Buddha zusammen und ist für Nichiren das einzige Heilmittel, welches die Erneuerung im verderbten Zeitalter ungeachtet aller giftigen Zuwiderhandlungen bewirken kann. Die vierfache Parole von Nichiren, die wir oben kennengelernt haben, war ein bekanntes Hassobjekt aller anderen buddhistischen Schulen in Japan, da sie sich gegen die Amida-Gläubigkeit der Jôdo-Schule, den meditativen Intuitionismus des Zen, den rituellen Mystizismus des Shingon sowie die formale Disziplin der

Ritsu-Schule richtete. Sie war die umfassende Denunzierung aller buddhistischen Schulen mit Ausnahme derjenigen von Dengyô Daishi, welche Nichiren reformieren und zu ihrer eigentlichen Form zurückbringen wollte.

XIV. Die neue Ritsu-Schule

Vinaya, formale Disziplin, Mahayana

(1) Einleitung

Vinaya („Ordensregel") ist der moralische Kodex des Buddhismus und wird ausnahmslos mit *ritsu* ins Japanische übersetzt. Der gesamte Kodex, bestehend aus 250 Artikeln für Priester und 348 für Nonnen, besteht seit Lebzeiten des Buddha.[52] Eine wöchentliche Zusammenkunft mit der Bezeichnung *uposadha* („Fasten") wurde zum Zwecke der Rezitation des Kodex abgehalten – ein Artikel nach dem anderen, um festzustellen, ob ein Mitglied der „edlen Gemeinschaft" (*sangha*) sich irgendwelche darin vorkommenden Vergehen oder Übertretungen hat zuschulden kommen lassen. Nach dem Urteil über die betreffende Person wurden Bekenntnis, Buße/Reue, Überwachung oder Ausschluss verhängt. Die Arten der Vorschriften, *sila* (戒), sind zweifach: 1. Die positiven Vorschriften, d.h. die Regeln des Verhaltens (作持戒), wie z.B. die Regeln, welche bei solchen Gelegenheiten wie der Ordination eines Novizen, der wöchentlichen Zusammenkunft zur Lesung des Kodex, dem jährlichen Sommer-Retreat zu Zwecken der Übung und des Studiums und Graduierungs-Zeremonien einzuhalten sind. Weiterhin die Regeln bezüglich der Unterkunft, der ärztlichen Versorgung und der Bekleidung, die Beilegung von Streitigkeiten in der Versammlung und auch die Regeln hinsichtlich der Versammlungen, rechtliche Fragen und Diskussionen, Abstimmungen und Entscheidungen, Verfahren der Mitwirkung und Beiträge, Einziehung von Besitz etc. 2. Die negativen Vorschriften (止持戒), d.h. keine Verbrechen oder unheilsamen Taten zu begehen. Es gibt zwei Arten von Verboten: 1. Verbote, welche dazu dienen, jemanden von Verbrechen oder unheilsamen Taten abzuhalten, wie z.B. das Verbot des Trinkens von berauschenden Getränken, welches zu Verbrechen oder unheilsamen Taten führen kann; 2. Das Verbot tatsächlicher Verbrechen, wie Töten, Stehlen, Lügen, Ehebruch etc., welche von sich aus verderbt sind. Der gesamte Verbots-Kanon lautet wie folgt:

[52] Dies bezieht sich auf den zentralen Teil, den Patimokkha.

1) Vergehen, welche zum Ausschluss führen (4 bei Mönchen, 8 bei Nonnen)
2) Vergehen, welche zur Suspension führen (13 bei Mönchen, 17 bei Nonnen)
3) Vergehen, welche Bekenntnis und Reinigung verlangen (90 bei Mönchen, 178 bei Nonnen)
4) Vergehen, welche öffentliches Bekenntnis verlangen (4 bei Mönchen, 8 bei Nonnen)
5) Vergehen, welche Beschlagnahmung verlangen (30 bei Mönchen, 30 bei Nonnen)
6) Handlungen, von denen es ungewiss ist, ob sie Vergehen sind oder nicht (2 bei Mönchen, keine bei Nonnen)
7) Kleinere Verbote der Gemeinschaft (100 bei Mönchen, 100 bei Nonnen)
8) Juristische Beilegung von Streitigkeiten (7 bei Mönchen, 7 bei Nonnen)

Insgesamt bei Mönchen 250, bei Nonnen 348.

Das formelle Hinayana neigte dazu, Buchstaben, Worte und Sätze der Ordensregel genau einzuhalten. In der Folge kam es zu einem Schisma hinsichtlich der Legalität der zehn Zugeständnisse (wie z.B. Geld nur dann anzunehmen, wenn es für den Orden verwendet wird) der Ordensregeln, und das Konzil von Vaisali wurde einberufen, um diese Streitigkeiten zu diskutieren und beizulegen. Das idealistisch geprägte Mahayana legte mehr Wert auf den Geist der Regeln als auf ihre wörtliche Bedeutung. Obwohl es den Anschein hat, dass im Mahayana die Vorschriften überschritten werden, sollte es sich selbst in Übereinstimmung mit dem Geiste Buddhas sehen, der die Regeln erlassen hatte.

Der Empfänger der Vorschriften musste die vier Aspekte der Ordensregeln im Bewusstsein behalten: 1. die verschiedenen Vorschriften an sich (戒法); 2. die Essenz der Vorschriften (戒体); 3. die Ausübung der Vorschriften (戒行); 4. die formelle Seite der Vorschriften (戒相). Unter diesen vier war die Essenz der Vorschriften am wichtigsten, ohne welche die Annahme der Ordensregeln niemals vollständig wäre. Die Bedeutung der Regeln ist die ständig bewusste und aktive Energie eines festen Eindrucks, der bei der gläubigen Annahme der Ordensregeln entsteht. Dies ist im Grunde genommen das Ergebnis des im Herzen gespürten Schwurs beim einmaligen Ereignis der Ordination. Diese Energie soll sich in Gedanken, Worten und Taten manifestieren, wann immer eine Wirkung notwendig ist; auf diese Weise wird man in Übereinstimmung mit den Vorschriften handeln. Die Essenz der Vorschriften ist somit eine moralisch wirksame Kraft im Geist, so wie das Bewusstsein.

Es gibt zwei Arten der Ordination, eine für die Initiation eines Novizen zum Empfang der fünf allgemeinen Vorschriften und eine für die volle Ordination mit Empfang der zehn Vorschriften. Beides sind moralische Regeln des gesunden Menschenverstands (nicht töten, nicht stehlen, nicht lügen, keinen Ehebruch begehen, keine berauschenden Getränke zu sich nehmen etc.). Diese beiden sind die offiziellen Ordinationen, welche sowohl im Hinayana wie auch im Mahayana ausgeführt werden und welche eine Mönchs-Ordination (*bhikshu*) genannt werden können. Es gibt noch eine andere Ordination in Form eines Selbst-Gelöbnisses, welche im *Brahmajala-Sutra* angedeutet ist und nur im Mahayana vorkommt; diese Ordination wird als Bodhisattva-Gelübde bezeichnet. In der Nara-Zeit gab es nur die erste Form der Ordination, aber ab der Heian-Zeit wurde die letztere die allgemein verbreitete.

(2) Geschichte

Kaiser Shômu (724–748) beabsichtigte, einen fähigen Lehrer aus China einzuladen, um die japanischen Mönche und Nonnen in der Ordensdisziplin (*vinaya*) zu unterweisen. Er sandte die beiden Priester Ei-e und Fushô aus, um diese Aufgabe zu erfüllen. Der chinesische Herrscher jener Zeit, Hsüantsung, bevorzugte jedoch den Daoismus und wollte keine buddhistischen Lehrer nach Japan entsenden. Aufgrund dessen scheiterten die Verhandlungen mit dem berühmten Vinaya-Lehrer Chien-chen (Ganjin). Da der Bedarf nach einem Lehrer jedoch sehr dringlich war, wurde Tao-hsüan (Dôsen), ein Schüler von Chien-chen, vorläufig nach Nara entsandt. Er kam dort im Jahr 735 an und bemühte sich eifrig um die Verkündigung der Ordensdisziplin, der Zen- und der T′ien-tai-Lehren, während er auf die Ankunft seines Lehrers wartete.

Währenddessen bereitete sich Ganjin mit Hilfe der beiden Schüler Ei-e und Fushô auf seine Abreise vor. In der Tat bestieg er fünfmal ein Schiff mit Hilfe des früheren Ministers Li Lin-fu und anderen, scheiterte jedoch jedes Mal aufgrund von Schiffbruch. Schließlich ging er an Bord des Schiffes der japanischen Gesandten, die in ihre Heimat zurückkehrten, und erreichte im Jahr 754 Nara. Er wurde vom Hof willkommen geheißen, und es wurde für ihn ein eigenes Kloster, der Tôshôdaiji, gebaut und ein sakrales Areal für Ordinationen eingerichtet. Alle Mitglieder der kaiserlichen Familie, angefangen mit der regierenden Kaiserin Kôken, dem Ex-Kaiser und den Ministern, erhielten von ihm ihre erste Ordination. Seine Ordensregeln waren diejenigen der „Vierfachen Abteilung" (四分律) der Dharmaguptaka, welche auch Ritsu-Schule des Südlichen Bergs genannt wird und von Tao-hsüan, einem Schüler des berühmten Hiuen-tsang, begründet wurde.

Dengyô Daishi (Saichô, 767–822) empfing die Ordination, lehnte sie aber später ab und gründete eine neue, auf der Tendai-Lehre basierende Bodhisattva-Ordination, welche informell und gänzlich mahayanistisch war. Er nannte sie die Ordensregel, die auf der „runden und plötzlichen" Lehre (円頓戒) basiert, d.h. der Lehre des Lotos-Sutra, der runden oder vollkommenen Lehre, deren Wirkung plötzlich und unvermittelt erfahren werden kann. Aus Nara erhob sich starker Protest dagegen. Erst nach seinem Tod kam es zu einer kaiserlichen Erlaubnis der neuen Ordinationsweise. Auf dem Hiei-Berg wurde eine heilige Halle für diese Ordination errichtet; dies wurde zur Grundlage der Ordination aller anderen Schulen wie dem Zen, Jôdo und ihren Unterschulen. Selbst Nichiren strebte eine eigene Ordinationshalle von ähnlichem Typ an, hatte aber keinen Erfolg.

Während der Nara-Zeit gab es drei geweihte Ordinations-Areale: 1. der Tôdaiji in Nara; 2. der Kanzeonji in Tsukusho; 3. der Yakushiji in Shimozuke. Während der Heian-Zeit gab es eine weitere, ursprünglich von Dengyô Daishi geplante Ordinationshalle auf dem Hiei-Berg. Die Shingon-Schule des Kôbô Daishi hatte eine Segnungs-Halle im Tôji in Kyoto als Ersatz für eine Ordinationshalle. Als später die Anhänger von Chishô Daishi vom Mii-Tempel in Streit mit den Anhängern von Jikaku Daishi vom Hiei-Berg gerieten, konnten erstere dort natürlich keine Ordinationen mehr empfangen und errichteten notwendigerweise eine neue, Samaya Kaidan genannte Ordinationshalle. Somit gab es während der Heian-Zeit praktisch fünf Ordinationshallen in Japan. Darunter war die typische die „runde und plötzliche“ Ordinationshalle, welche auf der „runden und plötzlichen“ Lehre der Lotos-Schule basiert.

Der Tôshôdaiji in Nara wurde vom Hof errichtet und zum autorisierten Hauptquartier der gesamten buddhistischen Unterweisung in der Ordensdisziplin. Dem Gründer der Ritsu-Schule des Südlichen Bergs, Ganjin, folgten seine fähigen Schüler Fa-chin (Hôshin) aus China und Johô aus Arsak in Ostpersien; beide lebten während der Heian-Zeit und nahmen an den kaiserlichen Ordinationen teil. Die Gruppierungen existieren bis heute als eigene Schulrichtungen, auch wenn ihre formale Ordination in Japan nie weite Verbreitung gefunden hatte, teils wegen der von I-tsing aus Indien eigeführten neuen Hinayana-Lehren, teils wegen des Aufstiegs der Mahayana-Lehre der Tendai-Schule.

(3) Philosophie

Die Förmlichkeit der Ritsu-Schule besteht in der Einhaltung der Regeln der Ordensdisziplin, der Verbote ebenso wie der Gebote; sie hängt eher an den Worten als am Geist (der Worte). Die Regeln streng dem Wortsinn nach einzuhalten war das Hauptanliegen der Schulen der Nara-Zeit, als die Lehre der vier Aspekte von Ganjin eingeführt wurde. Sie gehörte zwar zum Hinayana, aber da es keine Alternative gab, wurde sie als dem Hinayana und dem Mahayana gemeinsam zugehörig angesehen. Nennen wir sie die Schule der Ordensregeln. In Japan gab es seit der Zeit von Shôtoku Taishi (574–622) die Idee einer nicht-formellen Regel, um den ursprünglichen Geist der moralischen Lehren des Buddha aufrecht zu erhalten. Diese nicht-formelle Disziplin ist die Hauptidee, welche alle buddhistischen Schulen in Japan zu allen Zeiten durchdringt. Während die Aspiranten der formalen Disziplin hauptsächlich Priester bzw. Mönche sind, sind diejenigen der informellen Disziplin Bodhisattvas oder zukünftige Buddhas, ohne eine Unterscheidung von Klerikern und Laien.

Im Allgemeinen wurde das Hauptaugenmerk darauf gelegt, was wir als Essenz der Disziplin bezeichnet haben, d.h. eine spirituelle, im Geist gezeugte Kraft, ein Gelübde abzulegen und sich stets eifrig darum zu bemühen, einen Bruch des Gelübdes zu verhindern. Der Realismus der Kusha-Schule rechnet dies zu den formhaften Phänomenen (*rupa*), d.i. ein wesentlicher Faktor ohne Äußerung (*avijnapti-rupa*), während der Nihilismus der Jôjitsu-Schule es als einen speziellen Faktor – weder körperlich noch geistig – ansieht, um beide Aspekte ansprechen zu können. Der Idealismus der Hossô-Schule betrachtet es als eine wahrnehmbare Form, die bei der Ordination empfangen wird und in Wirklichkeit aus dem aufgespeicherten Keim des Denkens (*cetana*) hervorgeht. Es ist die nicht-manifestierte geistige Funktion, welche einen in Übereinstimmung mit dem eigenen Gelöbnis handeln lässt. Es ist der innerste Eindruck, der wie Bewusstsein wirkt.

Gelübde der Selbst-Disziplin (自誓大事之戒)
Bei der förmlichen Regelübernahme sollte es einen privaten Mentor (*upadhyaya*), einen Zeremonienmeister (*karma-acarya*) und einige Zeugen geben. Eine Ordination sollte innerhalb der Gemeinschaft (*sangha*) vorgenommen werden. Wenn die Artikel der Ordensregeln vorgelesen werden, legt der Empfänger ein Gehorsamsgelübde ab. In einigen Fällen, wenn diese formalen Notwendigkeiten nicht erfüllt werden können, wird einem das Recht zugestanden, ein nicht-formelles Selbst-Gelübde abzulegen. Es kann als Regel des Selbst-Gelübdes bezeichnet werden, wie es in außergewöhnlicher Weise von der Königin Srimala im *Srimala-Sutra* exemplifiziert wird. Prinz Shôtoku las zweimal über diesen Text vor der Kaiserin. Beim zweiten Mal stellte sich die Kaiserin Suiko vor den Buddha [eine Buddhastatue] und wiederholte laut den Schwur der Königin als ihren eigenen. Dies ist das erste Beispiel für die Praxis des Selbst-Gelübdes in Japan. Die Selbst-Gelübde-Regelübernahme wird im *Brahmajala-Sutta* (Taishô Nr. 21) erlaubt. Wenn es einem nicht möglich ist, einen passenden Lehrer zu finden, kann man eigenständig die Regeln durch ein Selbst-Gelübde annehmen. Es ist eine Variante der Bodhisattva-Ordination.

Gelübde der selbst-immanenten Wahrheit (自心本真之戒)
Im Gegensatz zur formalen Ordination wurde von Dengyô Daishi eine ideelle Ordination vorgeschlagen. Er nannte sie die „runde und plötzliche" Ordination. Wie schon erwähnt bezieht sich „rund und plötzlich" auf die Anwendung der Lehren des Lotos-Sutra, der vollkommenen Lehre, deren Wirkungen schlagartig erfahren werden können. Diese Ordination gibt es nur im Mahayana, und sie wird von der Tendai-Schule als eine Ordination ausschließlich für Bodhisattvas angesehen. Den Lehren des Lotos-Sutra zufolge sind alle moralischen Gebote und sittlichen Vorschriften seit jeher im Geist jedes einzelnen enthalten und nicht die Resultate spezieller Bemühungen. Darum spricht man von den selbst-immanenten Gelübden, welche speziell in der Tendai-Schule zu finden sind.

Gelübde der Selbst-Natur (自相本性之戒)
Die Zen-Schule hatte während der Kamakura-Zeit (1183–1331) eine ähnliche Form der Ordination. Dem Zen zufolge ist das Wissen um die moralische Disziplin ursprünglich in der menschlichen Natur vorhanden. Durch meditative Einsicht kann man es hervorholen und in die Praxis umsetzen. Die formale Seite der Disziplin wird in der Zen-Schule zwar auch sorgfältig eingehalten, aber die introspektive Art der Zen-Schulung macht die Ordinations-Zeremonie sehr eindrucksvoll und faszinierend.

Neben dieser Zen-Ordination gibt es noch das Initiationsritual der mystischen Shingon-Schule und die fünffache Übertragung der Jôdo-Schule des Amida-Pietismus. Diese bilden zwar die Annahme der Ordensregel, können hier aber aufgrund ihrer etwas anderen Art außer Acht gelassen werden.

In der Ritsu-Schule gab es zu dieser Zeit eine neue Bewegung, eine Abkehr von der Ritsu-Schule des Südlichen Bergs. Diese Bewegung wurde von Eison (1201–1290) auf der Grundlage der Selbst-Gelübde-Disziplin eingeleitet. Es handelt sich dabei um eine reformierte Lehre, welche als Reformierte oder Neue Ritsu-Schule bezeichnet wird und in Wirklichkeit eine Wiederbelebung der Selbst-Gelübde-Ordination von Shôtoku Taishi darstellt, wie er sie vor der Kaiserin Suiko durchgeführt hat. Eison hatte die Ordensregeln im Tôdaiji studiert, und als er durch das *Brahmajala-Sutra* und das *Srimala-Sutra* sowie die Tendai- und Zen-Schule auf die Idee der Selbst-Gelübde aufmerksam wurde, gründete er mit einem Anhänger und Mitstudenten diese reformierte Schule der formellen Selbst-Gelübde. Er wollte auf die ursprünglichen Lehren Buddhas und von Shôtoku Taishi zurückgreifen, wie es der allgemeinen Tendenz seiner Zeit entsprach. Sein Ruf als ein bedeutender Erneuerer der Ritsu-Lehren war groß, und es ist seinem Einfluss zu verdanken, dass die Ritsu-Schule ihre größte Blüte nach der Zeit von Ganjin in Nara erlebte. Im Jahr 1281 bat der Kaiser Gôda den Eison, im Otokoyama-Schrein gegen die Invasion von Kublai Khan zu beten. Der Sturm (*kami-kaze*), der die 100.000 Invasoren zurückwarf, wurde als Reaktion auf seine aufrichtigen Bitten angesehen. Im Jahr 1300 erhielt er vom Hof den Titel Kôshô Bodhisattva, „Verkünder der Rechtschaffenheit".

Zur Zeit der buddhistischen Renaissance in der Tokugawa-Ära (1603–1868) hatten beide Zweige der formalen Ordination – die Myôhô-Ritsu-Schule (妙法律) von Jôgon (1641–1704) und die Shôbô-Ritsu-Schule (正法律) von Jiun (1718–1804) in Kawachi – gewisse Beziehungen zu Eisons neuer Ordensregel, sei es direkt oder indirekt. Die beiden Zweige der Tokugawa-Zeit blühten nicht auf, aber ihre beiden Gründer waren talentierte Sanskrit-Gelehrte und wiederbelebten die indischen Studien in großem Ausmaß.

XV. Schluss

Zum Schluss möchte ich noch etwas mehr zu den metaphysischen und dialektischen Fragestellungen des Buddhismus sagen, da ich auf den vorangehenden Seiten zu sehr damit beschäftigt war, die historischen und technischen Einzelheiten der verschiedenen buddhistischen Schulrichtungen zu beschreiben, und es etwas vernachlässigt habe, die grundsätzlichen Probleme der Philosophie anzusprechen, was bestimmte Lehren betrifft.

Hinsichtlich der Entstehung (Kosmogenese) und Struktur (Kosmologie) des Universums hat der Buddhismus keine spezielle eigene Theorie entwickelt, sondern die zu seiner Zeit akzeptierte Vorstellung eines Weltsystems mit dem Berg Sumeru (*sineru*) und dazugehörigen Universen, dem Chiliokosmos (*sahassi-lokadhatu*), übernommen. Er besitzt jedoch eine klare Lehre von den Welt-Zeitaltern oder Äonen (*kalpa*), welche im Wesentlichen identisch ist mit derjenigen der Samkhya- und Jaina-Schule in Indien. Die Samkhya-Schule könnte, wie Garbe vermutet, der Urheber der *Kalpa*-Theorie gewesen sein;[53] sowohl der Buddhismus als auch der Jainismus stehen in ihrer Schuld. Obwohl Entwicklung (*samvatta* und *samvatta-tthayi*) und Einwicklung (*vivatta* und *vivatta-tthayi*) gleichermaßen in allen drei Schulen beschrieben werden, gibt der Buddhismus zusätzlich detaillierte Informationen darüber, welche Buddhas in jeder der vier Weltperioden erscheinen und was für Menschen zu dieser Zeit leben.

Da der Kreislauf der Weltzeitalter sich regelmäßig wiederholt, gibt es im Buddhismus keine Vorstellung von einem Schöpfer. Praktisch ausgedrückt besitzt der Buddhismus keine Kosmogonie, keine Theologie und keine oberste Gottheit. Brahma als personaler Gott ist im Buddhismus lediglich ein Wesen im „Himmel der Reinen Form“, der kommt und die Lehren Buddhas empfängt. Eine Vergöttlichung des Buddha, wie sie von manchen angenommen wird, steht somit außer Frage.

Das Universum ist gemäß der buddhistischen Vorstellung nicht homozentrisch. Es besteht vielmehr aus einer gleichzeitigen Entstehung aller We-

[53] Richard Garbe (1857–1927) war ein bedeutender Indologe. Zu seinen Werken gehören u.a. wichtige Arbeiten über das Samkhya-System.

sen. Darüber hinaus ist jeder von uns selbst-geschaffen und selbst-erschaffend. Solange alle Wesen gemeinsame Aufgaben haben, ist es nur natürlich, dass es Gruppen von ähnlichen Wesen gibt. Der Buddhismus glaubt nicht, dass alles Seiende aus einer Ursache hervorgeht, sondern ist der Meinung, dass alles, was existiert, notwendigerweise aus mehr als einer Ursache hervorgeht; mit anderen Worten, alles ist gegenseitig aufeinander bezogen, ein Erzeugnis wechselseitiger Abhängigkeit.

Was ontologische Fragestellungen angeht, kümmert sich der Buddhismus nur wenig darum, denn „Dasheit" (*tattva*, Realität), welche sich hauptsächlich auf Materie bezieht, ist nicht das, worum es ihm geht. Die tragende Lehre von der Substanzlosigkeit (Selbstlosigkeit) erlaubt keine Diskussionen über Dinge-an-sich oder letzte Wirklichkeiten. Stattdessen beschäftigt sich der Buddhismus mit der „Soheit" (*tathatva, tathata*, Stadium des So-Seins), ein Ausdruck, der sich ursprünglich auf Form (*rupa*) oder Gestaltung (*samskara*) und nicht auf Materie bezieht. Es ist kein Zufall, dass die realistische Kusha-Schule oder die idealistische Hossô-Schule mit „Form" beginnen und in ihrer Auflistung der 75 bzw. 100 Faktoren, welche als geworden (*samskrita-dharma*) bzw. nicht-geworden (*asamskrita-dharma*) gelten, Materie oder Substanz nicht erwähnen. Man könnte fragen, ob „Selbstlosigkeit" von Anfang an auf alle Erscheinungen angewendet worden ist, aber der Ausdruck „alle Dinge sind ohne Selbst" (*sarva dharma nairatma*) lässt solche Überlegungen nicht zu.

Die realistische Kusha-Schule (Sarvastivada), die der Auffassung ist, dass alle Phänomene existieren, vertritt eine Atomtheorie; aber die Existenz eines Atoms währt nur für einen Moment, und nichts bleibt für zwei aufeinanderfolgende Momente bestehen (*sarva samskara aitya*). Die Lehre von der augenblicklichen Vernichtung (*ksana-bhanga*) wird auch von den Mahayana-Schulen vertreten, welche die Welt als in ständigem Fluss befindlich betrachten.

Es ist äußerst fraglich, ob der Buddhismus eine Vorstellung des Einen gegenüber dem Vielen oder des Absoluten gegenüber dem Relativen kennt. Sicherlich stellt der Buddhismus oftmals dualistische Vorstellungen einander gegenüber und verneint häufig eine pluralistische Diversität im Fortschritt des Menschen bei seiner Selbst-Kultivierung. Er geht jedoch auch nie so weit, eine rein monistische Sichtweise anzunehmen. Selbst die Mahayana-Lehre von Asvaghosa in seiner „Glaubenserweckung“ beschränkt die Soheit auf den menschlichen Geist, der aufsteigt, wenn er von reinen Ursachen bewegt wird, und absteigt, wenn er durch unreine Ursachen verschmutzt ist. Soheit ist damit so etwas wie ein neutraler Zustand. Tatsächlich bedeutet der Begriff „der Status des So-Seins“, oder letzten Endes Buddhaschaft. *Dharma-dhatu* (die Sphäre der Wirklichkeit) besitzt eine doppelte Bedeutung und bezeichnet sowohl das reale Universum als auch die nicht-determinierte Welt (*nirvana*); im zweiten Sinne ist es identisch mit der Soheit des Buddha. *Nirvana* („Verloschen-Sein“) bedeutet einerseits den Tod des physischen Körpers, andererseits die Auslöschung der Lebensbedingungen (negativ) oder die vollkommene Freiheit von Absicht und Handeln (positiv). *Tathagata-garbha* („Matrix des So-Gekommenen oder So-Gegangenen“) hat ebenfalls zwei Bedeutungen: der „So-Gekommene“ oder „So-Gegangene“ (Buddha), der im Schoß verborgen ist (die Natur des Menschen), und die Buddha-Natur als solche. Buddha-Natur, die sich auf lebende Wesen bezieht, und *dharma*-Natur, welche sich v.a. auf Phänomene im Allgemeinen bezieht, sind im Grunde genommen beides erleuchtete Zustände (als Wirkung) oder die Möglichkeit zur Erleuchtung (als Ursache). *Dharma-kaya* hat bekanntermaßen zwei Bedeutungen: der „Schrift-Körper“ verweist darauf, dass die Lehren als Repräsentant des Körpers nach dem Ableben des Buddha verweilen, und der „Wahrheits-Körper“ bezeichnet die Erleuchtung als einen formfreien Körper [etwas Unfassbares, nicht-Begriffliches]. Die gleiche Doppeldeutigkeit gilt für *sunyata* oder Leere/Leerheit. „Leere“ meint nicht immer ein antithetisches Nichts oder Leer-Sein. In einem höheren Sinne bezeichnet es den Zustand, der frei, d.h. leer ist von allen Bedingungen. Darum wird manchmal auch gesagt, dass Leere zugleich Nicht-Leere ist. Genauer gesagt ist es nicht ein Zustand, in dem nichts existiert, sondern in dem alles existieren kann. Es ist die Sphäre vollkommener Freiheit des Handelns ohne Bedingungen. Dasselbe gilt für die „wahre Wirklichkeit“ (*jisshô*). Es heißt, das wahre Wirklichkeit nicht wirklich ist; oder, so könnten wir es auch sagen, das wahre Merkmal ist Merkmalslosigkeit. In solchen Fällen sollten die Begriffe „Wirklichkeit“ und „Merkmale“ im gewöhnlichen Sinne verstanden werden, während das Adjektiv „wahr“ ihre eigentliche Bedeutung bestimmt.

In diesem Sinne muss im Buddhismus jeder Begriff, der so etwas wie ein erstes Prinzip bezeichnet, immer in einem doppelten Sinne verstanden werden, da der Buddhismus eine gewöhnliche oder konventionelle Wahrheit anerkennt und daneben und gleichzeitig eine höhere oder endgültige Wahrheit.

Die oben angeführten Begriffe drücken alle, entweder subjektiv oder objektiv, die wahre Beschaffenheit der Welt, des Universums und der Menschen aus, und verweisen letztendlich auf die vollkommene Erleuchtung bzw. vollkommene Freiheit. Jedoch gibt der Buddhismus die Individualität oder Personalität nicht ganz auf, denn das Ergebnis ist nichts anderes als die Vollendung der Persönlichkeit oder die Verwirklichung des idealen Daseins. Ein Verlust der Identität ist keine Frage. Man könnte meinen, dass es abseits der Welt der Individualität eine Welt der Über-Individualität gibt, in welche man bildlich gesprochen zu gegebener Zeit hineinspringt, und in der alles Eins wird. Die Sicht einer solchen besonderen Welt der Nicht-Individualität wäre jedoch nichts anderes als die Annahme einer größeren, individuellen Welt. Eine solche Welt ist für den Buddhismus gänzlich inakzeptabel; aber, religiös gesagt, ist es einem Erleuchteten möglich, bei seinem belehrenden Abstieg in die determinierte Welt teilweise von einer Welt der Nicht-Bedingtheit (Nirvana) zu sprechen.

Hinsichtlich psychologischer Fragestellungen erkennt der Buddhismus die Existenz einer Seele, welche real und unsterblich ist, nicht an. *Anatma* oder Nicht-Selbst bezieht sich auf alles Seiende (*sarva-dharma*), Lebendige und nicht-Lebendige. Im Fall der menschlichen Wesen gibt es folgerichtig keine Seele, kein wirkliches und unsterbliches Selbst, während es hinsichtlich der Phänomene im Allgemeinen kein Noumenon gibt, keine unwandelbare Essenz. Weil es kein räumlich wahrhaftes Selbst gibt, d.h. keine Substanz, gibt es auch keine Beständigkeit, d.h. Dauer. Darum kann in der Welt keine Erlösung gefunden werden.

Es gibt keine der üblichen eschatologischen Fragestellungen im Buddhismus, da alle Wesen sich in einem ständigen Fluss der Veränderung befinden. Man sollte sich jedoch klar darüber sein, dass Geburt den Tod bedingt und Tod wiederum zu Geburt führt. Geburt und Tod sind zwei unvermeidliche Phänomene im Kreislauf des Daseins, welcher sich ständig wiederholt. Das Ende der Selbst-Erzeugung ist einfach die Verwirklichung des idealen Daseins, d.h. die Aufhebung aller bedingenden Faktoren, oder mit anderen Worten die Erlangung der vollkommenen Freiheit, welche in keiner Weise mehr durch Verursachung in Raum und Zeit bedingt ist. Nirvana ist der Zustand vollkommener Freiheit.

Mit Blick auf epistemologische Fragestellungen hat der Buddhismus mehr beizutragen als jede andere Philosophie. Als Quellen der Wahrnehmung sieht der Buddhismus die Welt der Sinne (*pratyaksa-pramana*), die Sphäre der Schlussfolgerung (*anumana*) und den Bereich reiner Intuition (*dhyana*). Insofern sind Sinnesdaten, Vernunftgründe und aus Meditation resultierende innere Erfahrungen gleichermaßen Bestand des Wissens. Davon abgesehen können wir uns in jedem Fall an die Worte halten, welche aus der Sphäre der vollkommenen Erleuchtung (*bodhi*), d.h. vom Buddha, verkündet worden sind.

Ohne Reinheit des Verhaltens kann es keinen ruhigen Gleichmut des Geistes geben; ohne den ruhigen Gleichmut des Geistes gibt es keine Vollendung der Einsicht. Die Vollendung der Einsicht (*prajna*) bedeutet die Vollendung von Wissen und Weisheit, d.h. die vollkommene Erleuchtung. Sie ist das Ergebnis der Selbst-Erzeugung und zugleich das Ideal des sich selbst-erzeugenden Daseins.

Der Buddha hat als ein Mensch die Menschen gelehrt, wie sie vollkommen werden können. Das zentrale Prinzip der Selbst-Erzeugung ist die schrittweise Entwicklung von Wissen und Weisheit; das Thema ist die Vollendung der Persönlichkeit. Die Verwirklichung des idealen Daseins ist die Buddhaschaft. Aber es gibt keine objektive Erleuchtung außerhalb des Erleuchteten. Es gibt nur die innere Erfahrung, keinen absoluten Anderen.

Die Lehre des Mittleren Pfads bedeutet zuerst den mittleren Pfad zwischen den beiden Extremen des Optimismus und des Pessimismus. Aber so eine mittlere Position ist ein drittes Extrem, welches weder in die eine noch in die andere Richtung weist. Der Buddha begann mit dieser Mitte allerdings nur eine Stufe höher als die beiden gewöhnlichen Extreme. Ein schrittweiser Aufstieg auf der dialektischen Leiter bringt uns jedoch höher und höher, bis wir eine Stufe erreichen, auf der die antithetische Einseitigkeit von Sein und Nicht-Sein zurückgewiesen und von einer wahren Synthese überschritten wird. In diesem Fall hat der Mittlere Pfad denselben Inhalt wie die Höchste Wahrheit.

Die obigen Aussagen beziehen sich hauptsächlich auf die metaphysischen und intuitiven Probleme buddhistischen Denkens. Nun kommen wir zu den logischen Fragestellungen. Nagarjunas Argumentationsweise ist dabei besonders bemerkenswert. Der Praxis des Buddha folgend begann er mit einer Untersuchung der weltlichen oder konventionellen Wahrheit und bezeichnete sie als „geschlossene [relative] Wahrheit" (*samvritti-satya*). Ohne die gewöhnliche Wahrheit abzulehnen, ging er darüber hinaus zu einer Wahrheit im höchsten Sinne (*parama-artha-satya*). „Höchster Sinn" meint dabei nicht die Wahrheit im höchsten Sinne zu Beginn, sondern nur die höchste Wahrheit zu einer bestimmten Zeit. Es ist tatsächlich nur eine Wahrheit im höheren Sinne, wie es der Begriff *lokottara* („über-weltlich") anzeigt. Die Welt der gewöhnlichen Bedeutung erreicht nach und nach die Wahrheit im höheren Sinne, welche dann als neue gewöhnliche Wahrheit weitergeführt wird. Auf diese Weise nimmt Nagarjuna immer eine noch höhere Wahrheit an, welche erneut selbst zur gewöhnlichen Wahrheit wird. So wird der Standard der gewöhnlichen Wahrheit höher und höher gehoben, bis er die ausgezeichnetste höchste Wahrheit erreicht, welche als das Absolute im westlichen Sinne des Wortes verstanden werden kann. Tatsächlich jedoch ist sie nicht das Absolute oder das Eine, da jeder dieses Stadium vollkommener Freiheit erreichen kann.

Die Höchste Wahrheit wurde von Nagarjuna positiv dialektisch aufgeschlossen, ohne irgendeine antithetische oder negative Methode zu benötigen, wie es bei Hegel der Fall ist. Ergänzend zu den sechs fundamentalen buddhistischen Prinzipien, welche ich in Kapitel III. dargelegt habe, könnte ich noch dieses Prinzip der Anerkennung der gewöhnlichen Wahrheit hinzufügen. Es ist dies eine Haltung, welche der Buddha selbst während seiner Lehrer-Karriere zeigte; sie war keinesfalls eine Erfindung von Nagarjuna. Eine kompromisslose negative Methode wurde ebenfalls von Nagarjuna verwendet, und zwar bei seiner berühmten achtfachen Negierung. Darin werden alle Ausdrücke des Werdens oder der Bedingungen zurückgewiesen. „Schaffung und Auslöschung, Dauer und Auflösung, Einheit und Vielheit, Kommen und Gehen" sind die abgelehnten Beispiele in vier Paaren und acht Begriffen. Wenn es zu irgendwelchen Sichtweisen oder Anlagerungen kommt, würde er sie augenblicklich zurückweisen, sobald sie aufkommen. Das endgültige Ergebnis von Nagarjunas Verneinung ist die Leerheit, welche keine tatsächliche Leere ist, sondern vielmehr ein Zustand frei von den besonderen Bedingungen der gewöhnlichen Welt.

Wir dürfen im Vorbeigehen nicht Nagarjunas wichtige Methode übersehen, die Wahrheit von allen möglichen Standpunkten aus zu demonstrieren. Sie wird als „Unterscheidung der vierfachen Behauptung" bezeichnet, wie ich sie schon in Kap. VII. angesprochen habe: 1. positiv (seiend); 2. negativ (nicht-seiend); 3. sowohl positiv als auch negativ (sowohl seiend als auch nicht-seiend); 4. weder positiv noch negativ (weder seiend noch nicht-seiend). Diese vier gelten als alle denkbaren Standpunkte, die man einnehmen kann. Keine der intellektuellen Gruppen zur Zeit des Buddha begnügte sich mit einem einfachen „ja" oder „nein", da praktisch alle Gegner diese vier Standpunkte kannten, und der Buddha verwendete sie sorgfältig in der Widerlegung falscher Behauptungen seiner Gegner. So z.B., wenn nach der ersten Ursache gefragt wird: 1. Ist sie von sich selbst abhängig? 2. Oder von etwas anderem? 3. Oder von sich selbst und etwas anderem? 4. Oder von keinem von beiden? Ebenso, wenn es um das Sein geht: die erste Sichtweise erkennt es an, die zweite weist es zurück; die dritte Sichtweise erkennt beide mit Vorbehalt an, wie es beim buddhistischen Idealismus der Fall ist (die innere Wirklichkeit wird anerkannt, aber die äußere nicht). Die vierte Sichtweise jedoch erkennt weder Sein noch Nicht-Sein an. Die Anwendung dieses Verfahrens auf irgendeinen Streitpunkt erschöpft alle argumentativen Möglichkeiten. Ich nenne es gerne das Prinzip der erschöpfenden Darlegung der Wahrheit, und würde es zu den bereits angesprochenen grundlegenden Prinzipien des Buddhismus dazuzählen.

Ich kann an dieser Stelle nicht auf die Details der buddhistischen Logik von Nagarjuna, Vasubandhu und Dignaga eingehen, für welche ich den Leser auf Stcherbatskys exzellentes Werk *Buddhist Logic* verweise.[54]

An dieser Stelle soll es genügen, darauf hinzuweisen, dass buddhistische Logik keine formale Logik abstrakten Denkens ist, sondern eher eine Logik des Disputierens und Debattierens, welche Wert legt auf die Untersuchung von Gründen, Beziehungen und Möglichkeiten, weshalb sie eine Kunst der Argumentation und Widerlegung [Eristik] ist. Der Name für die buddhistische Logik ist: Wissenschaft der Begründung (*hetu-vidya*); der Buddha selbst wurde manchmal *vibhajya-vada* („der Unterscheidende"), d.h. ein Logiker, genannt.

Das Ziel des Buddha war die Errichtung eines Königreichs der Wahrheit. Die Grundlage für ein solches Königreich wird, im Falle eines Herrschers, der den Titel „Rad-Dreher" (*cakra-vartin*) trägt, durch ein in die Luft geworfenes Rad gelegt. Das so geworfene goldene Rad würde sich in der Luft weiterdrehen und nach sieben Tagen auf seinen ursprünglichen Platz zurückkommen. Der durch die Bewegung des Rades in sieben Tagen beschriebene Kreis bestimmt die Umgrenzung des vom Herrscher zu verwaltenden Königreichs.

„Das Rad der Lehre drehen" (*dharma-cakra-pravartana*) bedeutet im Grunde „die Lehre des Buddha verkünden", oder die „Verwirklichung der Lehre Buddhas in der Welt", d.h. die „Begründung des Königreichs der Wahrheit".

Die Wahrheit des Buddha, d.h. die Wahrheit, welche er erkannt hat, ist ohne Bezugnahme auf die wesentlichen Grundsätze des Brahmanismus schwer verständlich. Die Eigenschaften von Brahman, dem universellen Prinzip, sind gemäß den Upanishaden *sat-cit-anandam*, d.h. „Sein" (*sat*), „Bewusstsein" (*cit*) und „Freude" (*anandam*). Im Falle von Brahman, der

[54] [Fußnote im Original] Th. Stcherbatsky, *Buddhist Logic*, 2. Vol., Leningrad 1932. Neben anderen Werken sollte auch Vidyabhusanas ausführliche Arbeit *A History of Indian Logic* herangezogen werden.

Ersten Ursache, bedeutet dies „aus sich selbst bestehend“, „Allwissenheit“ und „Seligkeit“.

Die altehrwürdigen drei Grundsätze des Buddhismus sind:

1. *Sarva-dharma-anatmata*, „Selbst-Losigkeit aller Daseinsfaktoren“, d.h. Substanzlosigkeit;
2. *Sarva-samskara-anitya-ta*, „Unbeständigkeit alles Gestalteten, aller zusammengesetzten Wesen und Dinge“, d.h. Nicht-Verweilen;
3. *Sarvam dukham*, „Leidhaftigkeit alles Seienden“, d.h. keine Seligkeit.

Zu diesen tritt zuweilen als viertes *nirvanam sukham*, „Nirvana ist Seligkeit“, hinzu. Diese werden im Allgemeinen als die drei bzw. vier Siegel des Buddhismus bezeichnet, welche ihn von anderen Lehren unterscheiden. Der erste Lehrsatz des Buddha, dass kein Wesen ein dauerhaftes Selbst besitzt, richtet sich gegen die brahmanische Lehre des „beständigen Seins“ (*sat*) und gegen die Unsterblichkeit einer individuellen Seele sowie die Existenz einer universellen Seele, eines universellen Geistes oder Schöpfers (*maha-atman*). Es ist die Lehre von keiner wirklichen Substanz. Eine Nicht-Anerkennung eines unsterblichen Wesens ist die Leugnung der Unsterblichkeit. Der zweite Lehrsatz des Buddha, dass alle Wesen oder Phänomene unbeständig sind, richtet sich genau darauf. Jegliches Dasein ist begrenzt und vergänglich. Nichts bleibt für zwei aufeinanderfolgende Momente dasselbe. Das Leben ist ein ewiger Fluss der Veränderung, das sind die Wogen des Daseins. Die Kontinuität der Wellen mag die Erscheinung von Dauer hervorrufen, ist aber eine Illusion. Es ist die Lehre der Nicht-Beständigkeit.

Da die Welt keine beständige Substanz hat und keine anhaltende Dauer, können wir in der Welt keine Freude finden. Man sollte Leiden als Leiden akzeptieren und sich nicht von einer trügerischen Freude täuschen lassen. Man sollte nicht optimistisch sein, weil letzten Endes alles zu Leiden führt; noch sollte man versuchen es zu vermeiden, denn es gibt keinen endgültigen Ausweg. Man sollte vielmehr mit allen Kräften und Ausdauer dagegen vorgehen, um es zu überwinden. Dies ist die Lehre der Nicht-Freude, welche direkt gegen die brahmanische Lehre der Seligkeit gerichtet ist.

Hinsichtlich der zweiten brahmanischen Lehre vom „Bewusstsein" oder „Wissen", welche später als Wissens-Sektion (*jnana-kanda*) der Upanishaden zusammengefasst wird, setzt der Buddha dagegen seine Lehre von der Unwissenheit (*avidya*), d.h. dem „blinden Lebenswillen", als Wurzel-Prinzip der zwölffachen Verkettung abhängigen Entstehens. Der Weg, die eigene Unwissenheit aufzuheben, ist seine Religion der Selbst-Erzeugung, basierend auf Wissen und Weisheit. Die Vollkommenheit der Fülle der Einsicht ist die Vollendung der Person, d.h. vollkommene Erleuchtung (*bodhi*).

Dementsprechend lehrte der Buddha zunächst den Weg der Erkenntnis (*darsana-marga*). Die Vier Edlen Wahrheiten hinsichtlich des Leidens und seiner Aufhebung, die zwölffache Kette abhängigen Entstehens und das Prinzip der Nicht-Determiniertheit der Natur der Wesen und Phänomene zeigen seine Sicht des Daseins. Die nicht-determinierte Natur des Menschen wird durch Selbst-Erzeugung festgelegt. Als nächstes lehrte der Buddha den Weg der Geistesentfaltung (*bhavana-marga*). Hier lehrte er seine Schüler entweder mittels dialektischer Argumentation oder durch intuitive Einsicht, um ihren Geist und ihre Einsicht zu erwecken. Im Verlauf der Zeit entwickelten die buddhistischen Schulen ihre eigenen Methoden, um Erleuchtung herbeizuführen. Nagarjunas negativer Rationalismus und Bodhidharmas reiner Intuitionismus sind die beiden am weitesten entwickelten Beispiele. Als ein Ergebnis der Geistesentfaltung mit Hilfe dieser Methoden gelangt man zu den Prinzipien der gegenseitigen Identifikation, der Wahren Wirklichkeit und der Totalität, wie sie in Kapitel III. geschildert sind. Schließlich, als Weg des Nicht-mehr-Lernens, gelangt man zum Prinzip des Nirvana, d.h. der vollkommenen Freiheit, womit der Zustand undifferenzierter Nicht-Determiniertheit erreicht ist. Das ist die Verwirklichung des Höchsten Daseinsziels im Buddhismus.

Begriffs- und Namensregister

Sanskrit	**Chinesisch**	**Japanisch**	**Kanji**
A	**A**	**A**	**A**
Abhidharma-hridaya			阿毘曇心論
Agotra			無性
Amala-vijnana			無垢識
Amoghavajra			不空
Asanga			無著
Asvaghosa			馬鳴
ayatana			十二處
B	**B**	**B**	**B**
Bhavaviveka			毘吠加
Bodhidharma			菩提達摩
Bodhiruci			菩提流支
Buddhapalita			仏佗波利
Buddhasanta			仏佗扇多
C	**C**	**C**	**C**
Candrakirti			清辨
	Chi-tsang		古蔵
	Chih-chou		智周
	Chih-i		智顗
	Chih-tsang		智蔵
		Chishô	智澄
		Chitatsu	智達
		Chitsû	智通
	Chu Fa-tsung		竺法総

D	**D**	**D**	**D**
darsana-bhaga			見分
Dharmapala			法護
dhatu			十八界
Dignaga			陳那
Divakara			日照
		Dôshô	道昭
E	**E**	**E**	**E**
		Eison	叡尊
Ekottiya			一説部
F	**F**	**F**	**F**
	Fa-hsien		法献
	Fa-lang		法朗
	Fa-shang		法上
	Fa-yun	Hôun	法雲
G	**G**	**G**	**G**
		Gembô	玄昉
		Genshin	源信
Gunamati			徳慧
		Gyôgi	行基
H	**H**	**H**	**H**
Harivarman			
		Hônen	法然
	Hui-k´o	Eka	慧可
	Hui-neng	Enô	慧能

	Hui-ssu		慧思
	Hui-wen		慧文
	Hung-jen	Gunin	弘忍
I	**I**	**I**	**I**
icchantika			一闡提
	I-hsiang		義湘
	I-hsing	Ichigyô	一行
		Ingen	隠元
		Ippen	一遍
	I-Tsing (I-Ching)		義浄
J	**J**	**J**	**J**
Jayasena			勝軍
		Jikaku	慈覚
Jnana-prasthana			発智論
K	**K**	**K**	**K**
		Kanjin	鑑真
karma			業
		Ki	窺基
		Kôbô Daishi	弘法大師
	K´uei-chi		窺基
		Kûkai	空海
Kumarajiva		Kumarajû	鳩摩羅什
	Kuo-ch´ing		国清寺
L	**L**	**L**	**L**
laksana-bhaga			相分

Lokottaravada			説出世部
M	**M**	**M**	**M**
Mahasanghika			大衆部
Mahisasaka			法蔵部
N	**N**	**N**	**N**
Nagarjuna			竜樹
Nanda			難陀
		Nichiren	日蓮
P	**P**	**P**	**P**
pada			六足論
Paramartha			真諦
paratantra-laksana			依他起相
parikalpita-laksana			遍計所執相
parinispanna			圓成実
	P′i-t′an Tsung		毘曇宗
Prajnaptivada			仮説部
	P′u-kuang	Fukô	普光
R	**R**	**R**	**R**
Ratnamati			宝慧
		Ryônin	良忍
S	**S**	**S**	**S**
saksatkari-bhaga			自証分
Samantabhadra			普賢

Samyutta-Nikaya			雑阿含経
Sarvastivada			説一切有部
Satyasiddhi-sastra		*Jôjitsu-ron*	成実論
Sautrantika			経量部
	Seng-jui		僧叡
	Seng-lang		僧朗
	Seng-ming		僧旻
	Shan-tao	Zendô	善導
		Shinran	親鸞
skandha			蘊
Sthiramati			安慧
Subhakarasimha			善無畏
svabhava			自性
T	**T**	**T**	**T**
	Ta-jih ching-su	*Dainichikyô-sô*	大日経疏
	Ta-jih ching I-shih	*Dainichikyô-gishaku*	大日経義釈
	Tao-sheng		道生
Theravada		Jôzabu	上座部
	Ting-kuan		定光
	Tu-shun		杜順
V	**V**	**V**	**V**
Vaibhasika			毘婆沙
Vajrabodhi			金剛智
Vasubandhu		Seshin	世親
Vibhasa Sastra			毘婆沙論
Vijnaptimatrata-			唯識三十論

trimsika			
W	**W**	**W**	**W**
	Wu-hsing		無行
Y	**Y**	**Y**	**Y**
Yogacarabhumi			瑜伽師地論

Weitere Veröffentlichungen/Übersetzungen von Dr. Julian Braun

Karate als Lebensweg. Selbstkultivierung auf der Grundlage der 20 Leitsätze (*shôtô nijûkun*) des *Shôtokan Karate*. (Tengu Publishing 2011)

Samurai und Kriegskunst. Kompendium aus klassischen Texten der *Tokugawa*-Zeit. (Tengu Publishing 2012)

Kaibara Ekiken: Regeln zur Lebenspflege (Yôjôkun). (Iudicium 2010, zusammen mit Andreas Niehaus)

Texte aus der 'Schule der anhaltenden Feindlosigkeit' (Heijô muteki-ryû): Ein Beitrag zum 'gemeinsamen Weg von Schwert und Pinsel' der Samurai im Japan der Tokugawa-Zeit (Grin 2013)

Manase Gensaku (1549-1631): "Wesentliche Punkte für ein langes Leben" (Enju satsuyô): Ein Beitrag zur Tradition der Lebenspflege im Japan der Tokugawa-Zeit (Grin 2013)

Nyanatiloka: Führer durch den Abhidhamma-Pitaka (Michael Zeh Verlag 2013)

www.selbtschmiede.de